2 Das Leben der Menschen in frühgeschichtlicher Zeit

3 Leben in der ägyptischen Hochkultur

4 Leben in der Polis Athen

5 Leben im Römischen Reich

Anhang

Umschlag

Übersicht über die Operatoren (alphabetisch)

Karte: Die Welt heute

So arbeitest du erfolgreich mit Forum Geschichte

Hier bekommst du einige Hinweise, damit du dich in diesem Buch gut zurechtfindest: wie die Kapitel aufgebaut sind, was die unterschiedlichen Farben bedeuten oder welche Texte, Materialien und Aufgaben es gibt.

Fragen stellen und sich orientieren

Jedes Kapitel beginnt mit der **Auftaktseite**. Sie zeigt, worum es in dem Kapitel geht.

Auf der **Orientierungsseite** erfährst du mehr: Die Zeitleiste gibt dir den Zeitraum an, mit dem du dich beschäftigen wirst. Ereignisse, die in dem Kapitel vorkommen, sind fett gedruckt. Die anderen, nicht-fetten Einträge, verweisen auf Ereignisse davor und danach oder auf gleichzeitige Entwicklungen. Die Karte zeigt dir den Raum, um den es geht. Der Text führt dich in das Kapitelthema ein.

Ein Thema untersuchen

Auf den **Themenseiten** erklärt dir ein kurzer Text unterhalb der Überschrift, um welches Thema es auf der Doppelseite geht. Der Schulbuchtext (= Darstellungstext), die Abbildungen, die blau unterlegten „Quellentexte" oder Begriffserklärungen helfen dir, ein geschichtliches Thema zu untersuchen. Die Arbeitsaufträge sind vielfältig: Oft kannst du eine Aufgabe **auswählen** oder du findest Hinweise zu **Partner- oder Gruppenarbeit**. Bei kniffligen Aufgaben findest du **Tipps** für die Lösung.

Differenzierung: Unterschiedliche Lernwege auswählen

> **5 Wähle eine Aufgabe aus:**
>
> **a)** Begründe, warum Arminius im 19. Jahrhundert ein Denkmal gesetzt wurde (Darstellungstext und M4).
>
> **b)** Nimm Stellung: „Arminius wird als Befreier Germaniens gesehen."
>
> **Tipp:** Berücksichtige was sicher belegt ist und was nicht.

> **Zusatzaufgaben**
>
> **zu S. 148/149:**
>
>
>
> **M2** Strabo (63 v. Chr.–20 n. Chr.), ein Grieche, der zur Zeit des Kaisers Augustus in Rom lebte, schrieb:
> In Rom gibt es gepflasterte Straßen, Wasserleitungen und unterirdische Gräben, durch welche der Unrat aus der Stadt in den Tiber geleitet wird … Rom besitzt ferner zahlreiche herrliche Bauwerke. Viele davon stehen auf dem Marsfeld. Dieser Platz ist so groß, dass Wagenrennen und Pferdesport betrieben werden können, während sich gleichzeitig eine gewaltige Menge an Menschen im Ball- und Reifenspiel und im Ringen üben kann. Ferner gibt es viele Theater, breite Straßen, prächtige Tempel, herrliche Wohngebäude und Paläste. Kommt man auf den alten Markt und sieht die prächtigen Bauten, die Tempel, Säulengänge und Wohngebäude, dann kann man leicht alles vergessen, was es sonst gibt. So schön ist Rom.
> *Strabon, 5, 3, S. 8ff. Zit. nach Walter Arend, Geschichte in Quellen, Bd. 1, 2. Aufl., München (bsv) 1975, S. 594f. Übers. v. Albert Forbiger, bearb. v. Verf.*
>
> **1** Erläutere mithilfe von M2, wie der Grieche Strabo die Stadt Rom zur Zeit des Kaisers Augustus beschrieben. **2** Erkläre die Aussage Z. 11–15.

Auf vielen Seiten siehst du **„Wähle-aus-Aufgaben"**. Wie der Name schon sagt, darfst du hier **a**, **b** oder **c** auswählen. Die Aufgaben sind unterschiedlich, aber sie beziehen sich auf eine gemeinsame Frage. Oft findest du zu einer Aufgabe auch einen roten **Tipp**, der dir bei der Beantwortung hilft.

Wenn du dich für weitere Aspekte eines Themas interessierst, findest du manchmal **Zusatzaufgaben** im Anhang. Du kannst sie entweder mit den Informationen der Doppelseite oder mit anderen Materialien lösen.

Wähle-aus-Seiten

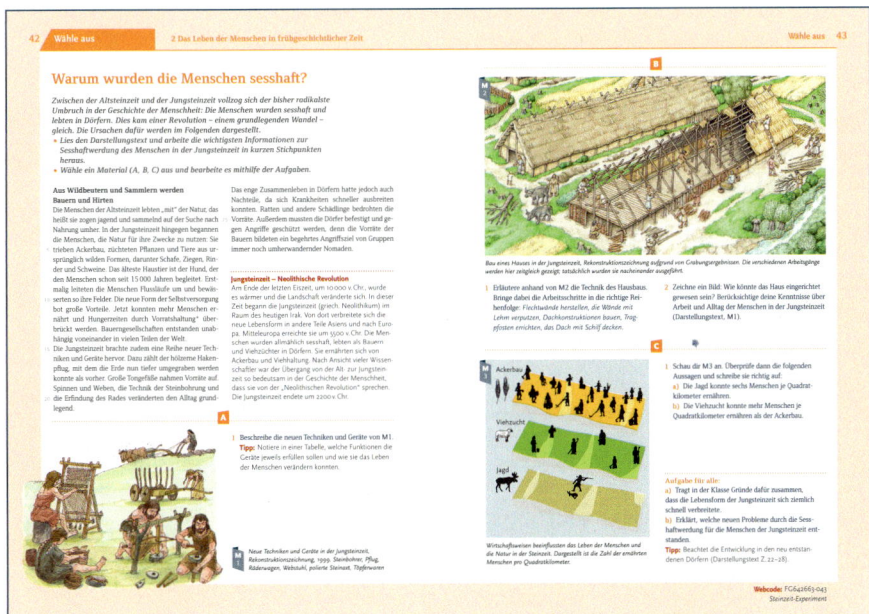

Historische Fragen lassen sich auf verschiedene Weise beantworten. Auf den orangefarbenen **Wähle-aus-Seiten** kannst du dich für ein Material entscheiden: Traust du dir zu, eine längere Textquelle zu bearbeiten? Oder arbeitest du lieber mit Bildquellen? Interessieren dich Zahlen und Statistiken? Wähle aus, was zu dir passt! Bei einer abschließenden **Aufgabe für alle** könnt ihr trotz unterschiedlicher Lösungswege zu einem gemeinsamen Ergebnis kommen.

Mit Methoden arbeiten

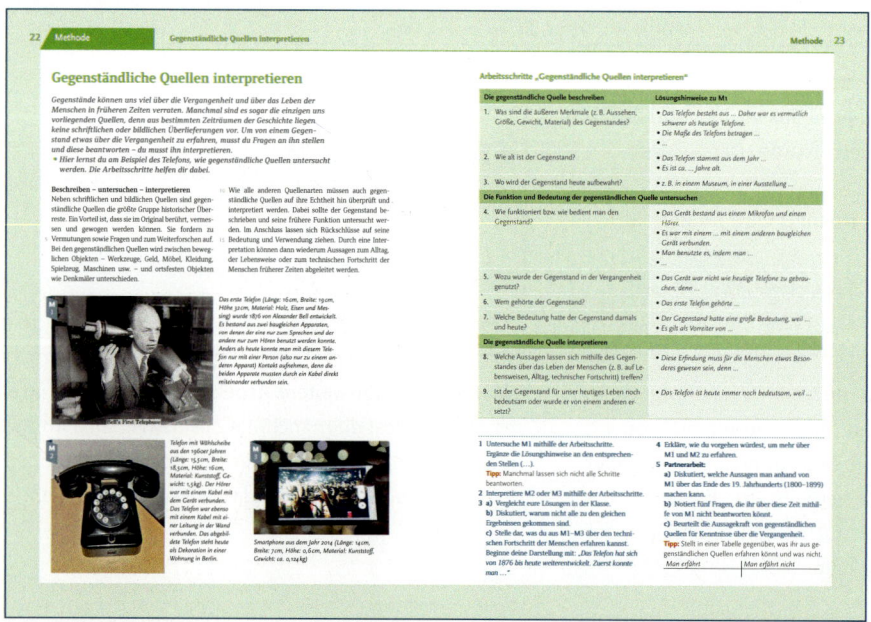

Auf den Methodenseiten lernst du, gegenständliche und schriftliche Quellen, Bilder oder Karten fachgerecht auszuwerten. Du findest auch Tipps, wie du Sachtexte gut verstehst. In der grünen Tabelle stehen links die Arbeitsschritte, nach denen du vorgehst. In der rechten Spalte gibt es Lösungshinweise zu dem Beispiel auf der Seite.

Geschichte darstellen und Geschichte heute

Auf den Geschichte-darstellen-Seiten und bei den Geschichte-darstellen-Aufgaben lernst du, wie du Ereignisse oder Handlungen aus der Vergangenheit mündlich oder schriftlich darstellen kannst – du lernst, Geschichte zu erzählen.

Auf den Geschichte-heute-Seiten und bei den Geschichte-heute-Aufgaben untersuchst du, wie heute mit der Vergangenheit umgegangen wird. Welche Spuren haben vergangene Ereignisse bis heute hinterlassen? Wie wird an bestimmte Ereignisse oder Personen erinnert?

Wiederholen sowie das Wissen und die eigenen Kompetenzen prüfen

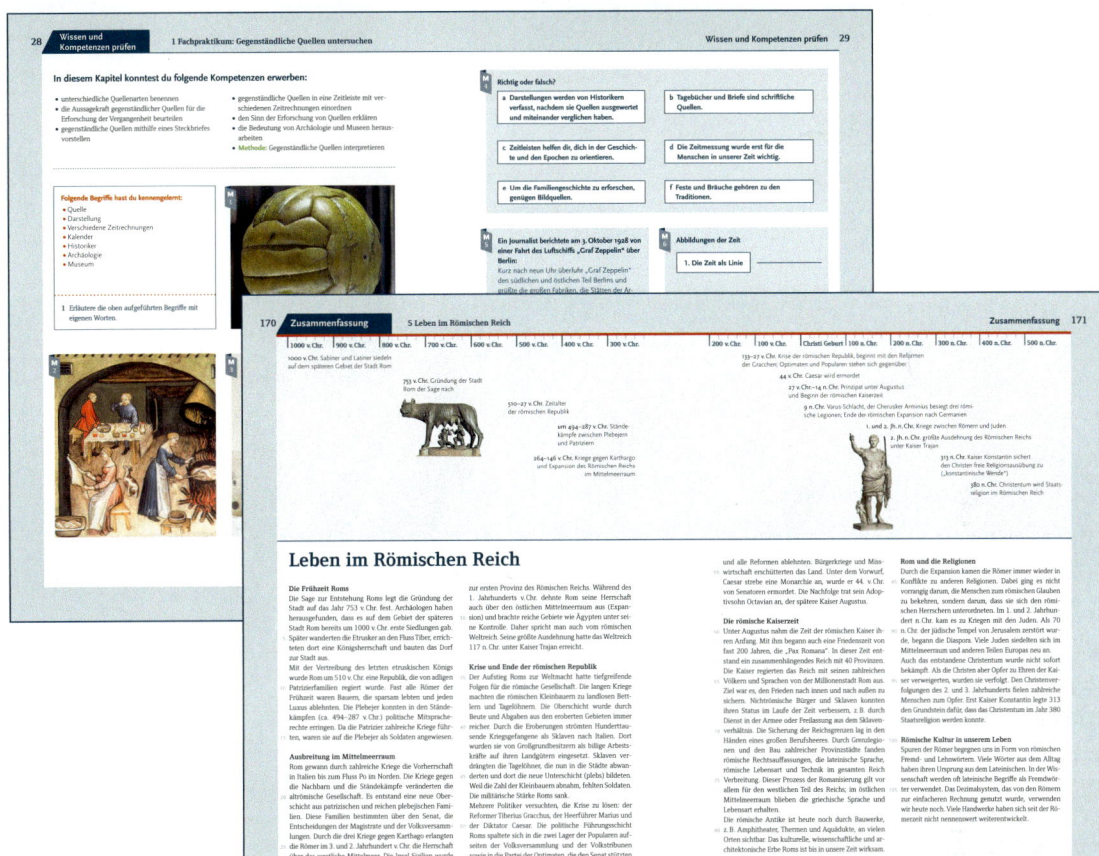

Auf der **Zusammenfassungsseite** am Schluss des Kapitels fasst ein Text den Inhalt noch einmal zusammen. Die Zeitleiste hilft dir, die wichtigsten Daten zu wiederholen. Wenn du wissen möchtest, was du im Kapitel gelernt hast, solltest du die Aufgaben auf der Seite **Wissen und Kompetenzen prüfen** lösen. Falls du mit einzelnen Aufgaben Schwierigkeiten hast, liest du im Kapitel noch einmal nach. Lösungshilfen findest du im Anhang.

Hilfen im Anhang und im Umschlag

Der **Anhang** unterstützt dich bei der Arbeit.
Hier findest du:
- Zusatzaufgaben
- Lösungshinweise zu den Seiten „Wissen und Kompetenzen prüfen"
- ein Lexikon mit Erklärungen schwieriger Begriffe
- ein Register zum schnellen Nachschlagen
- Tipps für Kurzreferate oder Rollenspiele („Unterrichtsmethoden")

In den **Umschlagklappen** kannst du die „Operatoren" nachschlagen, die in den Arbeitsaufträgen verwendet werden.

Audiovisuelle Materialien

Passend zu diesem Buch gibt es Selbsteinschätzungsbögen, Filme, Kartenanimationen, Tonquellen, virtuelle Museen und Archive im Internet. Du findest sie mithilfe der **Webcodes**, die auf den Schulbuchseiten abgedruckt sind, z. B.
FG642663-079
So geht es:
1. Gehe auf die Seite www.cornelsen.de/webcodes
2. Gib dort den Webcode ein und du findest ein passendes Internetangebot.

1
Fachpraktikum: Gegenständliche Quellen untersuchen

Schülerinnen und Schüler betrachten in ihrem Klassenzimmer alte Gegenstände. Heute werden diese Gegenstände nicht mehr gebraucht, sie können uns aber etwas über die Vergangenheit und das Leben von Menschen in früheren Zeiten erzählen.
Wohin wir gehen, überall treffen wir auf Spuren der Vergangenheit. In diesem Fachpraktikum begibst du dich auf Spurensuche: Was erzählen uns Gegenstände, aber auch Fotos oder Schriftstücke über Geschichte?

Beschreibe das Bild: Welche Gegenstände erkennst du auf dem Tisch? Wozu wurden die Gegenstände vermutlich früher gebraucht? Was willst du noch über die Gegenstände wissen? Formuliere Fragen.

Eine Schulklasse untersucht alte Gegenstände, Foto, 2015

| 2 Mio. v. Chr. | | 1000 v. Chr. | Geburt Christi |

Frühgeschichte*

3000 v. Chr.–500 n. Chr.
Altertum/Antike*

Zeitleiste

Geschichtliche Zeiträume oder Ereignisse werden oft in Zeitleisten dargestellt. An einer Linie oder einem Pfeil sind feste Zeitabstände markiert, unter denen wichtige Ereignisse oder Entwicklungen eingetragen werden. Zeitleisten verlaufen meistens von links nach rechts oder von oben nach unten.

Fachpraktikum: Gegenständliche Quellen untersuchen

Geschichte, dein neues Schulfach, hat etwas mit der Vergangenheit zu tun. In diesem Fach geht es um das Leben der Menschen in früheren Jahrhunderten und Jahrtausenden.

5 Jeder Mensch hat unterschiedliche Interessen, aus denen sich verschiedene Fragen an die Vergangenheit ergeben. Weil wir so viele unterschiedliche Fragen an die Geschichte stellen und auch viele verschiedene Antworten darauf finden können, ist Geschichte nie etwas Abge-
10 schlossenes: Immer kommen neue Fragen hinzu, auf die wieder Antworten gefunden werden müssen.

Wenn wir uns mit Geschichte beschäftigen, entdecken wir Gemeinsamkeiten und Unterschiede zwischen unserem Leben heute und früher. Du wirst dabei feststellen,
15 dass die Art und Weise, wie Menschen ihr Leben gestaltet und Probleme gelöst haben, uns heute oft noch vertraut ist. Wir erkennen, dass viele Dinge, die heute so sind, wie wir sie kennen, sich erst entwickeln mussten. Manchmal finden wir frühere Verhaltensweisen aber
20 auch fremd oder sogar brutal und unverständlich. Da lohnt es sich, nach den Gründen zu fragen und unser eigenes Urteil zu überprüfen.

In diesem Kapitel lernst du wichtiges Handwerkszeug für das Fach Geschichte kennen:
25 • Die Zeitleiste hilft dir, dich in der Zeit zu orientieren.
• Mit Karten kannst du dich im Raum orientieren.
• Die vielfältigen Quellen und Methoden, mit denen wir Kenntnisse über die Vergangenheit gewinnen, lernst du auf den folgenden Seiten kennen.

Das Bundesland Sachsen-Anhalt heute

1 Wähle aus M2–M6 mindestens drei Bilder aus und ordne sie an die richtige Stelle in der Zeitleiste und in der Karte ein. Stelle ein Bild in der Klasse vor und begründe, warum du es ausgewählt hast.

500 n. Chr.	1000 n. Chr.	1500 n. Chr.	2000 n. Chr.

500–1500
Mittelalter*

seit 1500 Neuzeit*

Manchmal finden lange Zeiträume nicht auf einer Zeitleiste Platz, wie auf dieser Zeitleiste: Hier steht der Abstand zwischen zwei Strichen für 500 Jahre. Nur der erste Abstand steht für knapp zwei Millionen Jahre. Deshalb ist die Linie an dieser Stelle gestrichelt.

 Keilmesser aus Feuerstein, gefunden in Königsaue, Foto, ca. 80 000 Jahre alt

Lutherdenkmal auf dem Marktplatz der Lutherstadt Wittenberg aus dem Jahre 1821, Foto, 2008

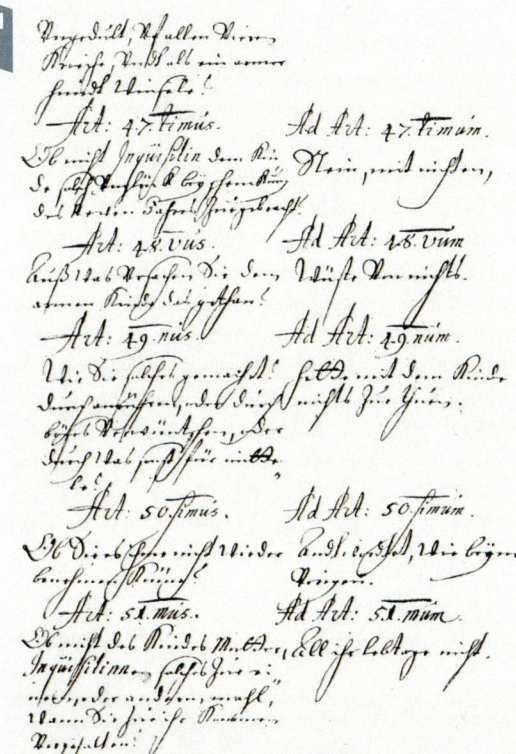

Schloss in Wernigerode. Es wurde im 12. und 13. Jh. als Burg erbaut und später in ein Schloss umgewandelt, Foto, 2014

Auszug aus dem handschriftlichen Protokoll eines Hexenprozesses aus Magdeburg, 1659

Öffnung der innerdeutschen Grenze zwischen der Deutschen Demokratischen Republik und der Bundesrepublik Deutschland am Grenzübergang Marienborn, Foto, 1989

Familien haben Geschichte

Wenn du zu Hause alte Fotos oder Filme anschaust, wirst du auf Ereignisse und Erlebnisse aus deiner Vergangenheit stoßen. Sicherlich kannst du dich nicht mehr an alle erinnern. Zu manchen Bildern oder Filmen können dir nur deine Eltern oder Großeltern etwas erzählen. Fotos, Filme und Erzählungen sind wichtige Überlieferungen deiner eigenen Geschichte.
- *Wenn du sie zeitlich ordnest, kannst du mit ihnen deine eigene Lebensgeschichte und die deiner Familie darstellen.*

Jede Familie hat Geschichte

Die Geschichte beschäftigt sich nicht nur mit historischen Ereignissen. Sie hat auch etwas mit dir selbst und deiner Familie zu tun, denn dein Leben ist bereits ein kurzer Abschnitt aus der Geschichte. Deine Eltern leben
5 schon länger, und das Leben deiner Großeltern reicht hinter den Lebenszeitraum deiner Eltern zurück. Vielleicht hast du auch noch Urgroßeltern oder einen Urgroßelternteil. Sie können aus ihrem langen Leben und von der Kindheit deiner Großeltern erzählen. Sie alle
10 gehören zur Familie, der kleinsten Einheit in unserer Gesellschaft.

Schon früher gab es alleinerziehende Mütter und Väter, häufig vor allem dann, wenn ein Elternteil früh verstorben war. Auch Lebensgemeinschaften, in denen Frauen
15 und Männer unverheiratet mit Kindern leben, sind Familien. Großfamilien mit Großeltern, Eltern, Kindern und vielleicht Arbeits- oder Dienstpersonal unter einem Dach sind in Deutschland viel seltener anzutreffen als früher.
20 Alle Menschen, die in einem bestimmten Zeitabschnitt leben, werden als Generation* bezeichnet. Bekommen sie Kinder, entsteht eine neue Generation. Diese Zeitspanne umfasst etwa 25 bis 30 Jahre.

Wenn du etwas über deine Familiengeschichte heraus-
25 finden möchtest, kannst du in alten Unterlagen deiner Familie nach Informationen suchen. Dort findest du Dokumente, wie Geburtsurkunden, Heiratsurkunden oder Verträge. Daneben liegen Fotoalben, auf denen du sehen kannst, wie deine Urgroßeltern ausgesehen ha-
30 ben, was sie in ihrer Lebenszeit getan und erlebt haben.

Wenn du deine Eltern fragst, dann können sie dir bestimmt auch Gegenstände aus der Vergangenheit zeigen, die sie von den Großeltern vererbt oder geschenkt bekommen haben. Dies können alte Münzen, Geldscheine,
35 Vasen, Kleidung oder ganz einfache Dinge wie eine Uhr oder eine Brille sein.

Die Geschichte deiner Familie lässt sich auf einer Zeitleiste darstellen. Die Lebensbeschreibung eines einzelnen Menschen wird Biografie genannt.

....

1 Kläre die Begriffe „Familie" und „Generation".

2 Nenne alle Möglichkeiten, die dir helfen, etwas über deine Familiengeschichte herauszufinden.

3 Übertrage die Zeitleiste unten in dein Heft und ergänze dein Geburtsdatum, das deiner Eltern, Großeltern und Urgroßeltern.

4 **Wähle eine Aufgabe aus:**

a) Beschreibe M1–M4. Welche unterschiedlichen Formen von Familie sind hier abgebildet?

b) Finde heraus, welche allgemeinen Ereignisse in der Zeitleiste unten dargestellt sein könnten. Wähle ein Ereignis aus und stelle für drei der abgebildeten Personen auf M1–M4 fest, ob sie das Ereignis erlebt haben und wie alt sie ungefähr waren.

c) Auf der Feier zum 80. Geburtstag des Großvaters Fritz Hansen im Jahre 2017 gratulieren die Kinder Horst (59), Maria (52) und Iris (50) sowie die Enkel Anja (37), Paul (29) und Peter (17). Wann sind die Mitglieder der Familie geboren? Wer hat den ersten Menschen im Weltall (1961) erlebt und wer den Fall der Berliner Mauer (1989)?

■ 1920   ■ 1930   ■ 1940   ■ 1950   ■ 1960

Familie hört Radio

Nationalsozialismus

Kriegsende

Freizeit

Erster Mensch im All

Familie, Foto, um 1900

Familie, Foto, 2008

Familie, Foto, 2002

Familie, Foto, 2012

■ 1970   ■ 1980   ■ 1990   ■ 2000   ■ 2010   ■ 2015

Kindheit   Maueröffnung   Geburt   Landung auf dem Mars   Flucht

Mein Ort hat Geschichte:
das Beispiel Magdeburg

Von deinen Eltern oder Großeltern hast du bestimmt schon Äußerungen gehört wie „Früher konnte man hier noch Reste der Stadtmauer sehen" oder „Der Bahnhof war vor 30 Jahren noch in Betrieb". Eine Stadtmauer, ein alter Bahnhof, Denkmäler oder alte Brunnen überliefern uns als Gegenstände etwas über die Geschichte eines Ortes.

- *Untersuche am Beispiel der Stadt Magdeburg, welchen Spuren du nachgehen kannst, wenn du etwas über die Geschichte deines Wohnortes wissen möchtest.*

M 1

Ansicht von Magdeburg, Holzstich, 1572. (1 = Dom, 2 = Elbe, 3 = Wehrturm „Kiek in de Köken", 4 = Stadtmauer, 5 = Kloster „Unser lieben Frauen"

Aus der Geschichte der Stadt Magdeburg

ab ca. 15 000 v. Chr. erste Siedlungsspuren
805 erste urkundliche Erwähnung
936 Otto I. wird König (und später auch Kaiser), Magdeburg wird sein Herrschaftszentrum
955 Bau des Magdeburger Doms
1022 Bau der Befestigungsanlage (Stadtmauer)
1207 Stadtbrand, bei dem der Dom niederbrennt; danach wird er neu aufgebaut
1631 bei militärischen Angriffen wird die Stadt fast vollständig zerstört

1680 Magdeburg wird zur Festung ausgebaut
1899 erste Straßenbahn in Magdeburg
1912 die Festung Magdeburg wird aufgelöst
1945 die Innenstadt Magdeburgs wird bei Bombenangriffen zu 90 % zerstört
1952 Magdeburg wird Bezirksstadt des gleichnamigen Bezirks in der Deutschen Demokratischen Republik
1990 deutsche Wiedervereinigung: Magdeburg wird Hauptstadt des Bundeslandes Sachsen-Anhalt
2011 1. Kaiser-Otto-Fest in Magdeburg
Einwohner heute: ca. 232 000

Der 1431 erbaute Wehrturm „Kiek in de Köken" („Guck in die Küche"), Foto. Er war Teil der Stadtmauer und so hoch, dass man von dort aus in die Küche des Erzbischofs sehen konnte. Stadtmauer und Wehrtürme hatten eine Aussicht- und Schutzfunktion. Bei Angriffen konnten Bogenschützen durch kleine Schießscharten auf die Feinde schießen.

Otto-von-Guericke-Denkmal am Magdeburger Rathaus, aufgestellt 1907, Foto. Otto von Guericke war einer der bedeutsamsten Bürger Magdeburgs. 1646 wurde er Bürgermeister der Stadt. Er gilt als Erfinder der Luftpumpe. Heute ist die Magdeburger Universität nach ihm benannt. Um ihn zu ehren, benannten neben Magdeburg viele deutsche Städte zentrale Straßen und Plätze nach ihm.

Otto I. (912–973)

Otto I. war der mächtigste Herrscher seiner Zeit: 936 wurde er zum König und 962 zum Kaiser erhoben. Wenn er nicht auf Reisen war, regierte er von Magdeburg aus. 929 „schenkte" er seiner Frau Edith zur Hochzeit symbolisch die Stadt. Er starb in Memleben und wurde im Magdeburger Dom beerdigt.

Aus dem Internetauftritt der „Ottostadt" Magdeburg (2012):

Seit Beginn des Jahres 2010 besinnt sich die Landeshauptstadt Sachsen-Anhalts auf ihr historisches Erbe und präsentiert sich bundesweit als „Ottostadt Magdeburg". Mit dem neuen Beinamen möchte die Elbe-
5 und Domstadt ... noch stärker auf sich aufmerksam machen.
Die dazugehörige Kampagne[1] ... setzt gezielt auf Persönlichkeiten und Traditionen, die den Besuchern seit jeher an vielen Orten der Stadt begegnen ... Kai-
10 ser Otto ... und der Erfinder und Diplomat[2] Otto von Guericke haben die Geschichte und Geschicke unserer Stadt maßgeblich geprägt und sie weit über die Grenzen hinaus bekannt gemacht. Noch heute verleihen sie ... der Elbestadt ein unverwechselbares
15 Gesicht und machen neugierig auf eine moderne Stadt ... in der Mitte Europas.
http://www.magdeburg.de/Start/B%C3%BCrger-Stadt/ Stadt/Ottostadt (Stand: 26. 2. 2016)

[1] *Werbeaktion*
[2] *höherer Beamter*

1 Vergleiche M1 mit der heutigen Stadtansicht von Magdeburg (Atlas, Stadtplan, Google Earth) und halte in einer Tabelle die Unterschiede und die Gemeinsamkeiten fest.
2 Finde in der Geschichte Magdeburgs mögliche Erklärungen, warum sich das Aussehen der Stadt so stark veränderte.
3 Beschreibe Lage und mögliche Funktion des Wehrturmes (M1, M2).
4 Nenne Gründe, warum sich die Stadt Magdeburg als „Ottostadt" bezeichnet (Personenkasten, M3, M4).

5 **Gruppenarbeit:**
a) Bildet eine Gruppe von vier bis fünf Schülern.
b) Jeder sucht Informationen über die Geschichte eures Heimatortes. Nutzt Lexikonartikel, das Internet oder fragt eure Eltern und Großeltern. Beantwortet in der Gruppe folgende Fragen: Wann wurde der Ort gegründet und warum? Haben einzelne Menschen die Stadtgeschichte geprägt? Gab es Unglücke und Katastrophen? Gibt es ein historisches Stadtfest und woran erinnert es? Haltet das Ergebnis auf einem Lernplakat fest (siehe S. 188).

Woher wissen wir etwas über die Vergangenheit?

Die Vergangenheit hinterlässt uns eine Vielzahl von Überresten, die wir als Quellen bezeichnen. Historiker* sammeln anhand dieser Quellen Informationen über die Vergangenheit. In einer eigenen Darstellung, einem Sachtext, erzählen sie dann die Geschichte, die mit den Funden verbunden ist.
- *Wie gehen Historiker dabei vor?*

Geschichte und ihre Quellen

Überlieferungen, aus denen wir Erkenntnisse über die Vergangenheit gewinnen, werden „historische Quellen" oder kurz „Quellen" genannt. Dazu zählen alte Gegenstände, die wir als gegenständliche Quellen bezeichnen.
5 Dies können Werkzeuge, Schmuck oder z. B. auch der Stift sein, mit dem du schreibst. In unserem Alltag begegnen wir ständig Quellen, nicht nur im Museum oder im Gespräch mit den Großeltern. Denkmäler, Briefe, Fotos oder Straßennamen – all diese Dinge sind Quellen,
10 die uns etwas über die Vergangenheit erzählen. Allerdings verraten uns Quellen nur etwas, wenn wir Fragen an sie stellen. Was sagen uns z. B. M1–M3 über die Landwirtschaft vor ungefähr 100 Jahren? Bei der Arbeit mit Quellen müssen wir ständig auf der Hut sein. Warum?
15 Weil verschiedene Quellen ein Ereignis oft ganz unterschiedlich darstellen. Je nach Standpunkt und Sichtweise des Verfassers wird er nur bestimmte Ereignisse erwähnen, einige Dinge besonders betonen und diese auch aus seiner Sichtweise (Perspektive*) heraus
20 beurteilen. Quellen zeigen daher meist nur Ausschnitte eines bestimmten Ereignisses.

Aus Quellen werden Darstellungen

Historiker versuchen, aus den sich teilweise widersprechenden Quellen Erkenntnisse über die Vergangenheit
25 zu erlangen. Am Anfang stehen dabei immer „W-Fragen", z. B.: Wer hat was gemacht oder war beteiligt? Was ereignete sich oder wurde getan? Wie geschah es oder wie wurde etwas gemacht? Wo passierte es und wann? usw. Man kann die Arbeit von Historikern mit der Spuren-
30 suche der Polizei vergleichen: Da sie das, was geschehen ist, nicht selbst erlebt haben, sind sie auf Informationen aus verschiedenen Quellen angewiesen, wie z. B. schriftlichen oder bildlichen Quellen. Sie holen sich auch Unterstützung bei anderen Historikern, die bereits zu dem
35 Thema geforscht haben. Die Schlüsse, die sie aus den Quellen ziehen, beruhen zunächst auf Vermutungen und manche sind abhängig von der Perspektive des Verfassers. Durch Hinzuziehen weiterer Personen und Quellen lassen sich manche Vermutungen beweisen und andere
40 nicht. Die Erkenntnisse, die sie aus Quellen über die Vergangenheit gewinnen, werden von Historikern in Darstellungen verarbeitet. Sie geben die Sicht des Historikers wieder. Eine Gewissheit, dass es wirklich genauso gewesen ist, gibt es nicht – es ist lediglich seine Sicht.

Eine historische Traktormaschine aus dem Jahr 1920, Foto

Feldarbeit, Foto, um 1900

Die Bäuerin Anna Wimschneider über ihre Kindheit um 1927

Die Bäuerin aus dem Landkreis Rottal-Inn musste nach dem Tod ihrer Mutter als Achtjährige Haus und Hof versorgen. Ihre Erinnerungen schrieb sie 1984 auf:

Ich habe Feuer gemacht und die Milch gekocht, in die Schüssel gegeben, ein wenig Salz dazu und dann Brot eingebrockt ... Ich ... musste ... die Kleinsten aus dem Bett holen, ... sie anziehen
5 und füttern ... Ich konnte mich erst dann zur Schule fertig machen, wenn der Vater von der Stallarbeit hereinkam. Nun lief ich so schnell ich konnte die vier Kilometer zur Schule ..., und oft kam ich erst an, wenn die erste Pause war. Da
10 lachten mich die anderen Kinder aus.

Anna Wimschneider, Herbstmilch, München (R. Piper) 1984, S. 10.

Die Historikerin Sabine Kaufmann schreibt im Jahr 2015 über die Landwirtschaft in Deutschland um 1900:

Zu Beginn des 20. Jahrhunderts war Deutschland nach wie vor ein landwirtschaftlich geprägter Staat. Die Zahl der Bauern machte zirka 60 Prozent der Bevölkerung aus. Mehr als die Hälfte
5 wirtschaftete auf einem Parzellenbetrieb, der nicht größer als zwei Hektar war. Dem folgten die Klein- und Mittelbauern, deren Betriebe eine Größe zwischen zwei und 20 Hektar hatten.

Sabine Kaufmann, Geschichte der Landwirtschaft, http://www.planet-wissen.de/gesellschaft/landwirtschaft/ geschichte_der_landwirtschaft/pwwbgeschichtederland- wirtschaft100.html (Stand: 18. 1. 2016)

Historische Quellen

Historische Quellen sind Überlieferungen, aus denen wir Kenntnisse über das Vergangene gewinnen können. Es gibt unterschiedliche Arten von Quellen:

- **gegenständliche Quellen**, z. B. Gebäude, Denkmäler, Schmuck, Werkzeuge, Maschinen, Knochen, Münzen
- **schriftliche Quellen**, z. B. Urkunden, Akten, Rechtssammlungen, private Briefe, Großmutters Kochbuch
- **mündliche Quellen**, z. B. erzählte Lebenserinnerungen, Sagen
- **akustische Quellen**, z. B. Tonaufnahmen, Volkslieder
- **Bildquellen**, z. B. Gemälde, Zeichnungen, Drucke, Fotos, Filme
- **Traditionen**, z. B. religiöse Feste, Volksfeste, Bräuche, Sprache

Darstellung

Eine Darstellung (Sachtext oder Rekonstruktionszeichnung) wird von einem Historiker verfasst und stellt ein bestimmtes Ereignis aus der Vergangenheit dar. Grundlage einer Darstellung sind unterschiedliche Arten von historischen Quellen, die der Historiker ausgewertet hat. In einer Darstellung sind alle Standpunkte und Sichtweisen der Verfasser der Quellen beachtet und hinterfragt worden. So hat der Historiker die Gründe überprüft, wenn Quellen widersprüchliche Aussagen zu einem Ereignis treffen. Nach Auswertung der Quellen und anderer Darstellungen fällt der Historiker ein eigenes Urteil aus seiner Sicht. Ein anderer Historiker kann aber auch anderer Meinung sein.

1 Erkläre mithilfe des Darstellungstextes und der Begriffskästen, wie du Erkenntnisse über die Vergangenheit gewinnen kannst.

2 Ordne M1–M3 den Quellenarten zu. Begründe deine Entscheidung.

3 a) Erkläre mithilfe dieser Doppelseite den Unterschied zwischen einer Quelle und einer Darstellung. **Tipp:** Stelle die Eigenschaften von Quellen und Darstellungen gegenüber.
b) Begründe, warum es sich bei M4 um eine Darstellung und nicht um eine Quelle handelt. **Tipp:** Vergleiche mit M3.

4 **Partnerarbeit:** Diskutiert, ob ein Schulbuchtext eine Quelle oder Darstellung ist.

5 a) Notiere zu M1–M3, was du über die Landwirtschaft vor ungefähr 100 Jahren erfahren kannst.
b) Vergleiche deine Ergebnisse.

6 Stelle mithilfe des Darstellungstextes dar, wie die Historikerin beim Schreiben von M4 vermutlich vorgegangen ist.

Zusatzaufgabe: siehe S. 174

Zeitliche Einteilungen in der Geschichte

Die Zeit ist von grundlegender Bedeutung für die Orientierung im eigenen Leben und in der Geschichte. Da sie viele Jahrtausende umfasst, teilen Historiker heute die Vergangenheit in verschiedene Zeitabschnitte ein. Die Einteilung, nach der wir uns orientieren, ist jedoch nicht für alle Menschen gültig.
- *Welche zeitlichen Einteilungen gibt es in der Geschichte?*
- *Warum gibt es auf der Erde unterschiedliche Kalendersysteme?*

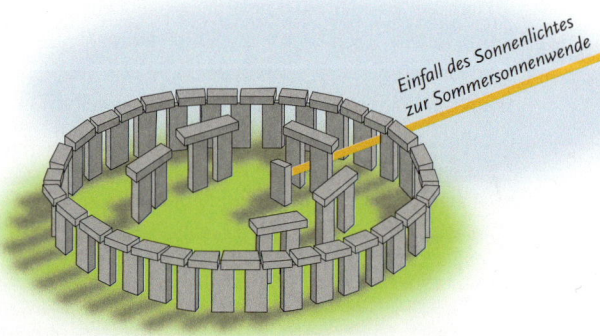

Einfall des Sonnenlichtes zur Sommersonnenwende

Stonehenge, Kultstätte in Südengland, Foto, undatiert. Mithilfe von Steinbögen und Positionssteinen konnte der Sommeranfang (Sommersonnenwende) und der Winteranfang (Wintersonnenwende) bestimmt werden. Die Anlage wurde in drei Bauabschnitten von etwa 3000 bis 1000 v. Chr. gebaut.

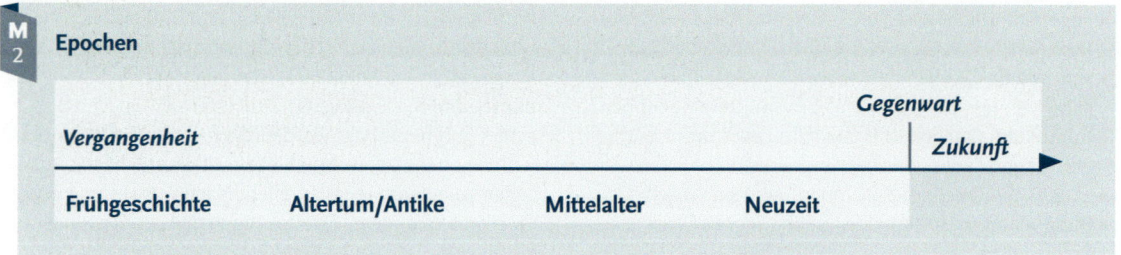

Epochen

Vergangenheit				Gegenwart / Zukunft
Frühgeschichte	Altertum/Antike	Mittelalter	Neuzeit	

Die Zeit messen und darstellen

Schon immer haben Menschen Wege gefunden, sich in der Zeit zu orientieren. Die frühesten Versuche, die Zeit einzuteilen und sie zu messen, gingen von astronomischen Beobachtungen aus. Nach dem Lauf von Himmel-
5 körpern – Sonne, Mond und Sterne – wurden Kalender* aufgestellt, nach denen sich z. B. sesshafte* Völker bei der Aussaat richten konnten. Vieles über die Bedeutung und die Gründe solcher Anlagen wie der von Stonehenge in England bleibt für uns noch im Dunkeln.

10 ## Verschiedene Möglichkeiten der Zeitrechnung

Heute benutzen wir die sogenannte christliche Zeitrechnung, die von den meisten Menschen genutzt wird. In anderen Kulturen und Religionen wurde jedoch sehr lange nicht das Jahr der Geburt von Jesus Christus als Aus-
15 gangspunkt ihrer Zeitrechnung genommen. Daher kommen die Zeitangaben mit den Abkürzungen „v. Chr." und „n. Chr.". Der Kalender der Juden nutzte als Ausgangspunkt die Erschaffung der Welt. Diese wurde für das Jahr 3761 v. Chr. nach unserer Zeitrechnung ermittelt.
20 Das Jahr 2017 wäre nach jüdischem Kalender demnach 5777. Für die Römer war das Jahr der Entstehung der Stadt Rom der Ausgangspunkt ihres Kalenders. Da dieses Ereignis der Sage nach im Jahr 753 v. Chr. stattgefunden haben soll, wäre das Jahr 2017 also 2769.
25 Deutlich später beginnt die islamische Zeitrechnung. Hier ist der Ausgangspunkt die Auswanderung des Propheten Mohammed nach Medina im Jahr 622 n. Chr. Im Kalender von Muslimen entspricht das Jahr 2017 dem Jahr 1439. Es gab aber auch Kulturen, die keinen festen
30 Ausgangspunkt für ihre Zeitrechnung nutzten. Sie zählten immer ab Beginn der Herrschaft eines neuen Königs.

Einteilung der Vergangenheit in Epochen

Um sich besser in der Geschichte orientieren zu können, ordnen Historiker die Vergangenheit, indem sie sie auf-

35 teilen, und zwar in große Zeitabschnitte, die sie Epochen* nennen:

- *Frühgeschichte:* Zeitabschnitt vom Beginn der Menschheitsgeschichte bis ca. 3000 v. Chr. Für diesen Zeitraum gibt es keine schriftlichen Quellen, je-

40 doch wurden gegenständliche Quellen gefunden.

- *Altertum/Antike:* Zeitabschnitt, der mit den frühen Hochkulturen* um 3000 v. Chr. begann und ca. 500

n. Chr. endete. Das Altertum umfasste die Hochkultur im Alten Ägypten, ab 1000 v. Chr. folgten die Hoch-

45 kulturen der Griechen und Römer.

- *Mittelalter:* Zeitabschnitt zwischen Antike und Neuzeit, der ca. 500 n. Chr. begann und um 1500 n. Chr. endete. Im europäischen Mittelalter bauten sich Adlige und Ritter Burgen, es entwickelten sich die Städte.

- *Neuzeit:* Zeitabschnitt, der um 1500 begann und bis

50 heute andauert. In die Neuzeit fielen wichtige Erfindungen und Entdeckungen, wie die Fahrt des Kolumbus nach Amerika oder die Erfindung der Elektrizität.

Sanduhr (auch „Stundenglas") aus Silber und Glas, Portugal, ca. 1517

Sonnenuhr aus Marmor, um 100 n. Chr.

Mechanischer Wecker, Deutschland, ca. 1980

1 Erkläre mithilfe des Darstellungstextes die verschiedenen Möglichkeiten der Zeitrechnung.

2 Berechne, wann folgende Ereignisse in den jeweiligen Kalendersystemen stattfanden: Entdeckung Amerikas durch Christoph Kolumbus 1492 n. Chr., Fall der Berliner Mauer 1989 n. Chr., Schlacht bei Issos 333 v. Chr., dein Geburtsjahr.
Tipp: Lege dazu eine Tabelle an. Die Umrechnung in die islamische Zeitrechnung ist ein wenig komplizierter. Es gilt folgende Regel: islamisches Jahr = 33/32 x (christliches Jahr – 622).

3 **a)** Zeichne die Zeitleiste M2 in dein Heft ab und ergänze mithilfe des Darstellungstextes die Jahreszahlen für die vier Epochen.
b) Trage mithilfe des Darstellungstextes den Beginn der jüdischen und islamischen Zeitrechnung in deine Zeitleiste ein.

4 **Geschichte darstellen:** Bei den abgebildeten Zeitmessern (M1, M3–M5) handelt es sich auch um gegenständliche Quellen.
a) Ordne sie an die richtige Stelle deiner Zeitleiste ein.
b) Diskutiert in der Klasse, warum eine Zeitleiste wichtig für den Geschichtsunterricht ist.
Tipp: Beachte auch die Zeitleiste auf S. 12/13.

5 **Partnerarbeit:**
a) Beschreibt die abgebildeten Zeitmesser (M1, M3–M5).
b) Nennt Gemeinsamkeiten und Unterschiede.

Webcode: FG 642663-021
Zeitreise Stonehenge

Gegenständliche Quellen interpretieren

Gegenstände können uns viel über die Vergangenheit und über das Leben der Menschen in früheren Zeiten verraten. Manchmal sind es sogar die einzigen uns vorliegenden Quellen, denn aus bestimmten Zeiträumen der Geschichte liegen keine schriftlichen oder bildlichen Überlieferungen vor. Um von einem Gegenstand etwas über die Vergangenheit zu erfahren, musst du Fragen an ihn stellen und diese beantworten – du musst ihn interpretieren.

- *Hier lernst du am Beispiel des Telefons, wie gegenständliche Quellen untersucht werden. Die Arbeitsschritte helfen dir dabei.*

Beschreiben – untersuchen – interpretieren

Neben schriftlichen und bildlichen Quellen sind gegenständliche Quellen die größte Gruppe historischer Überreste. Ein Vorteil ist, dass sie im Original berührt, vermessen und gewogen werden können. Sie fordern zu
5 Vermutungen sowie Fragen und zum Weiterforschen auf. Bei den gegenständlichen Quellen wird zwischen beweglichen Objekten – Werkzeuge, Geld, Möbel, Kleidung, Spielzeug, Maschinen usw. – und ortsfesten Objekten wie Denkmäler unterschieden.

10 Wie alle anderen Quellenarten müssen auch gegenständliche Quellen auf ihre Echtheit hin überprüft und interpretiert werden. Dabei sollte der Gegenstand beschrieben und seine frühere Funktion untersucht werden. Im Anschluss lassen sich Rückschlüsse auf seine
15 Bedeutung und Verwendung ziehen. Durch eine Interpretation können dann wiederum Aussagen zum Alltag, der Lebensweise oder zum technischen Fortschritt der Menschen früherer Zeiten abgeleitet werden.

M1

Das erste Telefon (Länge: 16 cm, Breite: 19 cm, Höhe 32 cm, Material: Holz, Eisen und Messing) wurde 1876 von Alexander Bell entwickelt. Es bestand aus zwei baugleichen Apparaten, von denen der eine nur zum Sprechen und der andere nur zum Hören benutzt werden konnte. Anders als heute konnte man mit diesem Telefon nur mit einer Person (also nur zu einem anderen Apparat) Kontakt aufnehmen, denn die beiden Apparate mussten durch ein Kabel direkt miteinander verbunden sein.

M2

Telefon mit Wählscheibe aus den 1960er Jahren (Länge: 15,5 cm, Breite: 18,5 cm, Höhe: 16 cm, Material: Kunststoff, Gewicht: 1,5 kg). Der Hörer war mit einem Kabel mit dem Gerät verbunden. Das Telefon war ebenso mit einem Kabel mit einer Leitung in der Wand verbunden. Das abgebildete Telefon steht heute als Dekoration in einer Wohnung in Berlin.

M3

Smartphone aus dem Jahr 2014 (Länge: 14 cm, Breite: 7 cm, Höhe: 0,6 cm, Material: Kunststoff, Gewicht: ca. 0,124 kg)

Arbeitsschritte „Gegenständliche Quellen interpretieren"

Die gegenständliche Quelle beschreiben	Lösungshinweise zu M1
1. Was sind die äußeren Merkmale (z. B. Aussehen, Größe, Gewicht, Material) des Gegenstandes?	• Das Telefon besteht aus … Daher war es vermutlich schwerer als heutige Telefone. • Die Maße des Telefons betragen … • …
2. Wie alt ist der Gegenstand?	• Das Telefon stammt aus dem Jahr … • Es ist ca. … Jahre alt.
3. Wo wird der Gegenstand heute aufbewahrt?	• z. B. in einem Museum, in einer Ausstellung …
Die Funktion und Bedeutung der gegenständlichen Quelle untersuchen	
4. Wie funktioniert bzw. wie bedient man den Gegenstand?	• Das Gerät bestand aus einem Mikrofon und einem Hörer. • Es war mit einem … mit einem anderen baugleichen Gerät verbunden. • Man benutzte es, indem man … • …
5. Wozu wurde der Gegenstand in der Vergangenheit genutzt?	• Das Gerät war nicht wie heutige Telefone zu gebrauchen, denn …
6. Wem gehörte der Gegenstand?	• Das erste Telefon gehörte …
7. Welche Bedeutung hatte der Gegenstand damals und heute?	• Der Gegenstand hatte eine große Bedeutung, weil … • Es gilt als Vorreiter von …
Die gegenständliche Quelle interpretieren	
8. Welche Aussagen lassen sich mithilfe des Gegenstandes über das Leben der Menschen (z. B. auf Lebensweisen, Alltag, technischer Fortschritt) treffen?	• Diese Erfindung muss für die Menschen etwas Besonderes gewesen sein, denn …
9. Ist der Gegenstand für unser heutiges Leben noch bedeutsam oder wurde er von einem anderen ersetzt?	• Das Telefon ist heute immer noch bedeutsam, weil …

1 Untersuche M1 mithilfe der Arbeitsschritte. Ergänze die Lösungshinweise an den entsprechenden Stellen (…).
Tipp: Manchmal lassen sich nicht alle Schritte beantworten.

2 Interpretiere M2 oder M3 mithilfe der Arbeitsschritte.

3 **a)** Vergleicht eure Lösungen in der Klasse.
b) Diskutiert, warum nicht alle zu den gleichen Ergebnissen gekommen sind.
c) Stelle dar, was du aus M1–M3 über den technischen Fortschritt der Menschen erfahren kannst. Beginne deine Darstellung mit: *„Das Telefon hat sich von 1876 bis heute weiterentwickelt. Zuerst konnte man …"*

4 Erkläre, wie du vorgehen würdest, um mehr über M1 und M2 zu erfahren.

5 **Partnerarbeit:**
a) Diskutiert, welche Aussagen man anhand von M1 über das Ende des 19. Jahrhunderts (1800–1899) machen kann.
b) Notiert fünf Fragen, die ihr über diese Zeit mithilfe von M1 nicht beantworten könnt.
c) Beurteilt die Aussagekraft von gegenständlichen Quellen für Kenntnisse über die Vergangenheit.
Tipp: Stellt in einer Tabelle gegenüber, was ihr aus gegenständlichen Quellen erfahren könnt und was nicht.

Man erfährt	Man erfährt nicht

Was machen Archäologinnen und Archäologen?

„Bauvorhaben gestoppt! – Ausgrabungen haben Vorrang" lesen wir oft in der Zeitung. Dabei geht es immer um die Arbeit von Archäologen, die nach Überresten aus der Vergangenheit suchen, die später oft in Museen ausgestellt werden.
• Welche Bedeutung haben Archäologie* und Museen?

Die Bedeutung von Archäologie und Museen

Besonders für Epochen, in denen es wenige oder keine schriftlichen und bildlichen Quellen gibt, sind Historiker vor allem auf gegenständliche Quellen angewiesen. Diese werden von Archäologen bei Grabungen entdeckt, un-
5 tersucht und interpretiert. Sie gehen dabei so ähnlich vor, wie du es auf S. 22/23 kennengelernt hast. Besondere gegenständliche Quellen werden restauriert, d. h. ihr ursprüngliches Aussehen und Zustand werden wieder hergestellt. Sie werden dann untersucht und ihre Bedeu-
10 tung für die Vergangenheit erforscht. Danach werden sie in Museen ausgestellt und der Öffentlichkeit zugänglich gemacht. So ist gewährleistet, dass auch andere Interessierte die Quellen untersuchen und Kenntnisse über die Vergangenheit erlangen können. Die Archäologie und
15 die Museen leisten einen wichtigen Beitrag, dass vergangenes Geschehen nicht in Vergessenheit gerät. Die Fundstellen, an denen die Archäologen ihre Entdeckungen machen, werden oft zufällig gefunden, z. B. beim Bau von Tunneln oder Autobahnen. Weiterhin suchen sie an his-
20 torisch bedeutsamen Orten, wie Domen oder Kirchen.

Arbeit in vier Schritten

1. Schritt Suchen und Finden: Zunächst muss die Fundstelle festgestellt und beschrieben werden. Häufig geben Zufallsfunde beim Haus- oder Straßenbau erste Hin-
25 weise. Manchmal weisen aber auch schriftliche Quellen oder Luftbilder auf archäologische Überreste hin. Eine Ausgrabung wird dann systematisch vorbereitet (Personal, Werkzeuge usw.)
2. Schritt Graben: Die Ausgrabung muss sehr vorsich-
30 tig durchgeführt werden: Grabungsgelände vermessen, Schicht für Schicht den Boden abtragen, fotografieren, genaue Lage von Gegenständen eintragen (Grabungstagebuch, Fundprotokoll führen).
3. Schritt Auswerten: Beschreiben, Datieren, Funktion
35 der Funde klären; eventuell Biologen, Geologen, Chemiker, Kunsthistoriker heranziehen
4. Schritt Bewahren und Ausstellen: Funde reinigen, restaurieren, ergänzen; für Besichtigung (Ausstellung) vorbereiten

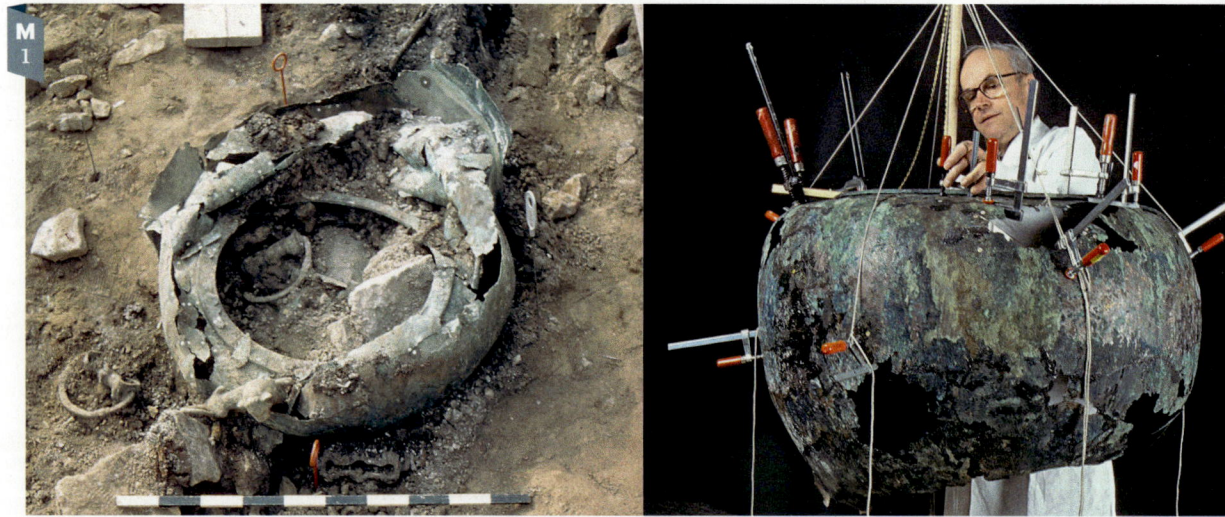

M 1

Von der Ausgrabung zum Ausstellungsstück, Foto. Im 2500 Jahre alten Grab eines keltischen Fürsten (siehe S. 44/45) entdeckten Archäologen 1978 in Hochdorf (Baden-Württemberg) die Überreste eines keltischen Prunkkessels. Dieser hatte einen Durchmesser von 104 Zentimetern und ein Fassungsvermögen von 500 Litern. Er war ursprünglich mit Honigmet, einer Art Wein, gefüllt. Der Kessel wurde restauriert und in einem Museum ausgestellt. Durch die Erforschung dieser Quelle können Rückschlüsse auf das Leben vor 2500 Jahren gezogen werden.

M3 In Pömmelte-Zackmünde bei Schönebeck in Sachsen-Anhalt konnten Archäologen im Jahr 2005 eine Kreisgrabenanlage entdecken. Die Funde wurden auf einen Zeitraum zwischen der Mitte des 3. Jahrtausends bis zur Mitte des 2. Jahrtausends v. Chr. datiert. Die Luftbildarchäologie erlaubt die Entdeckung von Wällen, Fundamenten, Gräben und Grabhügeln aus der Luft ohne Eingriffe ins Erdreich. Mit Wärmebildkameras können Fachleute bei bestimmten Wetterlagen auch Steinfundamente in der Erde sichtbar machen. Oftmals sind alte Fundamente aber auch mit bloßem Auge erkennbar.

M4 Archäologin bei der Ausgrabung eines Skeletts in Peißen (Sachsen-Anhalt), Foto, 2015

Pinsel

Handfeger

Maurerkelle

Zahnarztinstrumente für feine Arbeiten

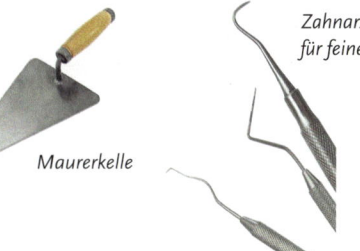

Bandmaß zum Vermessen von Grabungsstätten

Digitalkamera

M2 Werkzeuge der Archäologen

1 **Wähle eine Aufgabe aus:**
   a) Ordne die vier Arbeitsschritte der Archäologie den Abbildungen in M1, M3 und M4 zu.
   b) Beschreibe die Arbeitsweise von Archäologen mithilfe von M1.
2 Betrachte die Werkzeuge in M2. Notiere für jedes Werkzeug den Zweck, für den es eingesetzt wird.
3 Erläutere, welche Werkzeuge (M2) du bei der Ausgrabung in M4 verwenden würdest.
   Tipp: Sortiere deine Auswahl nach den vier Arbeitsschritten.
4 a) Erkläre am Beispiel von M1, warum es wichtig ist, dass Historiker und Archäologen Quellen untersuchen.
   b) Arbeite mithilfe des Darstellungstextes und M1 die Bedeutung von Archäologie und Museen heraus.

Webcode: FG642663-025
Methoden der Archäologie

Zusatzaufgabe: siehe S. 175

Gegenständliche Quellen vorstellen

Du hast auf den letzten Doppelseiten verschiedene Quellenarten und die Arbeit von Historikern und Archäologen kennengelernt. Am Ende dieses Fachpraktikums sollst du nun selbstständig einen Gegenstand deiner Wahl untersuchen.

- *Suche zu Hause nach dem ältesten Gegenstand, den du finden kannst. Interpretiere ihn mithilfe der dir bekannten Schritte und stelle ihn anhand eines Steckbriefes in der Klasse vor.*

 M 1 **Steckbrief meiner gegenständlichen Quelle**

Bezeichnung des Gegenstandes:	
Aussehen (Größe, Gewicht, Material):	
Fundort zu Hause:	
Alter:	
Herstellungsort:	
Im Familienbesitz seit:	
Frühere und aktuelle Aufbewahrungsorte:	
Frühere Verwendung:	
Heutige Verwendung:	
Bedienung:	
Bedeutung für Menschen früher:	
Bedeutung für Menschen heute:	
Meine Informationsquelle(n):	

1 Untersuche deine gegenständliche Quelle mithilfe der Arbeitsschritte auf S. 23.
   Tipp: Frage zu Hause nach weiteren Informationen, um mehr über sie erzählen zu können.

2 Erstelle einen Steckbrief nach dem Muster M 1. Du kannst den Steckbrief auch als Plakat anfertigen und im Klassenzimmer aufhängen.

3 Bring deinen Gegenstand wenn möglich mit in die Schule (mache ansonsten Fotos) und stelle ihn mithilfe des Steckbriefes in der Klasse vor.

Fachpraktikum: Gegenständliche Quellen untersuchen

Die Menschen leben in geschichtlichen Räumen

Der Anfang des Wissens von Geschichte kann bei uns selbst, aber auch bei der Familie beginnen. Das eigene Geburtsjahr, die Geburtsjahre der Eltern und Großeltern reichen Jahre oder Jahrzehnte zurück. In der vergange-
5 nen Zeit hat sich vieles ereignet, was erzählt werden kann. Alte Gegenstände, Fotos, Filme oder auch die Erzählungen der Eltern oder Großeltern sind wichtige Überlieferungen, die etwas von deiner eigenen Geschichte und der deiner Familie berichten.

10 ### Die Bedeutung von Quellen für die Geschichte

Das Geschehen in der Vergangenheit erscheint uns ungeordnet. Vieles, was geschehen ist, wissen oder kennen wir nicht. Ohne die Quellen, die Spuren aus der Vergangenheit, gibt es kein gesichertes geschichtliches Wissen.
15 Historiker gewinnen ihre Erkenntnisse aus den verschiedenen Arten von Quellen. Diese müssen befragt, verglichen und ausgewertet werden. Quellen geben aber oft nur einen Ausschnitt aus der unendlich vielfältigen Vergangenheit wieder und ihr Verfasser vertritt dabei oft
20 eine bestimmte Sichtweise.

Bei seiner Arbeit kann der Historiker verschiedene Quellenarten nutzen. Gegenständliche Quellen liegen uns in großer Zahl vor und helfen insbesondere dann, wenn aus einer historischen Epoche keine Schriftstücke über-
25 liefert sind. Durch Interpretation und Vergleich von Quellen gelangen Historiker zu neuen Erkenntnissen, die sie in Darstellungen veröffentlichen. Diese geben uns aber auch wiederum nur die Sicht des Historikers wieder. Eine Gewissheit, dass es aber wirklich genauso war, wie
30 es der Historiker schildert, gibt es nicht. Ein anderer Historiker kann auch anderer Meinung sein.

Archäologie und Museen

Eine wichtige Unterstützung bei der Erforschung von Geschichte bietet die Archäologie. Mit ihrer Hilfe ist es
35 möglich, das Zusammenleben von Menschen in Epochen zu untersuchen, aus denen keine schriftlichen Quellen überliefert sind. Archäologen nutzen modernste Techniken, wie die Luftbildarchäologie, um neue Erkenntnisse zu gewinnen. Sie finden und untersuchen vor allem ge-
40 genständliche Quellen, die sie restaurieren. Dies bedeutet, dass sie das ursprüngliche Aussehen und den damaligen Zustand eines Fundes wiederherstellen (siehe M1 und M2). Der restaurierte Gegenstand wird danach untersucht und in einem Museum ausgestellt, wo er der
45 Öffentlichkeit zugänglich gemacht wird.

Die Menschen leben in der Zeit

Die Zeit spielt im Leben der Menschen eine wichtige Rolle. Geht es beim Einzelnen um Jahre oder Jahrzehnte, so umfasst das „Gedächtnis" von Völkern meist Jahrhun-
50 derte oder gar Jahrtausende. Die Erinnerungen an frühere Ereignisse, wie Kriege, Königreiche und Naturkatastrophen, bleiben oft über lange Zeiträume lebendig. Sehr lange schon haben Menschen versucht, die Zeit zu messen und einzuteilen. Über die Beobachtung der Sonne,
55 des Mondes und der Sterne entwickelten sie Kalender. Die Ausgangspunkte für die unterschiedlichen Kalender konnten religiöse Ereignisse wie die Geburt von Jesus Christus oder auch bedeutende Ereignisse für eine Kultur wie die Gründung der Stadt Rom darstellen.
60 Die Zeitmessungen mit Uhren, anfänglich mit Sonnen und Sanduhren, wurden mithilfe technischer Erfindungen bis in unsere Zeit hinein immer mehr verfeinert.

Ringheiligtum in Pömmelte-Zackmünde (Salzlandkreis)

Sonnenobservatorium in Goseck (Burgenlandkreis)

In diesem Kapitel konntest du folgende Kompetenzen erwerben:

- unterschiedliche Quellenarten benennen
- die Aussagekraft gegenständlicher Quellen für die Erforschung der Vergangenheit beurteilen
- gegenständliche Quellen mithilfe eines Steckbriefes vorstellen

- gegenständliche Quellen in eine Zeitleiste mit verschiedenen Zeitrechnungen einordnen
- den Sinn der Erforschung von Quellen erklären
- die Bedeutung von Archäologie und Museen herausarbeiten
- **Methode:** Gegenständliche Quellen interpretieren

Folgende Begriffe hast du kennengelernt:

- Quelle
- Darstellung
- Verschiedene Zeitrechnungen
- Kalender
- Historiker
- Archäologie
- Museum

- -

1 Erläutere die oben aufgeführten Begriffe mit eigenen Worten.

M 1

M 2

M 3

Richtig oder falsch?

a Darstellungen werden von Historikern verfasst, nachdem sie Quellen ausgewertet und miteinander verglichen haben.

b Tagebücher und Briefe sind schriftliche Quellen.

c Zeitleisten helfen dir, dich in der Geschichte und den Epochen zu orientieren.

d Die Zeitmessung wurde erst für die Menschen in unserer Zeit wichtig.

e Um die Familiengeschichte zu erforschen, genügen Bildquellen.

f Feste und Bräuche gehören zu den Traditionen.

Ein Journalist berichtete am 3. Oktober 1928 von einer Fahrt des Luftschiffs „Graf Zeppelin" über Berlin:

Kurz nach neun Uhr überfuhr „Graf Zeppelin" den südlichen und östlichen Teil Berlins und grüßte die großen Fabriken, die Stätten der Arbeit. Wo immer sich das Schiff zeigte, war alles
5 auf den Beinen. Die Maschinen der Fabriken standen einige Augenblicke still ... Besonders auffallend war der ruhige Lauf der Motoren, die man kaum hörte. Das Geräusch eines einzigen Fliegers war stärker als alle fünf Zeppelin-Motoren.
Berliner Tageblatt, 3. 10. 1928.

Abbildungen der Zeit

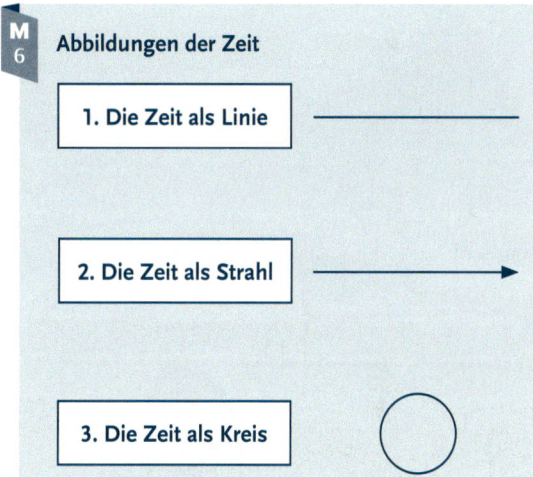

1. Die Zeit als Linie

2. Die Zeit als Strahl

3. Die Zeit als Kreis

Methoden- und Interpretationskompetenz

1 Erkläre, was man durch die Interpretation von gegenständlichen Quellen über das Leben von früher erfahren kann.
   Tipp: Nimm deinen Gegenstand von S. 26 zu Hilfe.

2 Begründe, warum es nicht möglich ist, ein vergangenes Ereignis allein mithilfe von gegenständlichen Quellen darzustellen.
   Tipp: Denke an die Aussagekraft von gegenständlichen Quellen. Wie würdest du vorgehen, um mehr über ein Ereignis zu erfahren?

Geschichte darstellen (narrative Kompetenz)

3 a) Ordne die Bildunterschrift „Blick in eine mittelalterliche Küche, Malerei um 1500", „Endspielball der Fußball-Weltmeisterschaft 1954, Foto, 2015" und „Römische Glaswaren aus dem 1. Jh. n. Chr., gefunden in Trier, Foto, 2001" den Abbildungen M1–M3 zu.

b) Nenne für M1–M3 und M5 die jeweilige Quellenart (siehe Fachbegriff S. 19).

4 Ordne M1–M3 in die Zeitleiste auf S. 12/13 ein.

5 Prüfe die Aussagen in M4 auf ihre Richtigkeit. Korrigiere die falschen Aussagen und schreibe alle Aussagen richtig auf.

6 **Partnerarbeit:** Begründet, welche Abbildung die Zeit am besten darstellt (M6).

Geschichte heute (geschichtskulturelle Kompetenz)

7 Auf einer Baustelle in Benzingerode stoßen Bauarbeiter auf Gegenstände aus der Frühgeschichte. Statt den Fund zu melden, arbeiten die Bauarbeiter weiter. Diskutiert in der Klasse das Verhalten der Bauarbeiter im Hinblick auf die Bedeutung von Quellen zur Erforschung der Vergangenheit.
   Tipp: Haben sich die Bauarbeiter falsch verhalten? Nimm S. 24/25 zu Hilfe.

Webcode: FG642663-029
Selbsteinschätzungsbogen

2

Das Leben der Menschen in frühgeschichtlicher Zeit

„Seht mal dort!" Die Person am linken Bildrand hat soeben eine Gruppe von Jägern am Waldrand entdeckt. Die anderen Bewohner der Siedlung unterbrechen ihre Arbeit, um zu sehen, was los ist. Doch auch die Jägergruppe ist aufgeschreckt durch das Feuer am Waldrand im Bildhintergrund. Einer von ihnen deutet aufgeregt dorthin. Das Feuer scheint jedoch die Bewohner der Siedlung nicht zu beunruhigen, eher die unvermutet aufgetauchten Fremden aus dem Wald.
Dies ist eine Rekonstruktionszeichnung – eine Zeichnung aus der heutigen Zeit, die uns darstellt, wie etwas in der Vergangenheit gewesen sein könnte. Im Falle dieser Zeichnung könnte so eine Begegnung von Menschen vor 6000 Jahren ausgesehen haben.

Worüber könnten die beiden Gruppen gesprochen haben, als die Jäger in der Siedlung ankamen? Schreibe eine kurze Erzählung.

Menschen in der Steinzeit,
Rekonstruktionszeichnung, 2011

4 Mio. v. Chr.	2 Mio. v. Chr.	200 000 v. Chr.	100 000 v. Chr.	40 000 v. Chr.	5500 v. Chr.
Entwicklung des Vormenschen	Ur- und Frühmensch in Afrika	Jetztzeitmensch in Afrika	Neandertaler in Mitteleuropa	Jetztzeitmensch in Mitteleuropa	

Altsteinzeit in Mitteleuropa — Jungsteinzeit in Mitteleuropa

Das Leben der Menschen in frühgeschichtlicher Zeit

Menschen gibt es auf der Erde schon seit mindestens zwei Millionen Jahren. Noch viel älter ist die Erde selbst – ungefähr fünf Milliarden Jahre. Das sind für uns unvorstellbar lange Zeiträume! Sicher scheint, dass die
5 ersten Menschen in Afrika lebten und dass es einige andere Menschenarten gab, bevor unsere direkten Vorfahren entstanden. Viele hunderttausend Jahre lebten die Menschen als Wildbeuter* und Sammler. Als Nomaden, Menschen die umherziehen und nicht an einem Ort sess-
10 haft werden, zogen sie den Tieren nach. Warum es vor etwa 9000 Jahren in Europa zum Umbruch in der Le-

bensweise der Menschen kam und sie sich an einem festen Ort niederließen, gehört zu den großen ungelösten Rätseln der Menschheitsgeschichte.
15 In diesem Kapitel lernst du den Ursprung und die Entwicklung der Menschen kennen, so wie sie in der Geschichtsforschung heute gesehen werden. Du kannst dann das Leben der Menschen in der Vorgeschichte charakterisieren. Dabei leiten dich folgende Fragen:
20 • Woher kamen die ersten Menschen?
• Wie haben sie in früheren Zeiten gelebt?
• Welche Werkzeuge und Techniken hatten sie?

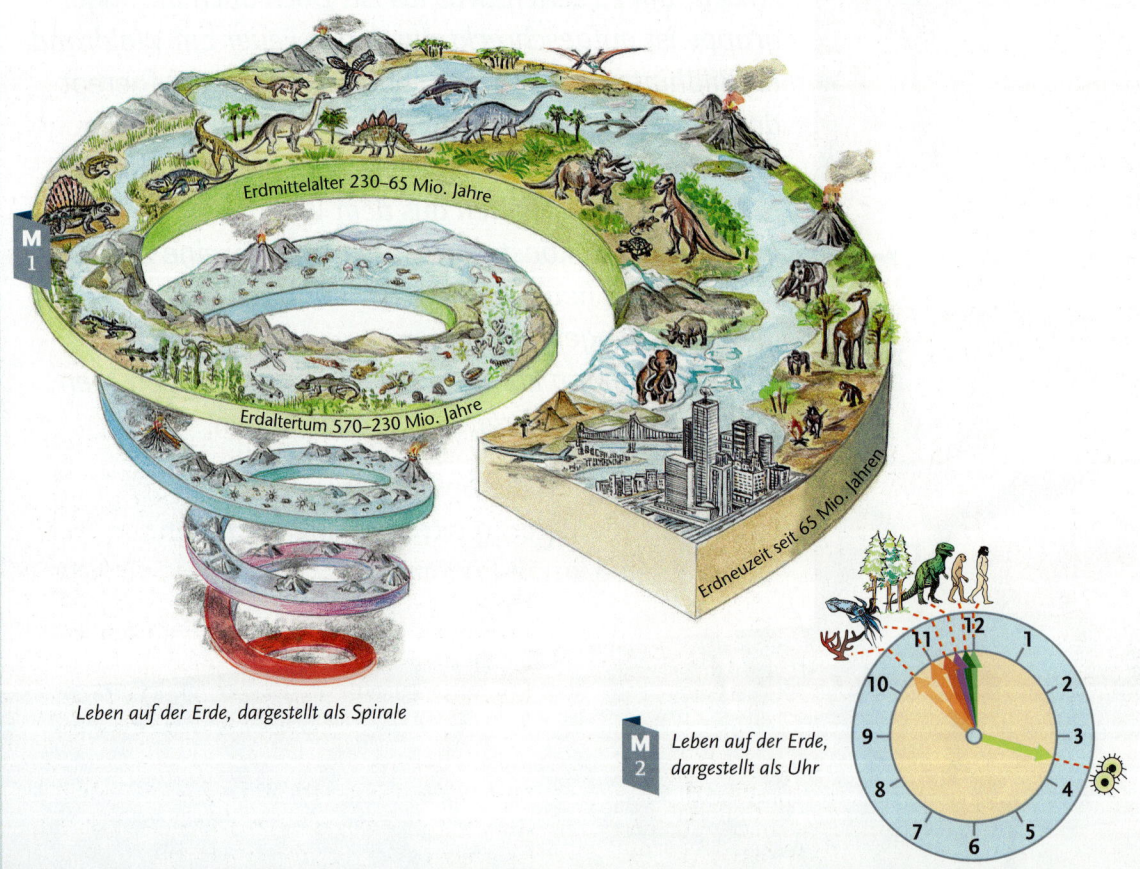

M 1

Erdmittelalter 230–65 Mio. Jahre

Erdaltertum 570–230 Mio. Jahre

Erdneuzeit seit 65 Mio. Jahren

Leben auf der Erde, dargestellt als Spirale

M 2 Leben auf der Erde, dargestellt als Uhr

2200 v. Chr.	800 v. Chr.	Christi Geburt	500 n. Chr.	1000 n. Chr.	1500 n. Chr.	2000 n. Chr.

Entstehung der ägyptischen
Hochkultur um 3000 v. Chr.

Antike · · · · · · · · · · · · Mittelalter · · · · · · · · · · · · Neuzeit

**Bronzezeit in
Mitteleuropa** · · · · · · · · **Eisenzeit in
Mitteleuropa**

Rekonstruktion eines Zeltes aus der Altsteinzeit, Frankreich, 2005

Getreidemühle aus der Jungsteinzeit, Herxheim, Rheinland-Pfalz

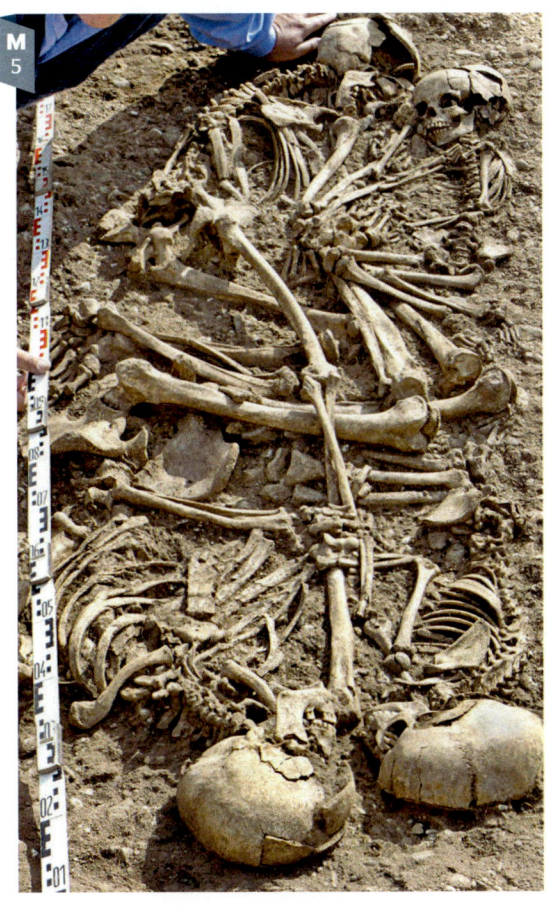

*Skelette aus einem Familiengrab in Eulau bei
Naumburg in Sachsen-Anhalt, Foto, 2005. In diesem mehr als 4400 Jahre alten Grab, das 2005
entdeckt wurde, sind ein etwa 50-jähriger Mann,
eine etwa 45-jährige Frau und zwei Kinder bestattet, die etwa sechs bis acht Jahre und zwei Jahre
alt waren. Insgesamt wurden in Eulau bei Naumburg vier Familiengräber mit Skeletten von
13 Menschen gefunden.*

· ·

1 Beschreibe M1 und finde eine Erklärung dafür, warum eine Spirale als Darstellungsform gewählt wurde.
2 Bestimme mithilfe von M2 die „Uhrzeit" für die Entstehung der ersten Organismen, der ersten Fische,
der ersten Landwirbeltiere, der Dinosaurier und der
ersten Menschen.
3 Beschreibe M5 und erkläre, warum es sich hier um
ein Familiengrab handelt.
   Tipp: Achte auf die Positionen der Skelette der beiden Kinder (rechts) sowie der Frau und des Mannes
(links).
4 Fasse mithilfe von M3 bis M5 deine Eindrücke über
die Lebensweise und die technischen Kenntnisse der
Menschen in der Vorgeschichte zusammen.

Wie haben sich die Menschen entwickelt?

Webcode: FG642663-034
Die Evolution des Menschen

Die Archäologen Richard und Meave Leakey vermuteten schon lange, dass die ersten Menschen in Afrika, am kenianischen Turkanasee, lebten. Bei einer Grabungsexpedition 1984 fanden sie den Beweis. Richard Leakey berichtete später: „Am 23. August erspähte Kamoya Kimeu, mein ältester Freund und Kollege, ein kleines Bruchstück eines alten Schädels zwischen Kieseln … Wir entdeckten, was sich schließlich als vollständiges Skelett eines Menschen herausstellte, der am Ufer des alten Sees vor über 1,5 Millionen Jahren gestorben war." Es handelte sich um einen Jungen, der zum Zeitpunkt seines Todes etwa neun Jahre alt war.
- *Welche Schlüsse zogen die Wissenschaftler aus dem Fund?*
- *Was unterscheidet den jetzigen Menschen von seinem menschenaffenartigen Vorfahren?*

M1

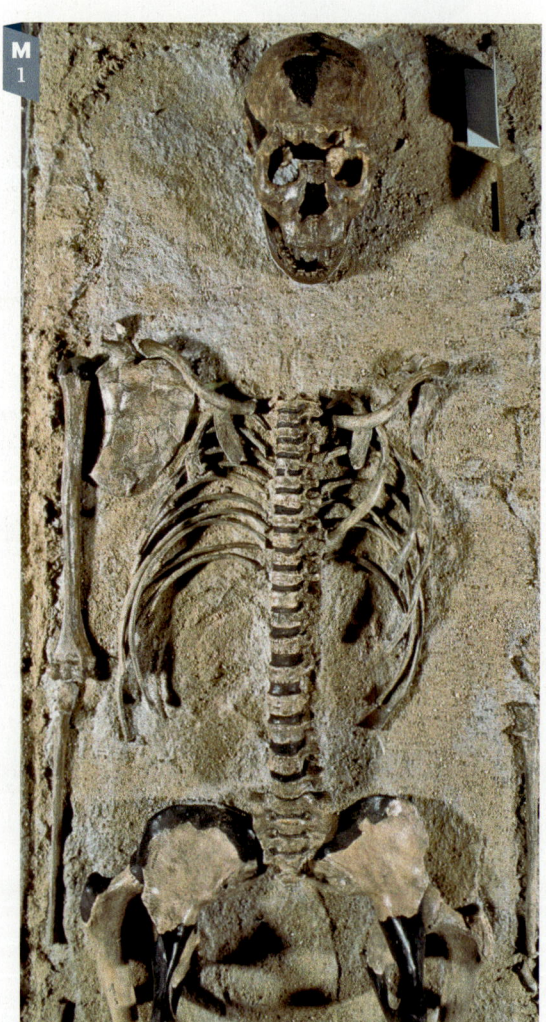

Skelett des Homo erectus, der 1984 in Kenia am Turkanasee gefunden wurde

M2

Wer war der Junge vom Turkanasee?

Der Turkanaknabe gehörte zur Art Homo erectus[1] – einer Art, die in der Geschichte der menschlichen Evolution[2] eine entscheidende Rolle gespielt hat. Aufgrund von Belegen … wissen wir,
5 dass sich die erste menschliche Art vor etwa sieben Millionen Jahren entwickelt hat. Als der Homo erectus vor fast zwei Millionen Jahren die Bühne betrat, war die Vorgeschichte der Menschheit schon ziemlich weit gediehen. Die menschliche
10 Vorgeschichte nahm vor zwei Millionen Jahren offenbar eine entscheidende Wendung. Homo erectus war die erste menschliche Spezies[3], die Feuer benutzte; die erste, welche die Nahrungsbeschaffung zu einem wesentlichen Teil durch die
15 Jagd bestritt; die erste, deren Vertreter wie heutige Menschen laufen konnten und nach einem bestimmten gedanklichen Modell Steinwerkzeuge herstellten … Wir können erkennen, dass der frühe Homo erectus hochgewachsen war … knapp
20 1,80 Meter groß …, athletisch und sehr muskulös. Selbst der stärkste Berufsringer von heute hätte gegen einen durchschnittlichen männlichen Homo erectus wenig ausrichten können.

Leakey, Richard E.: Die ersten Spuren: über den Ursprung des Menschen. Aus dem Engl. übertr. von Udo Rennert. Bertelsmann Verlag, München 1997, S. 14f. und 114f.

....

[1] *„der aufrecht gehende Mensch", Frühmensch*
[2] *Entwicklung, kontinuierliche Veränderung*
[3] *Begriff aus der Biologie: Art, Gruppe gleicher Lebewesen*

Menschenarten und Entwicklungsstufen

Der Mensch entwickelte sich über mehrere Millionen Jahre hinweg aus tierischen Vorfahren und ist mit den Menschenaffen (z. B. Schimpansen, Gorillas) verwandt. Diese Entwicklung bezeichnet man als Evolution*. Men-
5 schenaffen leben in Gruppen und benutzen Werkzeuge wie Steine und Stöcke. Auf dem afrikanischen Kontinent entstanden zum Teil zeitgleich unterschiedliche Menschenarten, die sich auf der Erde verteilten und bis vor 10 000 Jahren nebeneinander lebten.

10 **Vormensch** oder lateinischer Name **Australopithecus** (= Südaffe): lebte vor 4,5 bis 1 Million Jahren in Afrika, ging aufrecht, Größe 100–150 cm, ernährte sich von Pflanzen, stellte keine Werkzeuge her und kannte kein Feuer. Wegen seines kleinen Gehirns ist bis heute um-
15 stritten, ob er tatsächlich zu den Menschenarten zählt.

Urmensch oder **Homo habilis** (= der geschickte Mensch): lebte vor 2,5–1,5 Millionen Jahren in Afrika, ernährte sich von Pflanzen und Tieren, stellte einfache Werkzeuge her, kannte wahrscheinlich kein Feuer,
20 konnte einfache sprachliche Laute erzeugen.

Frühmensch oder **Homo erectus** (= der aufrecht gehende Mensch): lebte vor 2 Millionen bis vor 40 000 Jahren in Afrika und verbreitete sich über Asien und Europa, Größe 160–180 cm, aß Pflanzen und Tiere,
25 nutzte das Feuer, stellte einfache Steinwerkzeuge wie Faustkeile her, besaß eine einfache Sprache.

Neandertaler (Homo sapiens neanderthalensis): nach dem Fundort Mettmann-Neandertal bei Düsseldorf benannte Menschenart; lebte vor 130 000 bis vor
30 30 000 Jahren zunächst in Afrika, dann auch in Europa und Asien, Größe etwa 160 cm, produzierte verschiedenste Steinwerkzeuge und Kleber aus Birkenpech, verwendete Farbstoffe, beherrschte komplexeres Denken, konnte sprechen.

35 **Jetztzeitmensch** (**Homo sapiens sapiens** = vernunftbegabter Mensch): Entstand vor rund 200 000 Jahren in Ostafrika, Ausbreitung von dort nach Asien, erreichte Europa vor 40 000 Jahren, überschritt erstmals das Meer nach Australien und kam über Alaska nach Amerika; bis

menschenaffenartige Vorfahren (ohne aufrechten Gang)

M 3

Urmensch, weiblich (Homo habilis)

Vormensch (Australopithecus)

Frühmensch, weiblich (Homo erectus)

Neandertaler, weiblich (Homo sapiens neanderthalensis)

moderne Menschenaffen (Orang-Utan, Gorilla, Schimpanse)

Jetztzeitmensch (Homo sapiens sapiens)

Die Entwicklung des Menschen

40 180 cm groß, stellte Werkzeuge und Waffen aus Stein, Holz und Knochen her, hatte durch ein weiterentwickeltes Gehirn komplexe Gedankengänge, glaubte an übersinnliche Mächte. In Europa gibt es viele Funde von Schmuck, Höhlenmalereien, Nähnadeln und kleinen Figuren.

1 Eine Archäologin möchte in einem Brief ihrem zehnjährigen Sohn vom Fund am Turkanasee berichten. Verfasse diesen Brief mithilfe des Moderationstextes, M1 und M2.
2 Lege eine Tabelle an: Trage in die obere Zeile die verschiedenen Menschenarten ein, die in M3 und im Darstellungstext genannt werden. Schreibe zu jeder Menschenart auf, was du über Lebenszeiten, Verbreitung, Größe, Fähigkeiten und Ernährung der einzelnen Menschenarten findest.
3 Nenne anhand des Darstellungstextes und M3 Unterschiede und Gemeinsamkeiten von Homo sapiens sapiens und Vormenschen (Australopithecus).
4 Die Archäologen Leakey sind der Meinung, dass der Homo erectus in der menschlichen Evolution eine entscheidende Rolle gespielt habe (M2). Begründe.

Einen Sachtext lesen und verstehen

Historiker, aber auch Schulbuchverfasser nutzen Quellen, um bestimmte histori-
sche Sachverhalte aus ihrer Sicht darzustellen – also um vergangene Ereignisse
zu rekonstruieren. Sie erstellen Darstellungen. Eine Form der Darstellung ist der
Sachtext, den zum Beispiel Schulbuchverfasser schreiben, um in ein Thema ein-
zuführen und über vergangenes Geschehen zu erzählen. Auch auf dieser Seite
findest du einen Sachtext, den der Verfasser mithilfe von Quellen aus der Vergan-
genheit und Darstellungen anderer Historiker erstellt hat. Mit den fünf Arbeits-
schritten in der grünen Tabelle kannst du ihn erschließen.

Wie unterscheiden sich Neandertaler und Jetztzeitmensch?

Bis vor 30 000 Jahren lebten verschiedene Menschenarten zeitgleich auf der Erde. Sie stammten ursprünglich
aus Afrika. Heute gehören alle Menschen zur Gruppe
des Homo sapiens sapiens, dem Jetztzeitmenschen. Das
5 Adjektiv sapiens (= „weise" oder „mit Vernunft begabt")
wird beim Jetztzeitmenschen verdoppelt, damit der Unterschied zur Menschenart des Neandertalers deutlich
wird. Die Neandertaler lebten ebenfalls zuerst in Afrika,
danach in Europa und Teilen Asiens. Sie waren musku-
10 löser als der Jetztzeitmensch. Die Gehirne dieser beiden
Menschenarten waren etwa gleich groß. Ihr gemeinsa-
mer Vorfahre war der Homo erectus. Die Neandertaler
benutzten Werkzeuge und das Feuer, waren ausgezeichnete Jäger und begruben ihre Toten.
15 Der Jetztzeitmensch verbreitete sich vor 70 000 Jahren
von Ostafrika über Arabien und den Nahen Osten nach

Asien und Europa. Es gelang einzelnen Gruppen sogar,
das offene Meer nach Australien und Nordamerika zu
überqueren. Diese Menschen erfanden im Laufe der Zeit
20 Boote, Öllampen, Pfeil und Bogen, dazu Nadeln, mit denen sie sich warme Kleider nähen konnten. Als die Jetztzeitmenschen vor 40 000 Jahren Europa erreichten, wi-
chen die Neandertaler offenbar vor ihnen zurück und
verschwanden schließlich ganz. Die bislang jüngsten
25 Knochenfunde von Neandertalern stammen aus dem
heutigen Spanien und sind 30 000 Jahre alt.
Warum der Neandertaler ausstarb, wissen wir nicht genau. Offenbar besaß der Jetztzeitmensch ab der Zeit um
40 000 v. Chr. ein weiterentwickeltes und leistungsstär-
30 keres Gehirn. Dadurch konnte er sich sprachlich besser
ausdrücken und war technisch überlegen. So fertigte der
Jetztzeitmensch z. B. Höhlenmalereien und Schnitzfigu-
ren an. Darin sehen wir aus heutiger Sicht den Ursprung
unseres künstlerischen und religiösen Denkens.

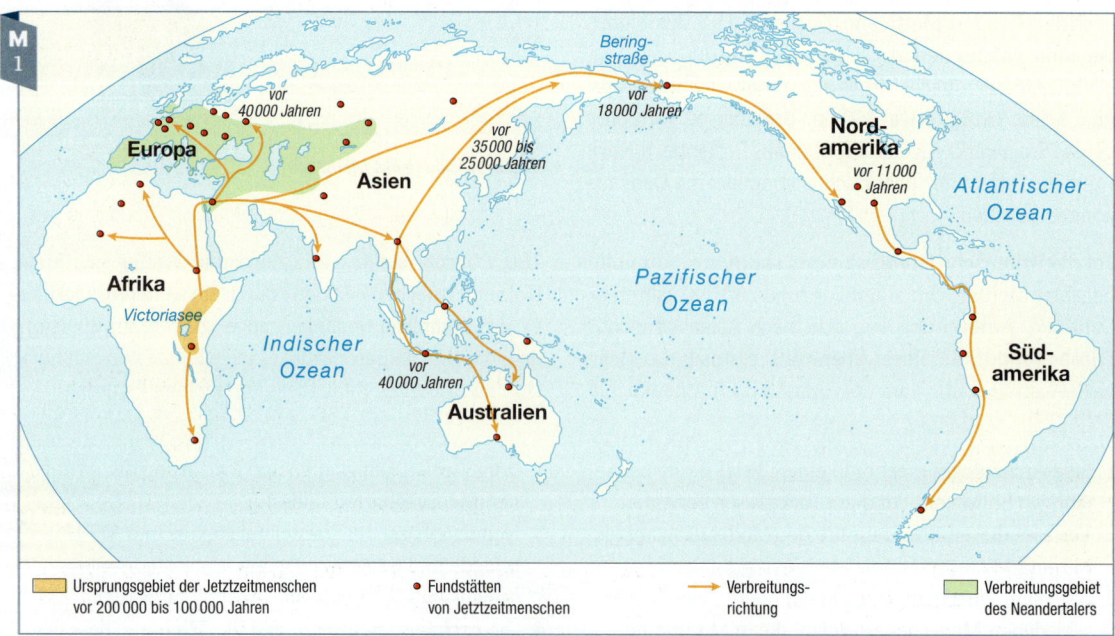

Räumliche und zeitliche Ausbreitung von Jetztzeitmensch und Neandertaler

Arbeitsschritte „Einen Sachtext lesen und verstehen"

1. Schritt: Ersten Überblick verschaffen	Lösungshinweise zum Text S. 36
Welche Überschrift hat der Text?	• ...
Wie ist der erste Eindruck von Inhalt und Aufbau des Textes?	• *Die Lebensweise der Neandertaler und der Jetztzeitmenschen wird beschrieben; neue Forschungsergebnisse.*
2. Schritt: Fragen stellen	
Was weiß ich schon über das Thema?	• *Zu Beginn der Entwicklung der Menschen gab es unterschiedliche Menschenarten; siehe S. 35.*
Wer kommt in dem Text vor?	• *Jetztzeitmenschen, Neandertaler ...*
Wo und wann findet das Dargestellte statt?	• *Altsteinzeit, Afrika, Europa, Teile Asiens, Nordamerika, Australien; siehe Karte M1*
Worum geht es?	• *Der Jetztzeitmensch breitete sich als erste Menschenart über die ganze Erde aus und verdrängte den Neandertaler.*
Welche Fragen bleiben offen?	• *Offen bleibt, warum der Neandertaler ausstarb. ...*
3. Schritt: Schlüsselwörter klären	
Welche schwierigen Wörter oder Unklarheiten muss ich klären?	• *Homo sapiens sapiens, Homo erectus (Lexikon im Anhang, Wörterbuch)*
Welche Schlüsselwörter hat der Text?	• *Jetztzeitmensch, Neandertaler, 30 000 Jahre v. Chr.*
4. Schritt: Textaufbau erfassen	
In welche Abschnitte lässt sich der Text gliedern? Welche Überschriften passen zu den Textabschnitten?	• *Die Menschenart Neandertaler breitet sich von Afrika nach Europa und in Teile Asiens aus. (Z. 8ff.)* • *Vor 70 000 Jahren wandert der Jetztzeitmensch von Ostafrika nach Europa, Asien, Amerika und Australien und verdrängt den Neandertaler in Europa. (Z. 15ff.)* • *(...)*
5. Schritt: Inhalt wiedergeben	
Gib mithilfe der Überschriften und Schlüsselwörter den Inhalt des Textes wieder.	• *schriftlich (wenige Sätze) oder mündlich (Stichworte)*

1 Wende die Arbeitsschritte 1–5 auf den Sachtext an. Ergänze die Lösungshinweise an den (...) markierten Stellen.
2 Erkläre in eigenen Worten die Merkmale der beiden im Sachtext genannten Menschenarten.
3 Beschreibe mithilfe der Karte M1 die Ausbreitung des Jetztzeitmenschen über die Erde. Schreibe die Kontinente aus der Karte heraus und füge die Jahreszahlen der Ausbreitung hinzu.

4 **Partnerarbeit:**
 a) Ein Partner wiederholt mithilfe der S. 18/19 seine Kenntnisse über Quellen und der andere Partner seine Kenntnisse über Darstellungen.
 b) Stellt euch eure Ergebnisse gegenseitig vor.
 c) Benennt den Unterschied zwischen Quellen und Darstellungen.
 d) Diskutiert, warum sich ein zweiter Sachtext von einem anderen Autor zum gleichen Thema von dem auf S. 36 deutlich unterscheiden könnte.

Wie lebten die Menschen in der Altsteinzeit?

Mammute wie Manni im Film „Ice Age 2 – Jetzt taut's" lebten in der Altsteinzeit, und zwar auch im Gebiet der heutigen Stadt Sangerhausen in Sachsen-Anhalt. Hier wurde bei Grabungen im Jahre 1930 ein 500 000 Jahre altes Mammutskelett gefunden. Die Frühmenschen in dieser Zeit jagten diese und andere Tiere, um zu überleben. Im thüringischen Dorf Bilzingsleben entdeckten 1969 Archäologen bei Ausgrabungen einen Lagerplatz, der vor ca. 350 000 bis 400 000 Jahren von Frühmenschen besiedelt war.

- *Am Beispiel dieses Lagerplatzes kannst du untersuchen, wie sie sich an die Bedingungen ihrer Umwelt anpassten.*

Webcode:
FG642663-038
Entstehung von Eiszeiten

Altsteinzeit
Die Altsteinzeit (Paläolithikum, griech. palaios = alt, lithos = Stein) ist die älteste und längste Epoche in der Geschichte der Menschen. Sie begann vor etwa 2 Millionen Jahren in Afrika und ging mit der letzten Eiszeit in Europa um 9000 v. Chr. zu Ende. Benannt wurde diese Epoche nach dem bevorzugten Werkstoff Stein.

Szene aus dem Film „Ice Age 2 – Jetzt taut's", USA, 2006

Kaltzeiten und Warmzeiten in Europa

Der Frühmensch (Homo erectus) war der erste Menschentyp, der Afrika in Richtung Norden verließ (siehe Karte S. 36). Warum aber tauchte er erst vor 1,2 Millionen Jahren in Südeuropa und dann in Osteuropa vor
5 650 000 Jahren auf? Vereinfacht kann man wohl sagen: Weil es in Europa viel kälter war als in Afrika.
Vor rund 2,5 Millionen Jahren hatte in den nördlichen Regionen der Erdkugel das Eiszeitalter begonnen. Kalt- und Warmzeiten, die jeweils zwischen zehn- und hun-
10 derttausend Jahren dauerten, wechselten sich ab. Es bildeten sich bis zu 3000 Meter dicke Eisschichten, die Nordeuropa bedeckten und bis über die Elbe reichten. Auch die Alpen und Pyrenäen waren vereist. Danach schmolz in den Warmzeiten das Eis und die Gletscher
15 zogen sich zurück. Es entstanden wieder Wälder: Tiere und Menschen rückten von Neuem in die verlassenen Gegenden vor. Die letzte Warmzeit, in der wir heute leben, begann um 9000 v. Chr.

Lagerplatz am See:
20 **Die Frühmenschen von Bilzingsleben**

Funde an verschiedenen Orten belegen, dass die Frühmenschen ihre Lagerplätze in Wassernähe hatten. Häufig waren es Uferterrassen oder Sandkegel, die einen Aufenthalt auf trockenem Boden ermöglichten. Hier
25 fand sich das Wild ein (z. B. Rentiere, Wollnashörner, Schneehasen und Wildfüchse). So auch in Bilzingsleben.

Da die Frühmenschen dieses Wild jagten, bezeichnet man sie auch als Wildbeuter.
Die Jagd auf große Tiere war gefährlich, da die Waffen
30 aus Holz, Stein oder Geweih sehr einfach waren und viel Mut sowie Geschick erforderten. Die Erfindung der Speerschleuder ermöglichte das Erlegen von Tieren aus sicherer Entfernung.
Die Ausgrabungsfunde von Bilzingsleben, insgesamt
35 etwa 500 000 Objekte, die uns als Quellen dienen, belegen sicher, dass sich die Menschen in der Altsteinzeit von Tieren ernährten. Sie nahmen aber auch Wildfrüchte, Wurzeln, Eier und Bienenhonig zu sich. Diesen Teil ihrer Nahrung mussten sie sammeln. In Gruppen von 25
40 bis 30 Personen lebten die Wildbeuter und Sammler als Nomaden*. Zeltartige Hütten nutzten sie, um sich vor den Wettereinflüssen zu schützen. Die Frühmenschen blieben nur so lange an einem Ort, wie die Umgebung sie ernähren konnte. Gab es keine Beutetiere oder andere
45 Nahrungsmittel mehr, zogen sie weiter. Ein Leben in der Gruppe war in der Altsteinzeit lebensnotwendig. Auch in Bilzingsleben sorgte die Gemeinschaft für ausreichend Schutz und Versorgung. Es wird vermutet, dass die Männer Werkzeuge anfertigten und zur Jagd gingen. So wur-
50 den in Bilzingsleben Faustkeile, Schaber und messerartige Schneidegeräte aus Stein sowie Spitzen und Meißel aus Knochen gefunden. Für das Sammeln von Nahrung waren Frauen und Kinder zuständig. Sie nahmen jedoch auch an der Treibjagd teil.

Lebensbild des altsteinzeitlichen Siedlungsplatzes von Bilzingsleben, Rekonstruktionszeichnung, 1999

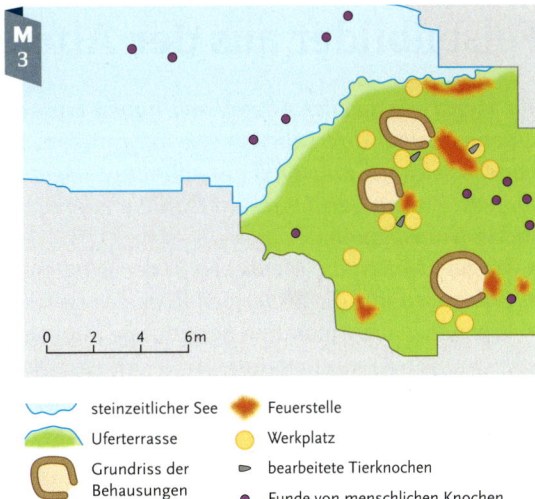

steinzeitlicher See	Feuerstelle
Uferterrasse	Werkplatz
Grundriss der Behausungen	bearbeitete Tierknochen
	Funde von menschlichen Knochen

Schematischer Plan des Lagerplatzes von Bilzingsleben

Der Ausgrabungsleiter Dietrich Mania über den Fundort Bilzingsleben (2004):

Mit Sicherheit haben sich die frühen Menschen von Bilzingsleben nicht nur von Fleisch und Fisch ernährt. Zwar fanden wir in dem Lager nur ein paar Schalenstücke von großen Flussmuscheln und
5 Vogeleiern ... Doch ist anzunehmen, dass diese Menschen vielerlei Pflanzenprodukte zu sammeln und zu nutzen wussten. Sicherlich ernteten sie Nüsse, Eicheln, Beeren, Pilze, junge Sprossen und Salate ... Die vielen gefundenen Bohrer ... bedeuten ver-
10 mutlich, dass mit ihnen organische Materialien hergerichtet wurden, etwa Holz, Bast oder vielleicht auch Felle und Häute. Benutzten die Bewohner solches Spezialwerkzeug, um etwa Behältnisse, Tragen, vielleicht sogar einfache Kleidung anzufertigen? Zu-
15 mindest im Winter liefen sie vermutlich nicht nackt herum. Allerdings reagiert menschliche Haut auf un-gegerbte[1] Felle und Häute mit schlimmen Ekzemen[2]. Kannten diese Frühmenschen schon einfache Gerbverfahren? ... Offensichtlich war das Lager von Bil-
20 zingsleben dauerhaft über mehrere Jahre bewohnt ... Hier hatte sich der Homo erectus eine eigene Umwelt geschaffen, die vor Zwängen und Gefahren der Natur einigermaßen schützte. Solch eine abgeschirmte Siedlung bot viele Vorteile. Beispielsweise
25 konnten Teilgruppen zur Jagd oder zum Sammeln losziehen, während andere Gruppenmitglieder im Lager zurückblieben. Allein diese unterschiedlichen Aufgaben ... vertieften eine Arbeitsteilung.

Dietrich Mania, Die Urmenschen von Thüringen, in: Spektrum der Wissenschaft, Heidelberg, 10/2004, S. 43ff.

[1] *gerben: Tierhäute zu Pelzen oder Leder verarbeiten*
[2] *Hautentzündungen*

1 Begründe mithilfe des Darstellungstextes, warum M1 in der Altsteinzeit spielt.
2 Erkläre mithilfe des Darstellungstextes, warum Frühmenschen auch als Wildbeuter oder Sammler bezeichnet werden können.
3 **Methode:** Untersuche M4 mithilfe der Arbeitsschritte auf S. 37.
4 **Partnerarbeit:**
   a) Arbeitet aus dem Darstellungstext und M4 heraus, welche Werkzeuge, welche Nahrung, welche Behausung und welche Kleidung die Frühmenschen von Bilzingsleben nutzten. Jeder untersucht zwei.

   b) Vergleicht eure Ergebnisse und diskutiert, ob diese Informationen als sicher gelten können. Nutzt dazu auch M3.
   Tipp: Was diente für diese Darstellungen als Quelle?
5 **a)** Wie das Titelbild auf S. 30/31 ist auch M2 eine Rekonstruktionszeichnung. Erkläre, warum das in M2 Dargestellte in der Vergangenheit so passiert sein kann, aber nicht unbedingt genauso, wie es hier abgebildet ist.
   b) Vergleicht eure Ergebnisse.

Zusatzaufgabe: siehe S. 175

Felsenbilder aus der Altsteinzeit

*Die Menschen aus der Altsteinzeit haben uns keine schriftlichen Quellen hinter-
lassen, die über ihre Lebensweise informieren. Dafür aber viele bildliche Quellen,
wobei es sich um kunstvoll gezeichnete Felsenbilder, sogenannte Höhlenmalereien,
handelt. Zu den berühmtesten Höhlenmalereien zählen Funde in Südfrankreich
und in Nordspanien.*

- *Warum malten die Menschen in der Altsteinzeit solche Höhlenbilder?*
- *Was sagen uns die Malereien über das Leben in der Altsteinzeit?*
- *Wie gehen die Menschen heutzutage mit solchen Felsenbildern um?*

M1

Felsenbild aus der Chauvet-Höhle, Foto, 1995

Die Höhle von Chauvet

Die Chauvet-Höhle liegt im Südosten Frankreichs und
wurde 1994 von dem Forscher Jean-Marie Chauvet und
seinem Team entdeckt. In der Höhle, die 490 m lang ist,
befinden sich etwa 300 Zeichnungen und Ritzbilder, die
5 der Homo sapiens vor ca. 36 000 Jahren erstellte. Die
Bilder zeigen Tiermotive, die aus schwarzen Linien, wei-
ßer sowie roter Farbe und schwarzen Farbflächen
bestehen.
Die ockerfarbigen Felswände wurden von den Zeichnern
10 in die Gestaltung einbezogen und vor der Bemalung an-
geraut, um die Farben besser hervorzuheben. Zunächst
zeichneten die Künstler der Altsteinzeit die Umrisse vor
oder ritzten diese ein, um sie dann mit den Fingern oder
einer Art von Pinsel nachzuziehen. Große Flächen mit
15 Farbe trugen sie durch Versprühen mit dem Mund auf.
Für Schwarz verwendete der Homo sapiens Holzkohle
und für Rot Ocker.

Warum malten die Menschen der Altsteinzeit?

Dieser Frage gehen die Forscher seit vielen Jahrzehnten
20 nach und doch kann sie abschließend nicht beantwortet
werden. In der Forschung gibt es den Ansatz, dass es sich
um eine Art des Glaubens handeln könnte und die Zeichnungen aus religiösen Motiven entstanden. Die Tiere waren als Nahrungsgrundlage wichtig für den Homo sapiens,
25 und vielleicht wollte man Göttern für diese Schöpfung
danken. Möglich ist auch, dass die Bilder aus künstleri-
schem Interesse gezeichnet wurden. Eine weitere Theorie
besagt, dass die Tierbilder entstanden, um für die nächste Jagd Glück zu bringen – eine Art „Jagdmagie".

30 Experimentelle Archäologie:
eine Höhle wird kopiert

Neben der Chauvet-Höhle gibt es im Süden Frankreichs
die Höhle von Lascaux, die ebenfalls über Höhlenmalereien aus der Altsteinzeit verfügt. Seit 1948 konnten
35 Touristen diese besuchen, was dazu führte, dass sich

durch den menschlichen Atem auf den Felsenbildern eine Art Schimmel bildete. Dies sollte in der Chauvet-Höhle vermieden werden, weshalb die Öffentlichkeit keinen Zugang erhielt. Um einem breiteren Publikum die
40 Möglichkeit zu geben, einen Eindruck von der Grotte und den Felsenbildern zu bekommen, entschied man sich, die Chauvet-Höhle nachzubauen. Im April 2015

wurde die kopierte Höhle mit dem Namen Caverne du Pont d'Arc eröffnet. Sie zeigt auf etwa einem Drittel der
45 Originalgröße die wichtigsten Motive der altsteinzeitlichen Höhlenmaler. Mit der Kopie versuchen Archäologen nachzuvollziehen, wie die Menschen der Altsteinzeit die Malereien anfertigten und wie sie lebten. Dies nennt man experimentelle Archäologie.

Besucher in der kopierten Höhle Caverne du Pont d'Arc, Foto, 2015

Der Prähistoriker und Künstler Gilles Tosello zeichnet in der Kunsthöhle Caverne du Pont d'Arc, Foto, 2014

Der Journalist Marc Zitzmann zur „Kopie" der Höhle von Chauvet (2015):

Doch die Zurschaustellung von Kopien ... ist eine heikle Sache. Zulässig scheint sie nur dann, wenn die Grenze zwischen Echt und Falsch klar hervortritt. Hier wird sie ... verwischt ...
5 Kurz: Die Caverne du Pont-d'Arc verbindet Originaltreue im Einzelnen mit Fälschung im großen Maßstab ... Filme ... vermitteln ungleich mehr vom Original ... als die falsche „Kopie". Deren wahrer Daseinsgrund – für den die öffentlichen
10 Auftraggeber satte 55 Millionen Euro springen ließen – ist die Tourismusförderung, nicht die Kunstvermittlung.

Marc Zitzmann, Mammuts für Mammon, Neue Zürcher Zeitung, 26. 7. 2015. Zit. nach http://www.nzz.ch/ feuilleton/kunst_architektur/mammuts-fuer-mammon-1.18585012 (Stand: 30. 11. 2015).

Der Journalist Stefan Simons zum Nachbau der Chauvet-Höhle (2015):

Die Rekonstruktion ist verblüffend: Denn nicht nur die visuellen Eindrücke sind akkurat[1] nachgebildet, sondern auch Kälte, Feuchtigkeit, Dämmerlicht, selbst der Modergeruch ... Schnell ist
5 vergessen, dass sich der Besucher durch eine Urzeit bewegt, die gerade mal zwei Jahre alt ist: Die Zeitreise in die Vergangenheit ist perfekt.

Stefan Simons, Nachbau der Chauvet-Grotte, Eine Tropfsteinhöhle aus Beton. Zit. nach http://www.spiegel.de/ wissenschaft/mensch/chauvet-hoehle-nachbau-mit-hoehlenmalerei-in-der-ardeche-eroeffnet-a-1027692.html (Stand: 30. 11. 2015).

[1]*genau*

1 Beschreibe M1. Welche Tiere erkennst du?
2 Arbeite aus dem Darstellungstext heraus, wie die Menschen in der Altsteinzeit malten.
3 Wähle eine Aufgabe aus:
   a) Erkläre mithilfe des Darstellungstextes, warum die Menschen in der Altsteinzeit malten.
   b) Beschreibe mithilfe des Darstellungstextes die Glaubensvorstellungen des Homo sapiens.

4 Erkläre die Ziele der experimentellen Archäologie (Darstellungstext).
5 a) Arbeite aus M2–M5 die Vor- und Nachteile der Kopie der Höhle von Chauvet heraus.
   Tipp: Warum wurde die Höhle kopiert?
   b) Nimm Stellung: Sind Kopien wie die Höhle Caverne du Pont d'Arc sinnvoll, um etwas über die Vergangenheit zu erfahren?

Warum wurden die Menschen sesshaft?

Zwischen der Altsteinzeit und der Jungsteinzeit vollzog sich der bisher radikalste Umbruch in der Geschichte der Menschheit: Die Menschen wurden sesshaft und lebten in Dörfern. Dies kam einer Revolution – einem grundlegenden Wandel – gleich. Die Ursachen dafür werden im Folgenden dargestellt.

- *Lies den Darstellungstext und arbeite die wichtigsten Informationen zur Sesshaftwerdung des Menschen in der Jungsteinzeit in kurzen Stichpunkten heraus.*
- *Wähle ein Material (A, B, C) aus und bearbeite es mithilfe der Aufgaben.*

Aus Wildbeutern und Sammlern werden Bauern und Hirten

Die Menschen der Altsteinzeit lebten „mit" der Natur, das heißt sie zogen jagend und sammelnd auf der Suche nach Nahrung umher. In der Jungsteinzeit hingegen begannen die Menschen, die Natur für ihre Zwecke zu nutzen: Sie
5 trieben Ackerbau, züchteten Pflanzen und Tiere aus ursprünglich wilden Formen, darunter Schafe, Ziegen, Rinder und Schweine. Das älteste Haustier ist der Hund, der den Menschen schon seit 15 000 Jahren begleitet. Erstmalig leiteten die Menschen Flussläufe um und bewäs-
10 serten so ihre Felder. Die neue Form der Selbstversorgung bot große Vorteile. Jetzt konnten mehr Menschen ernährt und Hungerzeiten durch Vorratshaltung* überbrückt werden. Bauerngesellschaften entstanden unabhängig voneinander in vielen Teilen der Welt.
15 Die Jungsteinzeit brachte zudem eine Reihe neuer Techniken und Geräte hervor. Dazu zählt der hölzerne Hakenpflug, mit dem die Erde nun tiefer umgegraben werden konnte als vorher. Große Tongefäße nahmen Vorräte auf. Spinnen und Weben, die Technik der Steinbohrung und
20 die Erfindung des Rades veränderten den Alltag grundlegend.

Das enge Zusammenleben in Dörfern hatte jedoch auch Nachteile, da sich Krankheiten schneller ausbreiten konnten. Ratten und andere Schädlinge bedrohten die
25 Vorräte. Außerdem mussten die Dörfer befestigt und gegen Angriffe geschützt werden, denn die Vorräte der Bauern bildeten ein begehrtes Angriffsziel von Gruppen immer noch umherwandernder Nomaden.

Jungsteinzeit – Neolithische Revolution

Am Ende der letzten Eiszeit, um 10 000 v. Chr., wurde es wärmer und die Landschaft veränderte sich. In dieser Zeit begann die Jungsteinzeit (griech. Neolithikum) im Raum des heutigen Irak. Von dort verbreitete sich die neue Lebensform in andere Teile Asiens und nach Europa. Mitteleuropa erreichte sie um 5500 v. Chr. Die Menschen wurden allmählich sesshaft, lebten als Bauern und Viehzüchter in Dörfern. Sie ernährten sich von Ackerbau und Viehhaltung. Nach Ansicht vieler Wissenschaftler war der Übergang von der Alt- zur Jungsteinzeit so bedeutsam in der Geschichte der Menschheit, dass sie von der „Neolithischen Revolution" sprechen. Die Jungsteinzeit endete um 2200 v. Chr.

1 Beschreibe die neuen Techniken und Geräte von M1.
Tipp: Notiere in einer Tabelle, welche Funktionen die Geräte jeweils erfüllen sollen und wie sie das Leben der Menschen verändern konnten.

Neue Techniken und Geräte in der Jungsteinzeit, Rekonstruktionszeichnung, 1999. Steinbohrer, Pflug, Räderwagen, Webstuhl, polierte Steinaxt, Töpferwaren

Bau eines Hauses in der Jungsteinzeit, Rekonstruktionszeichnung aufgrund von Grabungsergebnissen. Die verschiedenen Arbeitsgänge werden hier zeitgleich gezeigt; tatsächlich wurden sie nacheinander ausgeführt.

1 Erläutere anhand von M2 die Technik des Hausbaus. Bringe dabei die Arbeitsschritte in die richtige Reihenfolge: *Flechtwände herstellen, die Wände mit Lehm verputzen, Dachkonstruktionen bauen, Tragpfosten errichten, das Dach mit Schilf decken.*

2 Zeichne ein Bild: Wie könnte das Haus eingerichtet gewesen sein? Berücksichtige deine Kenntnisse über Arbeit und Alltag der Menschen in der Jungsteinzeit (Darstellungstext, M1).

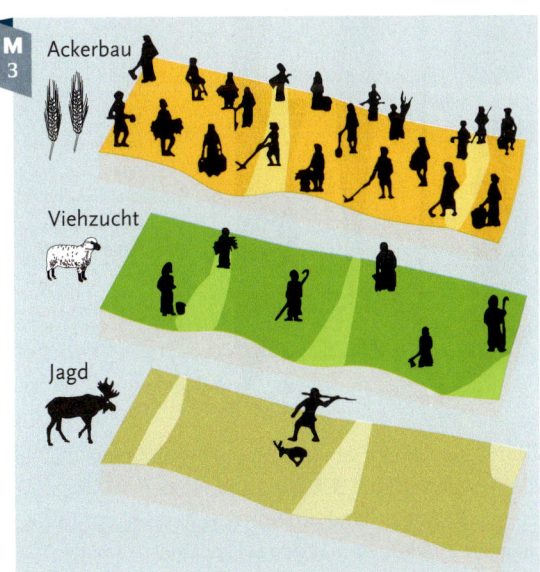

Wirtschaftsweisen beeinflussten das Leben der Menschen und die Natur in der Steinzeit. Dargestellt ist die Zahl der ernährten Menschen pro Quadratkilometer.

1 Schau dir M3 an. Überprüfe dann die folgenden Aussagen und schreibe sie richtig auf:
a) Die Jagd konnte sechs Menschen je Quadratkilometer ernähren.
b) Die Viehzucht konnte mehr Menschen je Quadratkilometer ernähren als der Ackerbau.

Aufgabe für alle:
a) Tragt in der Klasse Gründe dafür zusammen, dass die Lebensform der Jungsteinzeit sich ziemlich schnell verbreitete.
b) Erklärt, welche neuen Probleme durch die Sesshaftwerdung für die Menschen der Jungsteinzeit entstanden.
Tipp: Beachtet die Entwicklung in den neu entstandenen Dörfern (Darstellungstext Z. 22–28).

Die Kelten – Handwerker und Händler der Metallzeit

Auch in der Jungsteinzeit nutzen die Menschen vor allem Holz und Stein als Werkstoffe. Seit ca. 2200 v. Chr. gewannen aber Metalle in Europa immer mehr an Bedeutung: Auf die Steinzeit folgte die Metallzeit. Meister in der Metallverarbeitung waren die Kelten, die um 500 v. Chr. im Zentrum Europas ihr Siedlungsgebiet hatten. Die Römer nannten sie Gallier.

- *Wie wurden Metalle gewonnen und verarbeitet?*
- *Wo lassen sich heute noch keltische Überreste finden?*

3 Das Erz wird von minderwertigem Gestein getrennt.

1 Zuerst werden die Erzgänge mit Feuer und kaltem Wasser rissig gemacht. Danach werden die Brocken herausgeschlagen.

2 Die Erzbrocken werden in Körben nach oben transportiert

M1 *Erzbergbau in der Metallzeit, Rekonstruktionszeichnung, 1999*

Metallzeit

Die neuen Werkstoffe aus Metall veränderten das Leben stark. Deshalb benennen wir geschichtliche Zeiträume nach dem bevorzugten Metall: Bronzezeit in Mitteleuropa zwischen 2200 und ca. 800 v. Chr.; Eisenzeit in Mitteleuropa ab etwa 800 v. Chr. – Werkzeuge, Geräte und Waffen wurden jetzt aus Eisen hergestellt.

Kupfer, Bronze, Eisen

Metalle kommen in bestimmten Gesteinen (= Erzen) vor, die in der Erde lagern und in Bergwerken abgebaut werden. Aus diesen Erzen werden bei hohen Temperaturen die Metalle herausgeschmolzen. Anschließend können
5 sie in Formen gegossen, geschmiedet, gewalzt und mechanisch bearbeitet werden. Kupfer war das erste Metall, das Menschen im Vorderen Orient im 6. Jahrtausend v. Chr. gewannen. Da Kupfer relativ weich ist, suchten die Menschen bald nach anderen Möglichkeiten. Sie fanden
10 heraus, dass eine Mischung aus Kupfer und Zinn im Verhältnis 9 : 1 ein härteres Metall ergibt: die Bronze. Ein noch härteres Metall ist das Eisen, mit dessen Verwendung um 800 v. Chr. in Mitteleuropa die Eisenzeit begann.

M2 *Keltische Eisenwerkzeuge und Schmuckstücke, freigelegt in Gräbern bei Hallstatt. Gefunden wurden unter anderem ein Messer, eine Speerspitze, ein Angelhaken, eine Gewandnadel, ein Beil und eine Schmuckscheibe, die zum Pferdegeschirr gehörte.*

Die Kelten

15 Kelten bedeutet sinngemäß „die Mächtigen, die Starken". Sie stellten sowohl Waffen als auch Gebrauchsgegenstände aus Eisen her und lebten in Stämmen, die sich durch Kriegszüge und Wanderungen ausbreiteten. Unser Wissen über die Kelten überlieferten die Griechen und
20 Römer, da sie selbst keine Schriften hinterließen. Keltische Sprachen haben sich aber bis heute in Irland, Schottland, Wales sowie der Bretagne erhalten und werden zum Teil im Alltag benutzt.

Die Kelten lebten auf einzelnen Bauernhöfen und in
25 kleinen Dörfern. Im 3. und 2. Jahrhundert v. Chr. gründeten sie große, stadtähnliche Siedlungen mit Wehranlagen. Die Römer nannten sie „oppida".

Veränderungen in Gesellschaft und Kultur

Da der Abbau von Eisenerz und seine Verarbeitung zu
30 Metallgegenständen wie Werkzeugen, Waffen, aber auch Schmuck Fachwissen und Geschicklichkeit erforderten,

Die Handelswege und Ausbreitung der Kelten

entstand in den bäuerlichen Gemeinschaften der Kelten eine Arbeitsteilung*. Es bildeten sich Berufe wie der des Schmiedes oder des Bergmannes heraus. Die Kelten
35 stellten aber nicht nur Produkte aus Metall her. Anhand von Grabfunden lässt sich nachweisen, dass sie in der Lage waren, Stoffe zu Kleidung zu verarbeiten, Keramikprodukte herzustellen, aber auch Salz abzubauen. Die bäuerliche Bevölkerung sorgte für die Nahrungsgrund-
40 lage.

Handel und Handwerk der Kelten

Um für ihren eigenen Bedarf neue Rohstoffe zu bekommen oder um Dinge zu beschaffen, die es in Mitteleuropa nicht gab, betrieben die Kelten Handel. Keltische
45 Händler transportierten und tauschten Rohstoffe und Produkte aus eigener und fremder Herstellung, wie z. B. Waffen und Werkzeuge aus Metall sowie Gefäße aus Keramik und verschiedene Rohstoffe auf Handelswegen über Tausende Kilometer hinweg – z. B. ins heutige Spa-

50 nien, nach Italien und sogar in die Türkei. Diese langen Strecken legten sie hauptsächlich zu Fuß zurück.
Durch die Kontakte mit fremden Völkern vor allem im Mittelmeerraum lernten die keltischen Händler neue Lebensformen und Arbeitstechniken kennen, die sie mit in
55 den Norden brachten. Die Handwerker spezialisierten sich immer mehr auf die Herstellung ihrer Produkte und konnten so die Qualität verbessern, aber auch mehr produzieren. Das, was sie selbst nicht benötigten, tauschten sie gegen andere Produkte ein und bildeten so ein Ver-
60 mögen. In der keltischen Gemeinschaft entstand ein „Oben" und „Unten": Die Mächtigsten standen als Fürsten oder Häuptlinge an der Spitze der keltischen Stämme, regierten die Stammesgeschäfte und kontrollierten den Fernhandel. Nach ihrem Tod wurden sie in sichtba-
65 ren Hügelgräbern mit prunkvollen Grabbeigaben bestattet. Diese dienen uns heute als Quellen, um etwas über das Leben der Kelten zu erfahren.

---

1 Beschreibe den Abbau von Erzen in der Metallzeit (M1).

2 Erkläre mithilfe des Darstellungstextes und M2 die Vorteile von Werkzeugen aus Metall im Vergleich zu den Werkzeugen aus Knochen, Holz und Steinen, die in der Steinzeit verwendet wurden.
Tipp: Nimm S. 39, M2 zu Hilfe.

3 **a)** Fasse mithilfe des Darstellungstextes und M3 zusammen, womit die Kelten Handel trieben.
b) Untersuche anhand von M3 die Handelswege der Kelten.
Tipp: In welchen Ländern Europas trieben sie Handel?

c) Berechne, wie viele Kilometer keltische Händler vom Zentrum ihres ursprünglichen Siedlungsraumes bis ins heutige Rom und nach Ankara zurücklegten. Du benötigst dazu ein Lineal und den Maßstab der Karte.

4 **Wähle eine Aufgabe aus:**
a) Erstelle mithilfe des Darstellungstextes und M1–M3 eine Mind-Map zu folgendem Thema: Kelten – Händler und Handwerker.
b) Erkläre: Handel und Handwerk brachten den Kelten ein Vermögen (Darstellungstext, M3).

Ötzi – eine Mumie als touristische Attraktion?

Im September 1991 fand ein Ehepaar bei einer Bergwanderung in den Alpen eine mumifizierte Leiche. Bald wurde klar, dass es sich um eine Sensation handelte, denn der Fund erwies sich als ein Mann aus der späten Jungsteinzeit bzw. frühen Kupferzeit. In den folgenden Jahren wurde „Ötzi", wie er nach seinem Fundort genannt wurde, zu bestuntersuchten Mumie und zum Publikumsmagnet des Museums in Bozen (Südtirol).

Webcode:
FG642663-046
Ötzi

- *Was haben Forscher über Ötzi herausgefunden und wie wird heute mit der Mumie umgegangen?*

Die Leiche des Gletschermannes am Fundort, Foto, 1991

Ötzis Tod – ein Krimi?

Es ist Frühsommer, als der ungefähr 45 Jahre alte Mann den Südhang der Ötztaler Alpen hinaufsteigt. Seine Hand umklammert einen Dolch aus Feuerstein. Mit seiner Mütze aus Bärenfell, dem Grasumhang über seinem
5 Fellmantel und den gepolsterten Schuhen aus Hirschleder ist er gut gegen die Kälte des Hochgebirges gerüstet. Da surrt von hinten ein Pfeil heran, dringt tief in seine Schulter und bleibt in ihr stecken. Trotz innerer Blutungen klettert der Mann weiter. Auf über 3000 Metern
10 Höhe legt er sich entkräftet hin und stirbt. Der einsetzende Schnee begräbt und gefriert den Mann über die nächsten 5300 Jahre.

Die Antworten der Wissenschaftler

Ob sich der „Fall Ötzi" genau so zugetragen hat, wissen
15 wir nicht, denn er beruht auf vielen Einzelergebnissen der Forschung. Es existiert keine Quelle, die über den Tod des Gletschermannes berichtet. Fest steht, dass Ötzi vor rund 5300 Jahren starb und damit aus der Kupferzeit (ca. 4300 bis 2200 v. Chr.) stammt. Wegen seines
20 wertvollen Kupferbeils wird der Gletschermann der gesellschaftlichen Oberschicht zugerechnet. Untersuchungen ergaben, dass er vor seinem Tod Brot sowie Rothirsch- und Steinbockfleisch gegessen hatte. Die Funde sagen nichts über den „Beruf" des Gletschermannes aus.
25 Er könnte Hirte gewesen sein, aber auch ein Jäger oder ein Metallsucher. Aufgrund der Pflanzenpollen in seinem Magen wissen wir aber, dass Ötzi im Frühjahr starb. In seinem Magen wurden auch Reste von Mehl gefunden, das mit Steinmühlen gemahlen wurde. Seine Klei-
30 dung bestand überwiegend aus Fell und Leder. Noch kurz vor seinem Tod arbeitete er an einem Bogen und an Pfeilen, die halbfertig in seinem Köcher gefunden wurden. In einem Gefäß aus Birkenrinde transportierte er Glut zum Feuermachen. Das mitgeführte Birkenharz er-
35 gab gekocht als Teer den Alleskleber der späten Jungsteinzeit und frühen Kupferzeit.

Der Umgang mit Ötzi heutzutage

Seit 1998 befindet sich der gut erhaltene Körper von Ötzi im Südtiroler Archäologiemuseum in Bozen. Hier
40 können die Besucher die Leiche sehen, aber auch entscheiden, ob sie darauf verzichten möchten und sich auf andere Teile der Ausstellung konzentrieren. Die Frage, ob man eine Mumie öffentlich präsentieren darf oder nicht, ist nämlich nicht leicht zu beantworten. Einerseits
45 ist Ötzi eine Quelle aus der Jungsteinzeit bzw. frühen Kupferzeit und es besteht ein großes öffentliches Interesse, diese Quelle auch sehen zu können. Es handelt sich schließlich um die älteste und am besten erhaltene Mumie der Welt. Auf der anderen Seite handelt es sich
50 bei Ötzi aber um eine Leiche. Selbst Wissenschaftler sind sich nicht einig, ob diese Zurschaustellung zu weit geht. Mumien haben schließlich nicht ihre Einwilligung gegeben, dass man sie untersucht oder öffentlich ausstellt.

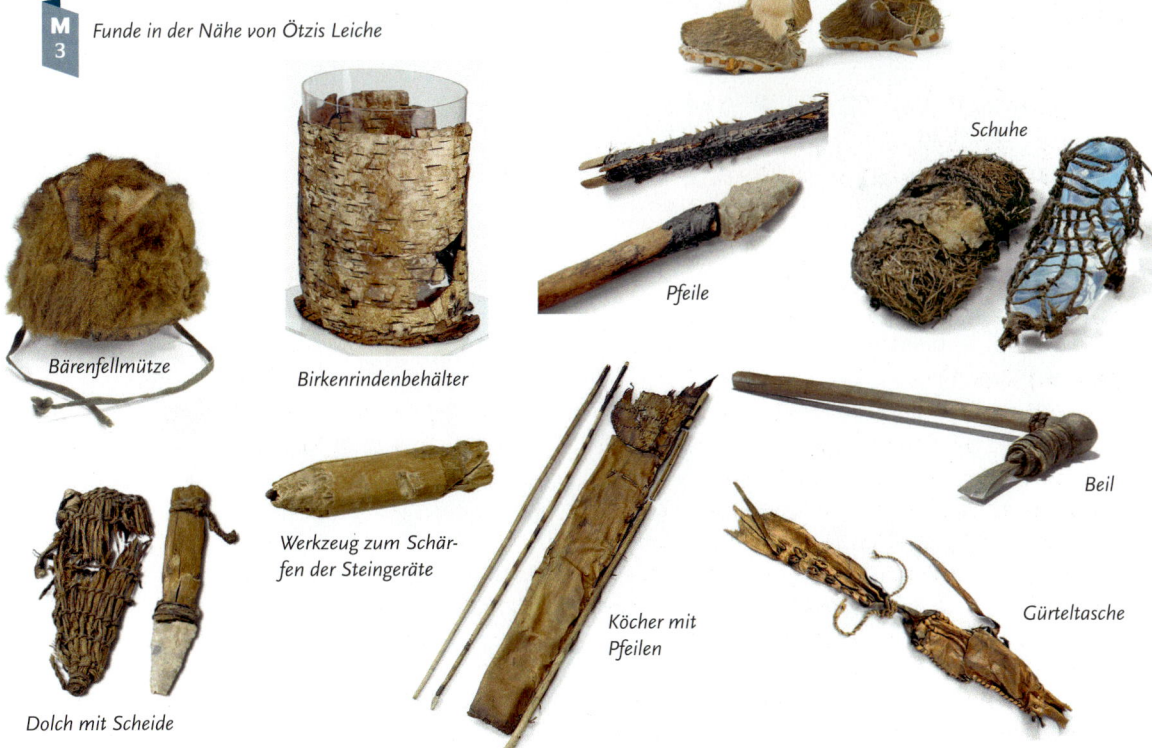

M2 Der Gletschermann, Rekonstruktion von Kleidung und Ausrüstung nach neusten wissenschaftlichen Erkenntnissen, Südtiroler Archäologiemuseum in Bozen (Italien), Foto, 2011. Die Rekonstruktion ist 154 cm groß, der Gletschermann war bei seinem Tode etwa 45 Jahre alt und wog etwa 50 kg.

M3 Funde in der Nähe von Ötzis Leiche

Schuhe

Pfeile

Bärenfellmütze

Birkenrindenbehälter

Beil

Werkzeug zum Schärfen der Steingeräte

Köcher mit Pfeilen

Gürteltasche

Dolch mit Scheide

---

1 Beschreibe mithilfe von M1 Fundort und Zustand des Gletschermannes Ötzi.

2 Zeige anhand Ötzis Ausrüstung (M2 und M3), wie er sich versorgte und schützte.

3 **a)** Erkläre mithilfe des Darstellungstextes und M1, wie es den Forschern gelang, die Rekonstruktion von Ötzi anzufertigen (M2).

b) Begründe, warum es sich bei M2 nicht um eine Quelle handelt, aber bei M3 schon.

4 Charakterisiere anhand der Materialien das Leben im Alpenraum zu Lebzeiten Ötzis.

5 Verfasse eine persönliche Stellungnahme: Sollte Ötzi weiterhin für Touristen zur Schau gestellt werden? **Tipp:** Nimm den Darstellungstext Z. 38–53 zu Hilfe.

Die Himmelsscheibe von Nebra – eine sachsen-anhaltische Attraktion

Im Jahr 1999 fanden zwei Raubgräber in den Wäldern von Nebra in Sachsen-Anhalt eine etwa 30 cm große Bronzescheibe. Erst 2002 stellte sich heraus, dass es sich dabei um ein etwa 3600 Jahre altes Artefakt – einen von Menschen hergestellten Gegenstand – handelte. Die Scheibe stammt aus der Bronzezeit und weist darauf hin, dass die Menschen damals bereits den Himmel beobachteten. Sie gilt als älteste Abbildung des Himmels, die uns bekannt ist.

- *Wie ist die Himmelsscheibe gestaltet und welche Funktion hatte sie?*
- *Wie gelangte sie zu ihrem heutigen Standort, dem Landesmuseum für Vorgeschichte Sachsen-Anhalt in Halle?*

Die Himmelsscheibe von Nebra, Foto, 2004

Gestaltung und Aufbau der Himmelsscheibe

Der Fund der Himmelsscheibe von Nebra war ein bedeutendes Ereignis in der Geschichtsforschung. Durch sie gelangten Historiker zu der Erkenntnis, dass die Men-

schen der Bronzezeit nicht nur einfache Jäger, Bauern, 5 Waffenschmiede oder Händler sein konnten. Die Menschen aus der Bronzezeit hatten auch den Himmel, also Sonne, Mond und Sterne genauestens beobachtet und

ihre Erkenntnisse in der Himmelsscheibe festgehalten. Wissenschaftler verschiedener Fachrichtungen haben
10 die Himmelsscheibe erforscht. Ihre Ergebnisse sind dabei in vielen Punkten identisch:

Die Wissenschaftler sind sich einig, dass auf der Scheibe Himmelskörper abgebildet sind (M1). Die goldenen Auflagen wurden aber nicht zur gleichen Zeit aufgetragen,
15 sondern erst nach und nach. Sicher scheint, dass auf der dunklen Scheibe zuerst Vollmond (1), Sichelmond (2) und Sterne (3) angebracht wurden. Zu erkennbar sind auch die Plejaden, eine Gruppe von sieben Sternen (5). Später wurden zwei goldene Bögen (6) an den Rändern
20 der Himmelsscheibe zugefügt, wobei der linke Bogen heute fehlt. Beide Bögen lassen den Sonnenverlauf zwischen Frühling und Herbst am Taghimmel nachvollziehen. Die Scheibe selbst besteht aus Kupfer, der vermutlich aus einem Bergwerk in der Nähe von Salzburg
25 stammt; das Gold kam möglicherweise aus Cornwall (im heutigen England).

Zu einem sehr viel späteren Zeitpunkt als die anderen goldenen Elemente wurde der Scheibe ein Schiff (4) zugefügt. Dadurch sieht man den Vollmond (1) nun als
30 Sonne, die von dem Schiff getragen wird. Die Menschen der Bronzezeit stellten sich vor, dass das Schiff für Tag und Nacht verantwortlich war, indem es die Sonne jeden Tag über den Himmel fährt.

Die Funktion der Himmelsscheibe

35 Die Himmelsscheibe wurde von den Menschen als eine Art Gedächtnisstütze genutzt, um im nächsten Jahr zu wissen, wann sie mit der Aussaat und später mit der Ernte beginnen müssen. Schließlich waren die Menschen der Bronzezeit vor allem auch Bauern.

40 Die Endpunkte der beiden Bögen (6) an den Rändern gaben auch genau Auskunft darüber, wo die Sonne auf dem Mittelberg, einem Berg bei Nebra, am längsten und am kürzesten Tag des Jahres auf- und untergeht.

Heutige Astronomen sind sich einig, dass für die Dar-
45 stellungen auf der Scheibe jahrzehntelange und ganz genaue Himmelsbeobachtungen nötig gewesen sein müssen. Bis zum Zeitpunkt des Fundes sind die Wissenschaftler nicht davon ausgegangen, dass die bronzezeitlichen Menschen über solche Fähigkeiten verfügten. Des
50 Weiteren lässt die Himmelsscheibe Rückschlüsse auf die Vorstellungen der Menschen von der Welt vor 3600 Jahren zu: Wie eine Kuppel wölbt sich der Himmel über die flache Erde, die wie eine Scheibe ist (M2).

Die Vorstellung von der Welt in der Bronzezeit, eine mögliche Rekonstruktionszeichnung nach der Himmelsscheibe von Nebra

1 Erstelle eine Zeitleiste, die den Verlauf von der Entstehung der Himmelsscheibe bis zu deren Ausstellung im Museum darstellt (Darstellungstext).
2 Informiere dich im Internet über die Fundumstände der Himmelsscheibe von Nebra und arbeite heraus, wie sie ins Landesmuseum für Vorgeschichte Sachsen-Anhalt in Halle kam.
Tipp: Verwende dazu den Webcode.

3 **Geschichte heute:** Begründe, warum es wichtig war, dass der Direktor des Landesmuseums alles daran gesetzt hat, die Himmelsscheibe zu (M1) bekommen.
Tipp: Die Himmelsscheibe ist eine Quelle.
4 Stell dir vor, im Internet gibt es eine Seite mit dem Titel „Die Menschen der Bronzezeit". Dort hat jemand einen Kommentar verfasst, der besagt, dass das Leben der Menschen in der Bronzezeit primitiv gewesen sei. Verfasse mithilfe von **M1**, **M2** und des Darstellungstextes eine Antwort darauf.

Webcode: FG642663-049
Die Himmelsscheibe von Nebra

Einen Sachtext verfassen

Du hast bereits mit Darstellungen gearbeitet, wie zum Beispiel Rekonstruktions-zeichnungen oder Sachtexten. Wie kannst du selbst einen Sachtext verfassen, der über ein historisches Ereignis oder das Handeln von Menschen in der Vergangen-heit berichtet? Um Geschichte in einem zusammenhängenden Sachtext darzustel-len, ist es wichtig, zeitliche Verläufe zu beachten. Die Arbeitsschritte zeigen dir am Beispiel des Lebens der Frühmenschen in der Altsteinzeit, wie du dabei vorgehst.

Arbeitsschritte „Einen Sachtext verfassen"

Eine Leitfrage formulierena	Lösungshinweise
1. Worüber soll der Sachtext informieren?	• *Wie lebten die Frühmenschen in der Altsteinzeit?*
Informationen sammeln, ordnen und in kurzen Stichpunkten notieren	
2. Suche nach Quellen und Darstellungen, die dir Informationen zu deiner Leitfrage liefern.	• *Nutze die Seiten 35 und 38–41 des Schulbuches.* • *Suche im Internet, in Büchern oder im Lexikon nach weiteren Quellen und anderen Darstellungen.*
3. Schreibe dir stichpunktartig Informationen auf, mit denen du die Leitfrage beantworten kannst. Ordne diese nach Wichtigkeit.	• *Sammle Informationen, z. B.: Wann und wo lebten die Frühmenschen? Wie ernährten sie sich? Wie lebten sie zusammen? Welche Werkzeuge hatten sie? ...*
Den Sachtext gliedern und schreiben	
4. Die Einleitung • Stelle das Thema und die Leitfrage(n) vor.	• *„Dieser Sachtext berichtet über ..."* • *„Dabei soll auch geklärt werden, ..."*
5. Der Hauptteil • Formuliere aus den vielen Informationen und Stichpunkten aus dem dritten Arbeitsschritt ganze, zusammenhängende Sätze. • Damit der Sachtext verständlich ist, musst du das Geschehene zeitlich ordnen (siehe unten): Was geschah zuerst, was folgte darauf, was geschah gleichzeitig zu einer Handlung/einem Ereignis?	• *„Die Frühmenschen zogen aufgrund der ... von ... nach ... Danach bauten sie ihr Lager in der Nähe von ..."* • *„Die Frühmenschen lebten unter anderem in ..."* • *„Für die Jagd mussten sie vorher erst ... herstellen. Dazu nutzen sie ... "* • *„Die Frauen sammelten ... und nahmen zeitgleich an ... teil."* • *„Die Frühmenschen ernährten sich von ..."* • *...*
6. Der Schluss • Beantworte die Leitfrage(n) aus Arbeitsschritt 1 und erkläre, woher deine Informationen stammen.	• *„Die Frühmenschen in der Altsteinzeit ..."* • *„Die Aussagen über den Frühmenschen sind aufgrund folgender Quellen/Darstellungen möglich: ...*

Zeitliche Verläufe in einem Sachtext darstellen
Beim Schreiben eines Sachtextes, der über ein histori-sches Ereignis oder eine Handlung berichtet, helfen dir folgende Begriffe:
• **vorher** (zuerst, davor)
• **nachher** (später, danach, dann)
• **zeitgleich** (zur selben Zeit, gleichzeitig)

1 Verfasse mithilfe der Arbeitsschritte und M1 einen Sachtext, der über das Leben der Frühmenschen in der Altsteinzeit berichtet. Gehe in deiner Erzählung auch darauf ein, wo und wann sie lebten.
2 **Partnerarbeit:**
   a) Vergleicht eure Sachtexte.
   b) Diskutiert, warum eure Sachtexte nicht identisch sind, obwohl ihr dieselben Informationen hattet.
   Tipp: Nimm S. 18/19 zu Hilfe.

2 Mio. v. Chr.	800 000 v. Chr.	5500 v. Chr.	2200 v. Chr.	800 v. Chr.
Altsteinzeit in Afrika	Altsteinzeit in Mitteleuropa	Jungsteinzeit in Mitteleuropa	Bronzezeit in Mitteleuropa	Eisenzeit in Mitteleuropa

Das Leben der Menschen in frühgeschichtlicher Zeit

Spuren der ersten Menschen

Die ältesten Spuren der Menschen sind rund vier Millionen Jahre alt. Der heutige Mensch (= Jetztzeitmensch oder Homo sapiens sapiens) entwickelte sich aber erst vor rund 200 000 Jahren im warmen Klima Afrikas und
5 hat menschenaffenartige Vorfahren.

Leben in der Altsteinzeit

In der Altsteinzeit, die vor ungefähr zwei Millionen Jahren in Afrika begann, lebten die Menschen als Wildbeuter und Sammler und zogen als Nomaden von Ort zu Ort.
10 Um besser überleben zu können, lebten sie in kleinen Gruppen. In die Natur griffen sie kaum ein. Die Menschen stellten Werkzeuge aus Stein, Holz und Knochen her und nutzten das Feuer. Sie ernährten sich von Wild und Früchten. Funde von Felsmalereien und kleinen
15 Steinfiguren zeigen, dass die Menschen auch künstlerisch tätig waren. Die genaue Bedeutung der Kunstwerke kennen wir nicht. Zu vermuten ist aber eine kultische Verehrung der Natur – also eine Art von Glauben. In der Altsteinzeit wechselte das Klima mehrfach zwischen
20 Warm- und Kaltzeiten. Mit dem Ende der letzten Eiszeit um 10 000 v. Chr. ging diese Epoche der Menschheitsgeschichte zu Ende.

Leben in der Jungsteinzeit

Seit etwa 5500 v. Chr. veränderten die Menschen in Mit-
25 teleuropa ihre Lebensweise: Sie wurden sesshaft und lebten als Bauern und Viehzüchter in dorfähnlichen Siedlungen. Diese neue Epoche wird als Jungsteinzeit bezeichnet. Die Menschen der Jungsteinzeit griffen in die Natur ein, um sie für ihre Zwecke zu nutzen. Sie
30 rodeten Wälder, züchteten Getreide aus wilden Gräsern, zähmten und züchteten Schafe, Ziegen und Rinder. Dabei dehnten sie Acker- und Weideflächen immer mehr aus, passten sich aber in Bauweise und Anlage der Felder auch der Natur an. Diese extreme Veränderung der bis-

35 her bestehenden Verhältnisse wird auch als Neolithische Revolution bezeichnet. Freigelegte Grundrisse von Häusern und große Gräberfelder belegen, dass die Menschen in größeren Gemeinschaften lebten.

Das Leben der Kelten in der Metallzeit

40 Die Gewinnung von Metallen aus Erzen gelang den Menschen zuerst mit Kupfer. Das war um 6000 v. Chr. im Vorderen Orient. Doch erst die Bronze, eine Mischung aus Kupfer und Zinn, war hart genug für eine Vielzahl von Geräten und Waffen. Schwieriger zu gewinnen und
45 zu verarbeiten, aber noch widerstandsfähiger und härter erwies sich das Eisen, was sich in seiner Vorform als Eisenerz an vielen Stellen in Europa fand und hier 800 v. Chr. die Eisenzeit einläutete. Spezialisten der Eisenverarbeitung waren die Kelten. Sie lebten in Stämmen mit
50 Fürsten und Häuptlingen an der Spitze, die die Stammesgeschäfte regierten und den Fernhandel kontrollierten. Die Kelten waren auch Händler und als solche legten sie Handelswege an. Sie tauschten ihre Güter wie Werkzeuge oder Waffen aus Eisen, Salz sowie Keramik mit
55 den Menschen, die in den Gebieten des heutigen Spaniens oder Italiens lebten. Die Kelten kannten die Arbeitsteilung zwischen bäuerlichen und handwerklichen Berufen (Schmied, Töpfer, Händler) und besiedelten große Teile Europas.

60 **Der Mann aus dem Eis**

Im September 1991 wurde die Leiche von Ötzi, einem Mann aus der späteren Jungsteinzeit gefunden. Er starb vor etwa 5300 Jahren und lebte in den Ötztaler Alpen. Bei ihm fanden Forscher ein Kupferbeil, Kleidung aus
65 Fell und Leder, Bogen und Pfeile in einem Köcher, ein Gefäß aus Birkenrinde. Vor seinem Tod hatte er vermutlich noch Brot, Rothirsch- und Steinbockfleisch gegessen.

In diesem Kapitel konntest du folgende Kompetenzen erwerben:

- zeitliche Verläufe in der Geschichte darstellen
- das Leben von Menschen in der Frühgeschichte charakterisieren
- aus der Präsentation seltener Artefakte im Internet Informationen herausarbeiten
- den unterschiedlichen Erkenntniswert von Quellen und Darstellungen (z. B. Sachtexte und Rekonstruktionszeichnungen) erkennen und nachweisen

- eine Darstellung (Sachtext) verfassen und dabei zeitliche Verläufe beachten und formulieren
- eine begründete Stellungnahme zum angemessenen Umgang mit seltenen Artefakten formulieren
- den Wert experimenteller Archäologie für das Verständnis von Geschichte beurteilen
- **Methode:** Einen Sachtext lesen und verstehen

Folgende Begriffe hast du kennengelernt:

- Höhlenmalerei
- Frühmensch und Homo sapiens sapiens
- Wildbeuter
- Neolithische Revolution
- Himmelsscheibe von Nebra
- Altsteinzeit, Jungsteinzeit und Metallzeit

1 Ordne den Begriffen die Jahreszahl oder den Zeitraum zu, für den sie kennzeichnend waren.
Tipp: Nimm die Zeitleiste auf S. 32/33 und die jeweiligen Seiten aus dem Kapitel zu Hilfe.

M 1 Buchstabensalat

V	H	A	E	N	D	L	E	R	Y
H	O	E	H	L	E	A	I	T	M
F	M	Y	O	W	Z	S	S	I	U
D	O	R	F	S	X	I	E	K	M
A	S	A	L	Z	P	E	N	U	I
K	A	D	O	X	L	D	O	W	E
O	P	U	W	A	V	L	E	F	B
W	I	L	D	B	E	U	T	E	R
F	E	T	Q	M	A	N	Z	U	O
H	N	E	B	R	A	G	I	E	N
C	S	N	K	F	C	X	O	R	Z
S	E	S	S	H	A	F	T	O	E

M 2

a Tiersehnen
b Pfeile
c Herdstein
d Hacke
e Speere mit Speerschleuder
f geräuchertes Fleisch
g Stein zum Mahlen von Körnern
h Bogen
i Harpune
j Brennholz
k Speer- und Pfeilspitzen aus Feuerstein

Techniken und Werkzeuge in der Altsteinzeit, Rekonstruktionszeichnung

Der Historiker Yuval Noah Harari über das Leben der Menschen in der Jungsteinzeit, 2013:
Lange wollte uns die Wissenschaft den Übergang zur Landwirtschaft als großen Sprung für die Menschheit verkaufen und erzählte uns eine Geschichte von Fortschritt und Intelligenz. Irgend-
5 wann seien die Menschen so intelligent gewesen, dass sie lernten, Schafe zu halten und Weizen anzubauen. Danach gaben sie das entbehrungsreiche und gefährliche Leben der Jäger [Wildbeuter] und Sammler auf und ließen sich nieder, um als Bauern
10 ein angenehmes Dasein in Wohlstand zu genießen. Das ist jedoch ein Märchen ... Der Alltag der Bauern war härter und weniger befriedigend als der ihrer Vorfahren. Die Jäger [Wildbeuter] und Sammler ernährten sich gesünder, arbeiteten weniger, gingen
15 interessanteren Tätigkeiten nach und litten weniger unter Hunger und Krankheiten.
Yuval Noah Harari: Eine kurze Geschichte der Menschheit. Aus dem Engl. von Jürgen Neubauer. Deutsche Verlags-Anstalt, München 2013, S. 104. Bearb. v. Verf.

Die Himmelsscheibe von Nebra, Foto, 2004. Das Original der Himmelsscheibe wird heute im Landesmuseum für Vorgeschichte in Halle ausgestellt. Sie befindet sich in einer Glasvitrine, damit Besucher sie nicht berühren können. Im Hintergrund wird sie während der Ausstellung „Der geschmiedete Himmel – Die weite Welt im Herzen Europas vor 3600 Jahren" von einem Kameramann für einen Fernsehbeitrag gefilmt.

Methoden- und Interpretationskompetenz

1 Erkläre, warum es sich bei M2 um eine Darstellung und nicht um eine Quelle handelt.

2 Stelle dar, warum es unklar ist, ob die Szene in M2 wie abgebildet stattgefunden hat.

3 Begründe, ob es sich bei M3 und M4 um eine Quelle oder eine Darstellung handelt.

4 Analysiere M3 mithilfe der Arbeitsschritte „Einen Sachtext lesen und verstehen" auf S. 37.

5 Die Mumie „Ötzi" wird heute in einem Museum öffentlich präsentiert. Arbeite mithilfe des Webcodes auf S. 46 heraus, wie seine Ausrüstung für die Ausstellung restauriert wurde.

Geschichte darstellen (narrative Kompetenz)

6 Schreibe die Begriffe rechts von M2 in dein Heft und ordne ihnen die Zahlen im Bild richtig zu.

7 In M1 sind 14 Begriffe versteckt, die in diesem Kapitel verwendet wurden.
   a) Finde die 14 Begriffe und notiere diese in dein Heft.

   b) Wähle fünf Begriffe aus und erkläre sie mit eigenen Worten. Ordne diese zeitlich und räumlich in die vorgeschichtliche Zeit des Menschen ein.

8 Erstelle mithilfe der Arbeitsschritte auf S. 50 einen Sachtext über das Leben der Menschen in der Jungsteinzeit. Gehe in deiner Erzählung auch darauf ein, wo und wann sie lebten.
   Tipp: Nutze die S. 42, 43, 46 und 47.

Geschichte heute (Geschichtskulturelle Kompetenz)

9 Die Himmelsscheibe von Nebra (M4) wurde in den letzten Jahren als Kopie in vielen Museen in ganz Deutschland ausgestellt und den Menschen präsentiert. Diskutiere Vor- und Nachteile der Präsentation einer Kopie.

10 Um mehr über Techniken und Werkzeuge der Altsteinzeit (M2) herauszufinden, bauen Archäologen diese in einem Experiment nach. Beurteile den Wert experimenteller Archäologie, um etwas über die Vergangenheit zu erfahren.
   Tipp: Nenne Vor- und Nachteile.

3
Leben in der ägyptischen Hochkultur

Am Stadtrand von Kairo, der heutigen Haupt-stadt Ägyptens, ragen gewaltige Pyramiden aus dem Wüstensand. Über 4500 Jahre sind die Riesenbauwerke alt. Tag für Tag stehen Tausende von Besuchern aus aller Welt stau-nend vor diesen faszinierenden und zugleich geheimnisvollen Zeugen einer großen Vergan-genheit.

Was könnte uns der abgebildete Fremden-führer wohl über das Alte Ägypten erzählen? Welche Fragen möchtet ihr ihm auf jeden Fall stellen?

Blick auf die Chephren-Pyramide in Ägypten, Foto, 2003

3000 v. Chr.	2500 v. Chr.	2000 v. Chr.

Vereinigung von Ober- und
Unterägypten unter einem König

Erfindung der
Hieroglyphen-
schrift

Altes Reich:
Bau der großen Pyramiden
als Königsgräber

Mittleres Reich:
Ausdehnung des Reichs
nach Nubien im Süden

Hochkultur in
Mesopotamien

5500–2200 v. Chr.
Jungsteinzeit in Mitteleuropa; Metallzeit im Vorderen Orient

2200–800 v. Chr.
Bronzezeit in Mitteleuropa

Leben in der ägyptischen Hochkultur

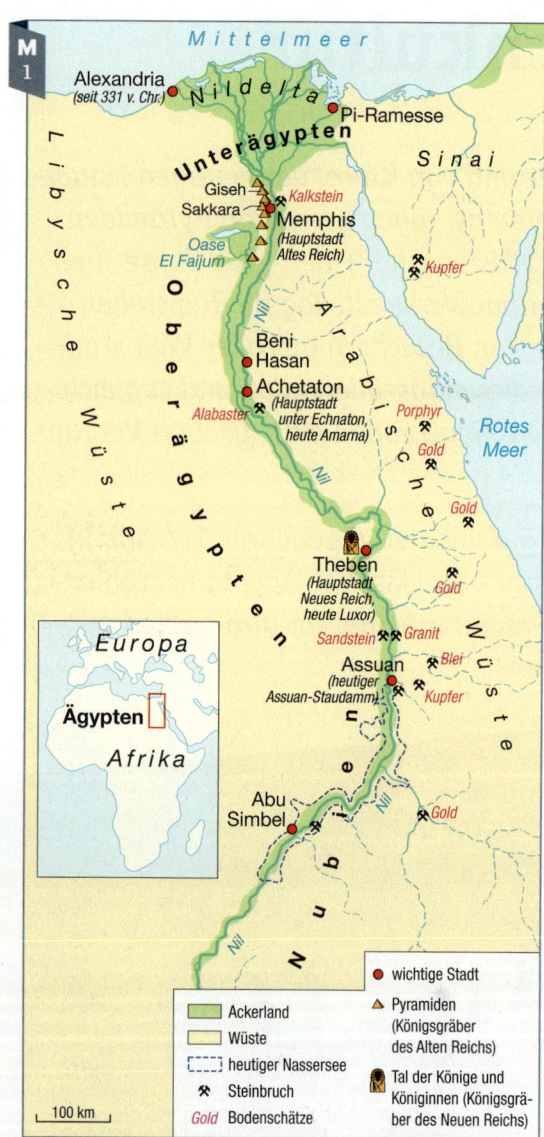

M 1

Ägypten zur Zeit des Neuen Reichs von 1550 bis 1070 v. Chr.

Während die Menschen in Europa in kleinen Dörfern lebten, entstand in Ägypten um 3000 v. Chr. ein großes Reich mit zahlreichen Einwohnern und prächtigen Bauwerken. Einige seiner Könige – die Pharaonen – ließen
5 sich als Grabstätten Pyramiden bauen.

Wissenschaftler haben in den zurückliegenden 200 Jahren wertvolle Entdeckungen machen können und eine Vielzahl von Erkenntnissen über das Pharaonenreich gesammelt. Beispiele für solche Entdeckungen zeigen dir
10 die Fotos auf der rechten Seite. Heute reisen Touristen aus aller Welt nach Ägypten oder sie besuchen die großen ägyptischen Museen in Kairo, Paris, London und Berlin.

Zwischen 3500 und 1500 v. Chr. gab es auch in anderen
15 Teilen der Erde große Reiche. Aber die Überreste aus der ägyptischen Vergangenheit sind zahlreicher und haben sich im trockenen Wüstenklima besser erhalten.

In diesem Kapitel untersuchst du,
- wie die Hochkultur in Ägypten entstand,
20 - was die Kennzeichen einer antiken Hochkultur waren.

1 Wählt eine Aufgabe aus:

Partnerarbeit: Bearbeitet eine der folgenden Aufgaben und stellt eure Ergebnisse in einem Kurzvortrag vor (siehe S. 188):

a) Beschreibt, was sich anhand der Karte M1 und des Fotos M1 auf S. 58 über den Lebensraum in Ägypten vor etwa 3000 Jahren sagen lässt. Berechnet auch die Länge des Nils von Abu Simbel bis zur Mündung und die durchschnittliche Breite des „fruchtbaren Kulturlandes" auf dieser Strecke.

Tipp: Beachtet die Angaben in der Kartenlegende.

| 1500 v. Chr. | 1000 v. Chr. | 500 v. Chr. |

332 v. Chr.
Machtübernahme durch den
Griechen Alexander den Großen

Neues Reich:
Ägypten wird Großmacht

berühmte Königinnen und
Könige: Hatschepsut, Ech-
naton, Nofretete, Tutanchamun, Ramses II.

753 v. Chr.
Gründung
Roms

Eingeweide-Sarko-
phag von Pharao
Tutanchamun,
14. Jh. v. Chr.

M 2 *Grabkammer mit dem Sarkophag von Pharao*
Tutanchamun, 14. Jh. v. Chr.

1922 wurde im „Tal der Könige und Köni-
ginnen" das unterirdische Grab des Pha-
raos Tutanchamun (ca. 1332–1323 v. Chr.)
entdeckt. Auf dem Foto blickt man von
oben in das Tal. In der Mitte ist der freige-
legte Grabeingang zu erkennen.

b) Informiert euch in Sachbüchern (z. B. in eurer
Schülerbücherei oder im Internet) über die Umstän-
de der Entdeckung des Grabes von Tutanchamun
(M2–M4).

Wie entstand in Ägypten eine Hochkultur?

Als sich vor etwa 9 000 Jahren das Klima auf der Erde änderte und es immer wärmer wurde, trockneten große Teile Nordafrikas aus und wurden zur Wüste. Um zu überleben, ließen sich die Menschen als Bauern an den wasserreichen Flussufern des Nils nieder.

- *Welche Bedeutung hatte der Nil für die Ägypter und wie beeinflusste er ihr Leben?*

Der Nil im heutigen Ägypten, Foto, undatiert

Die Nilschwemme bietet fruchtbares Land

Im Gebiet der Nilquellen in Äthiopien regnet es im Frühsommer fast unaufhörlich. Bäche und Flüsse wälzen Massen fruchtbarer Erde in den Nil. Es ist sicher belegt, dass der Wasserstand des Nils zwischen Juni und Okto-
5 ber um bis zu acht Meter anstieg. Das flache Land verschwand unter den Fluten dieser alljährlichen Nilschwemme*. Wenn dann von Oktober bis Dezember der Wasserstand wieder sank und der Nil in sein Flussbett zurückgekehrt war, blieb auf den überschwemmten Flä-
10 chen der fruchtbare Schlamm zurück. Dies nutzten die Menschen aus: Sie pflügten und wässerten die Äcker, säten Getreide und bauten vielerlei Pflanzen an. Vier Monate später konnte das Korn geschnitten, Linsen, Bohnen, Trauben, Datteln und Feigen geerntet werden.
15 Danach lag das Land vier Monate lang brach*.

… und bestimmt das Leben der Ägypter

Der Nil ermöglichte den Ägyptern zwar einen ertragreichen Ackerbau, trotzdem stellte er sie auch vor schwierige Aufgaben: War die Flutwelle zu hoch, so wurden
20 Dörfer und Siedlungen überschwemmt und zerstört, war sie zu niedrig, blieben weite Gebiete trocken und es drohte eine Hungersnot. Um das Hochwasser zu bändigen, schlossen sich die Menschen zu dörflichen Gemeinschaften zusammen und bauten ein gemeinsa-
25 mes Bewässerungssystem* aus Deichen, Dämmen und Bewässerungskanälen. Mit einfachen Schöpfwerken wurde das Wasser auf die höher gelegenen Felder gebracht (siehe S. 60, M1). Durch diese Umgestaltung der Umwelt wurde aus dem Flusstal des Nils im Laufe der
30 Zeit eine fruchtbare Flussoase. Wegen der Lage am Nil und der Nutzung des Wassers sprechen wir vom Alten Ägypten heute auch von einer Flusstalkultur.

Versorgungssicherheit durch Vorratshaltung

Nach jeder Nilschwemme mussten die Felder neu ver-
35 messen werden. Aus dieser „Kunst der Feldvermessung" entwickelte sich eine Wissenschaft, die von den Griechen später Geometrie* genannt wurde. Da die Ernte nicht immer gleich gut war, bewahrte man Getreideüberschüsse aus guten Jahren in Speichern auf. So entstand
40 eine Vorratshaltung zur Versorgung der Bevölkerung in schlechten Erntejahren.

Mit den erwirtschafteten Nahrungsüberschüssen konnten auch die Teile der Bevölkerung versorgt werden, die nicht in der Landwirtschaft arbeiteten. Dadurch konnten
45 diese Menschen andere Aufgaben ausführen (siehe S. 60/61).

Technischer Fortschritt der Ägypter

Neben den Leistungen in der Geometrie sind im Alten Ägypten auch viele technische Errungenschaften auf
50 dem Gebiet der Landwirtschaft sicher belegt. So ist die Erfindung des Pfluges von besonderer Bedeutung. Als älteste Werkzeuge werden Grab- und Pflanzstöcke aus Holz angenommen. Vermutlich haben einfache Haken-pflüge schon im 6. Jahrtausend v. Chr. Furchen über die
55 Äcker am Nil gezogen. Mit dem Pflug und dem Joch wur-de es möglich, die tierische Arbeitskraft zur Bestellung des Bodens zu nutzen. Das Pflügen lockerte den Boden auf, Unkraut und zum Teil auch Schädlinge wurden ver-nichtet. Die Effizienz der landwirtschaftlichen Arbeit
60 stieg erheblich.

In den folgenden Jahrtausenden ist der Erfolg von Kul-turen wesentlich mit dem technischen Fortschritt ihrer Landwirtschaft verbunden. So ist die künstliche Bewäs-serung im Nahen Osten spätestens seit dem 5. Jahrtau-
65 send v. Chr. belegt.

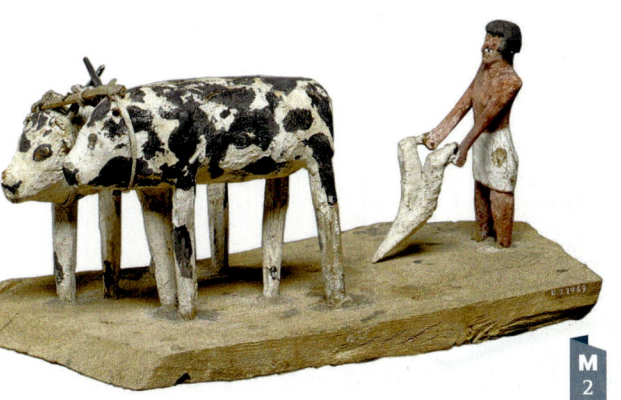

Hochkultur
Merkmale einer Hochkultur sind: ein Staat mit zentraler Verwaltung, Arbeitsteilung, Schrift, Zeitrechnung, Anfänge von Wissenschaft und Technik, Architektur, Vorratssiche-rung, Religion.

Flusstalkultur
Die Lage am Nil und die Nutzung des Wassers waren zentrale Ursachen dafür, dass sich das Alte Ägypten zur Hochkultur entwickelte. Wegen der damit zusammen-hängenden Umgestaltung der Umwelt sprechen wir heute auch von einer Flusstalkultur.

M 2 *Modell eines Ochsengespanns mit Pflug, Ägypten, ca. 2200–2003 v. Chr.*

M 3 **Ein ägyptisches Lied über den Nil aus dem 2. Jahrtausend v. Chr.:**

Sei gegrüßt, Nil, hervorgegangen aus der Erde, gekommen, um Ägypten am Leben zu erhalten! Herr der Fische, der die Zugvögel stromauf zie-hen lässt, der Gerste schafft und Bohnen entste-
5 hen lässt. Wenn er faul ist, dann werden die Na-sen verstopft und jedermann verarmt. Wenn er habgierig ist, ist das ganze Land krank, Große und Kleine schreien. Beständig an Regeln, kommt er zu seiner Zeit, Ober- und Unterägypten zu
10 füllen.
Der die Menschen kleidet mit dem Flachs[1], der den Webergott seine Erzeugnisse herstellen lässt und den Salbengott sein Öl.
Alle Erzeugnisse werden aus ihm hervorge-
15 bracht ... Fließe, Nil! Man opfert dir.
Komm nach Ägypten! Auf, Verborgener!
Der Menschen und Tiere am Leben erhält mit seinen Gaben des Feldes.

Zit. nach Jan Assmann (Hg.), Ägyptische Hymnen und Gebete, Zürich (Artemis) 1975, S. 500 ff. Bearb. v. Verf.

[1] *Pflanze zur Herstellung von Leinenstoff und Öl*

1 Beschreibe mithilfe des Darstellungstextes und M1, welche Bedeutung die Nilschwemme für die Men-schen hatte.
2 Der Nil war „Segen und Fluch für die Ägypter". Begründe diese Aussage anhand von M3.
3 **Wähle eine Aufgabe aus:**
   a) Schaue im Atlas nach und notiere, wo die beiden Quellflüsse des Nils entspringen und durch welche heutigen Länder der Nil fließt.
   b) Untersuche mithilfe des Atlas, ob auch heute wichtige Städte an Flüssen liegen. Suche folgende deutsche Städte: Frankfurt a. Main, Köln, Dresden, Magdeburg, Berlin, Hamburg, Halle (S.), München. Nenne mögliche Gründe dafür.
4 Schreibe die im Begriffskasten genannten Merkmale einer Hochkultur untereinander. Überprüfe, welche der genannten Merkmale bisher auf Ägypten zutref-fen. Belege deine Aussagen mit Textstellen auf die-sen beiden Seiten.
5 **Gruppenarbeit:** Der Nil führt zu wenig Wasser – eine Hungersnot droht. Diskutiert in der Gruppe, was die Alten Ägypter getan hätten. Einigt euch auf fünf Vorschläge und diskutiert diese mit den ande-ren Gruppen.

Zusatzaufgabe: siehe S. 176

Ägypten – Fortschritt durch Arbeitsteilung?

Im Alten Ägypten arbeiteten nicht mehr alle Menschen ständig in der Landwirtschaft. Eine Arbeitsteilung mit klarer Aufgabenverteilung bildete die Grundlage der Gesellschaft im Pharaonenreich.
- *Welche Auswirkungen hatte die Arbeitsteilung auf die wirtschaftliche Entwicklung Ägyptens?*
- *Wie veränderten weitere Erfindungen und Entdeckungen den Alltag?*

Gerät zum Schöpfen von Wasser (arabisch: Schaduf), Aquarell nach einem Wandgemälde im Grab des Ipui, Deir-el-Medina, um 1240 v. Chr.

Strich =	1
Hufeisen =	10
eingerolltes Tau =	100
Lotusblüte = mit Stiel	1 000
an der Spitze = abgeknickter Finger	10 000
CCCCC CCC =	???

Zahlen der Alten Ägypter

Durch Arbeitsteilung entstehen neue Berufe

Die Menschen, die wegen der produzierten Nahrungsmittelüberschüsse nicht in der Landwirtschaft tätig waren, stellten z. B. als Handwerker Geräte für die Landwirtschaft her. Arbeiter und Arbeiterinnen waren in
5 Spinnereien und Webereien, im Hafen, in Vorratsspeichern und beim Bau von Großbauten, wie z. B. Tempeln und Pyramiden, beschäftigt. Architekten und Landvermesser waren für die Planung der großen Bauvorhaben zuständig, Mathematiker entwickelten die dafür nötigen
10 Grundlagen. Händler kauften und verkauften Produkte aller Art. Es entstand eine Arbeitsteilung zwischen Landwirtschaft, Handwerk, Handel und Wissenschaft.

Der Kalender und mathematische Kenntnisse

Wenn im Juni der Stern Sirius hell am Horizont aufleuch-
15 tete, wussten die Ägypter, dass die Nilflut kurz bevorstand. Die Zeit bis zum nächsten Aufleuchten des Sirius wurde in zwölf Monate zu je 30 Tagen eingeteilt; dazu kamen noch fünf Zusatztage. Das Jahr bestand für die Ägypter aus den drei Jahreszeiten „Überschwemmung",
20 „Herauskommen des Landes" und „Trockenheit". Bereits um 2700 v. Chr. war unter Pharao Djoser der Kalender in Gebrauch.

Nach der Nilflut kamen Landvermesser und Seilspanner, um die Ackerflächen zu vermessen und zu verteilen. Dei-
25 che mussten gebaut und ausgebessert, Kanäle und Wasserspeicher für Trockenzeiten gegraben werden. Beamte überwachten die Verteilung des Bodens, teilten das Saatgut zu, überprüften regelmäßig das Wachstum und organisierten die Erntearbeiten sowie den Getreide-
30 transport in die Vorratslager. Die Ergebnisse wurden auf Papyrusrollen festgehalten, da nach den Erträgen auch die Steuern berechnet wurden. Nur extremes Nilhochwasser und die alles kahlfressenden Heuschreckenschwärme stellten eine Bedrohung der Ernte dar.

Die Handwerkskunst
35 Stabile Matten aus kreuzweise übereinandergelegten Papyrusstreifen dienten als Bodenbelag, Windschutz und Wandbespannung für die Holzgestelle der Hütten. Kleidung wurde aus Wolle gewebt, und die Lederher-
40 stellung nahm einen bedeutenden Platz ein. Die Ägypter waren Meister in der Herstellung von Keramik und pro-

duzierten undurchsichtiges farbiges Glas. Die nötigen hohen Temperaturen wurden mit Blasrohren aus Kupfer erzeugt.

45 **Metallverarbeitung und Holzimport**
Ägypten verfügte über große Vorkommen an Gold, Kupfer und Blei, die aber alle mühsam in entfernten Wüstengegenden gewonnen und ins Niltal transportiert werden mussten. Eisenerz gab es nur in geringen Mengen. Die
50 Grundlagen der Techniken der Metallverarbeitung über-

nahmen die Ägypter aus Kleinasien und Mesopotamien*, verfeinerten sie jedoch ständig. Aus Gold fertigte man vorwiegend Schmuck und Luxusgüter. Kupfer und Bronze dienten vor allem der Herstellung von Werkzeu-
55 gen, da diese wesentlich besser waren als die primitiven Steinwerkzeuge. Holz war sehr kostbar und wurde sparsam für Möbel, Wagen, Dachkonstruktionen, Schiffe und als Brennstoff verwendet. Große Stämme wurden aus dem heutigen Libanon importiert. Dazu kamen Last-
60 schiffe zum Einsatz, die auch nilaufwärts segeln konnten.

M3 Bronzeherstellung
Bronze ist eine Legierung aus Kupfer und Zinn. Das Rohmaterial kam per Schiff aus Syrien:
Kräftige Männer im Lendenschurz schüren und belüften die Flamme, wuchten Schmelztiegel und die Topfgebläse, beugen sich über Erzschlacke und

5 Holzkohle, senken den Tiegel mit Rutenzangen ins Feuer und gießen endlich die Schmelze in Gussform. Von rechts rollt der Nachschub, dazwischen durcheilen die Gießmeister die Szene.
Joachim Fritz-Vannahme, Die Metallurgen des Pharao, in: Die Zeit, 5. 4. 1996, S. 30.

Malerei aus dem Grab des Wesirs Rechmire, 15. Jh. v. Chr.

1 a) Beschreibe den Schaduf in M1.
b) Erkläre, wie der Schaduf vermutlich funktionierte.
2 Entziffere die Zahl in M2 und suche ihre Bedeutung aus dem Darstellungstext heraus.
Tipp: Beachte, dass meist von rechts nach links geschrieben wurde.
3 Nenne Metalle, die in Ägypten gefunden wurden. Nimm die Karte S. 56 zur Hilfe und nenne die Orte, an denen die jeweiligen Metalle gefunden wurden.
4 Erstelle einen Stichwortzettel für eine Reportage über die ägyptische Bronzeherstellung. Der Text des Journalisten hilft dir dabei (M3). Unbekannte Begriffe musst du nachschlagen (z. B. im Lexikon).

5 Wähle eine Aufgabe aus:
a) Suche die im Darstellungstext genannten Berufe heraus und erkläre den Begriff Arbeitsteilung.
b) „Die Arbeitsteilung ist eine der wichtigsten Voraussetzungen für die Entwicklung der Hochkultur." Überprüfe diese Aussage.
Tipp: Was spricht dafür, was dagegen? Beachte die Merkmale einer Hochkultur, die du bis jetzt kennengelernt hast.
6 Begründe, welche der hier genannten Erfindungen, Verfahren und Entdeckungen deiner Meinung nach am wichtigsten für die wirtschaftliche Entwicklung Ägyptens war.

Eine Bildquelle auswerten

Aus alten Kulturen stehen uns als Quellen oft nur Bilder wie Felszeichnungen, Wandmalereien oder Abbildungen z. B. auf Vasen zur Verfügung. Hier lernst du die Methode kennen, wie du Bildquellen möglichst viele Informationen entnimmst. Beachte aber: Auch bei einer gründlichen Untersuchung bleiben immer Fragen offen.

Grabbild des Amenemhet aus Theben in Oberägypten, Kalkstein mit Bemalung, Höhe 30 cm, Breite 50 cm, um 2000 v. Chr. Die Hieroglyphen* oben drücken eine Bitte für Sach- und Lebensmittelspenden für den Verstorbenen aus.

Bilder erzählen Geschichte(n)

Bilder zeigen Menschen, Dinge oder die Natur nicht immer so, wie sie in Wirklichkeit aussahen. Ein Beispiel: Manchmal ist z. B. eine Person auffallend kleiner gezeichnet als die andere. Ob sie wirklich kleiner war, wissen wir aber nicht. Häufig will der Künstler durch die Größe der Personen einen Rangunterschied zeigen. Bei Bildern aus dem Alten Ägypten muss man beachten, dass sie Menschen nicht naturgetreu darstellen, sondern immer nach einem bestimmten Schema, das heißt:

10 • Der Kopf wird oft in der Seitenansicht (im Profil) abgebildet. Dabei sieht aber ein Auge den Betrachter direkt an (Frontalansicht).

• Der Oberkörper ist oft von vorn zu sehen – Unterkörper, Beine und Füße sind wie der Kopf im Profil gemalt.

• Personen oder Dinge sollten möglichst einzeln, ohne Überschneidung dargestellt und klar erkennbar sein.

• Braune Hautfarbe (Männer) zeigt an, dass man sich viel im Freien aufhält, weil man dort arbeitet. Helle Haut (Frauen) zeigt, dass man vorwiegend im Haus tätig ist.

Schwierig wird es auch dann, wenn der Künstler Bildzeichen (Symbole) benutzt, die eine bestimmte Bedeutung haben. Beispiel: Das Kreuz ist das Symbol des Christentums. Bei den Ägyptern war das Zeichen ☥ (anch) das Symbol für „Leben".

---

1 **„Experiment":** Zwei Schülerinnen und zwei Schüler sollen als „lebendige Puppen" das Bild M1 so genau wie möglich darstellen. Die anderen „formen" dieses Standbild durch Anweisung und Vormachen. Achtet hierbei auf die Stellung der Köpfe, der Oberkörper, der Arme, Hände, Beine und Füße. Was fällt euch auf?

Tipp: Die Anleitung für ein Standbild findet ihr auf S. 189.

2 Beschreibe und deute M1 mithilfe der Arbeitsschritte auf S. 63. Ergänze die Lösungshinweise an den markierten Stellen (…).

3 Werte mithilfe der Arbeitsschritte die Bildquelle M2 aus.

4 Untersuche, welche zusätzlichen Informationen der Text M1 auf S. 88 im Vergleich zu M2 enthält.

Tipp: Achte auf die Arbeitsbedingungen, den Lohn und die Forderung des Arbeiters.

Arbeitsschritte „Eine Bildquelle auswerten"

Einzelheiten des Bildes erfassen	Lösungshinweise zu M1
1. Welche Personen sind dargestellt? 2. Wie sind sie gekleidet und dargestellt? 3. Welche weiteren Gegenstände oder Tiere sind zu sehen? 4. Wo befinden sich die Personen und Gegenstände?	• *Dargestellt sind vier Personen, zwei Männer und zwei Frauen. Die Männer tragen ...; bekleidet sind sie mit ... Die Frauen tragen ... Männer und Frauen unterscheiden sich durch ...*
Zusammenhänge erklären	
5. In welcher Beziehung stehen die abgebildeten Personen, Tiere oder Gegenstände zueinander? 6. Findest du Merkmale, die auf bestimmte Eigenschaften, Beruf oder gesellschaftliche Stellung der dargestellten Personen hinweisen?	• *Drei Personen, zwei ... und eine ..., sitzen eng beieinander und umarmen sich. Die zweite Frau steht in respektvollem Abstand zu den anderen. Jetzt wird der Zusammenhang klar: Es ist ein Familienbild. Der Vater (mit Bart) und seine Ehefrau umarmen ihren Sohn. Die Schwiegertochter steht in gebührendem Abstand an der Seite. Sie gehört auch auf das Bild, aber nicht ganz eng dazu.* • *An der unterschiedlichen Hautfarbe erkennt man die Aufgabenverteilung zwischen Mann und Frau.*
Zusätzliche Informationen heranziehen	
7. In der Bildlegende findest du wichtige Hinweise. Sie gibt dir Auskunft darüber, wer wann für wen warum ein Bild gemalt hat. Manchmal hat das Bild auch einen Titel. 8. Weitere Fragen lassen sich oft durch eine zusätzliche Textquelle klären.	• *Das Bild wurde ... in der Stadt Theben als Grabbild für ... gemalt. Der Künstler ist unbekannt.* • *Der Grabherr ... fühlt sich offensichtlich im Kreis seiner harmonischen, glücklich und gut versorgten Familie wohl. Dieses Gefühl möchte er auch im Jenseits genießen.*

Soldaten erhalten einen Teil ihrer Entlohnung in Getreidesäckchen. Malerei aus dem Grab des königlichen Schreibers Userhat, um 1400 v. Chr.

Woran glaubten die Alten Ägypter?

Die Religion ist ein wichtiges Merkmal vieler Hochkulturen. Die Papyruszeichnung auf dieser Doppelseite stammt aus einem Grab eines wohlhabenden Ägypters. Sie zeigt, wie sich die Ägypter den Weg ins Jenseits vorstellten.
- *Wie sahen der Glaube und die Religion der Ägypter aus?*
- *Welche Bedeutung hatte die Religion für das Leben der Ägypter?*

Viele Götter in verschiedenen Gestalten

Sicher belegt ist, dass der Glaube der Ägypter durch eine Vielzahl von Göttern geprägt war. Wie in M1 zu sehen ist, wurden zahlreiche dieser Götter als Tiere, Personen oder auch als Mischwesen – halb Mensch, halb Tier –
5 dargestellt.
Unter den vielen Göttinnen und Göttern wird die Göttin Maat (sprich Ma-at) besonders hervorgehoben. Ihr Erkennungszeichen war eine Straußenfeder auf dem zierlichen Kopf. Maat stand für die Beachtung von Wahrheit
10 und Gerechtigkeit und der richtigen Ordnung in der Welt.
Gleichzeitig glaubten die Ägypter an einen einzigartigen großen Gott, den Schöpfer- und Sonnengott Re, der auch der Herr der Maat war.

Die Götter bestimmen das Leben der Ägypter
15
Aus unserer heutigen Sicht gab es für die Ägypter keine spürbare Trennung zwischen religiösem und weltlichem Handeln. Alles, was sie taten, egal wie alltäglich es auch immer sein mochte, das Pflügen, das Säen, das Ernten,
20 der Schiffsbau, die Kriegsführung, wurde als Symbol für das Handeln der Götter auf der Erde betrachtet. Aus diesem Grund war es besonders wichtig, die Götter nicht zu verärgern und sich stets an ihre Gebote und Gesetze zu halten.
25 Auch der Pharao, der ab ca. 2500 v. Chr. als Sohn des Re galt, war für die Verteidigung der Maat in der Welt verantwortlich. Je nachdem, wie es den Menschen erging, wurde dies als Zeichen dafür betrachtet, ob die Werte von Maat eingehalten wurden oder nicht. Somit bildete
30 die Religion eine wichtige Grundlage für das friedliche Zusammenleben und den Zusammenhalt der Ägypter.

Leben nach dem Tod – der Totenkult* der Ägypter

Das Leben der Ägypter wurde zusätzlich zu den Göttern auch noch durch den Glauben an ein Leben nach dem
35 Tod bestimmt. Sie stellten sich vor, dass es im Jenseits ähnliche Lebensmöglichkeiten wie im Diesseits gebe. Aus diesem Grund gab man den Verstorbenen meist viele lebensnotwendige Dinge mit ins Grab: Nahrungsmit-

tel, Kleider, Schmuck, Teller und Krüge, sogar Kosmeti-
40 ka. Wohlhabende Ägypter erhielten auch ein Totenbuch als Grabbeigabe. Es enthielt Gebete und Sprüche, die dem Verstorbenen helfen sollten, wenn er sich vor dem Totengericht verantworten musste. Für ein Weiterleben nach dem Tod musste der Körper mumifiziert und somit
45 erhalten werden (siehe S. 66/67).

Das Totengericht der Ägypter

Nach ägyptischem Glauben musste sich jeder Mensch nach seinem Tod bei einem Totengericht vor den Göttern für sein Handeln im Leben verantworten.
50 Wie die Ägypter sich den Ablauf des Totengerichtes vorstellten, zeigt das Bild aus dem Totenbuch des Schreibers Hunefer (M1):

Polytheismus/Monotheismus
Nach den griechischen Wörtern polys = viel und theos = Gott die Bezeichnung für den Glauben an viele Götter. Polytheistische Religionen, wie die der alten Ägypter, Griechen und Römer, gibt es auch heute noch, z. B. den Hinduismus. Im Gegensatz dazu bezeichnet der Monotheismus (griech. monos = einzig) den Glauben an einen einzigen Gott.

Webcode: FG642663-064
Ägyptische Götter

Totengericht, Papyrus aus dem Grab des Schreibers Hunefer, um 1300 v. Chr.

- **In der ersten Szene** oben links kniet Hunefer (A) vor
55 14 sitzenden Göttern und sagt Texte auf, in denen er
beteuert, in seinem Leben keine Sünden begangen zu
haben.
- **In der zweiten Szene** wird Hunefer von Anubis (B)
zur Waage geführt. Anubis trägt den Kopf eines Scha-
60 kals. Auf der rechten Waagschale steht eine Feder als
Symbol für die Maat (D). Auf der linken Seite sieht
man ein Herz, stellvertretend für Hunefers Charakter
und Lebensweise. Beides muss sich im Gleichgewicht
befinden. Ammit (C) mit dem Krokodilkopf verschlingt
den Verstorbenen, falls dieser die Prüfung nicht be-

65 steht (ein Weiterleben im Jenseits wäre dann ausgeschlossen). Thot (E) mit dem Ibiskopf schreibt das
Ergebnis auf.
- **In der dritten Szene** führt Horus (F, mit Falkenkopf),
der Sohn des Osiris, den Verstorbenen zur Urteilsver-
70 kündung vor den Thron des Osiris. Osiris (G) ist Herrscher des Jenseits und trägt die Doppelfederkrone,
Götterbart, Krummstab und Geißel als Herrschaftszeichen. Isis (H) galt als ideale Ehefrau und Beschützerin
der Kinder – Nephtys (I) als Beschützerin des Sargs.
75 Beide treten auf Grababbildungen oft gemeinsam auf.

....

1 Begründe mithilfe des Darstellungstextes und des
Begriffskastens, weshalb die Religion der Ägypter
als eine polytheistische Religion bezeichnet wird.
2 **Partnerarbeit:**
   a) Nennt monotheistische Religionen, die heute
   weitverbreitet sind.
   b) Diskutiert, welche Gemeinsamkeiten und Unterschiede zwischen der Religion der Ägypter und der
   heutigen Religionen bestehen. Haltet eure Ergebnisse in einer Tabelle fest.
3 Suche in M1 alle Götter mit Tierköpfen heraus und
   notiere, welche Aufgaben ihnen im Totenreich übertragen werden.

4 **Wähle eine Aufgabe aus:**
   a) Erkläre mithilfe des Totengerichts (M1), warum
   die Religion das Leben der Ägypter stark beeinflusste.
   b) Beschreibe die Bedeutung der Religion für die
   Ägypter (Darstellungstext).
5 Schreibe auf, was du denkst, was Hunefer nach seinem Tod den 14 Göttern vortragen wollte (M1).
6 **Rollenspiel:** Spielt das Totengericht M1 nach und
   erfindet dazu eigene Texte.
   Tipp: Auf S. 189 findet ihr eine Anleitung für ein Rollenspiel.

Zusatzaufgabe: siehe S. 176

Eine schriftliche Quelle untersuchen

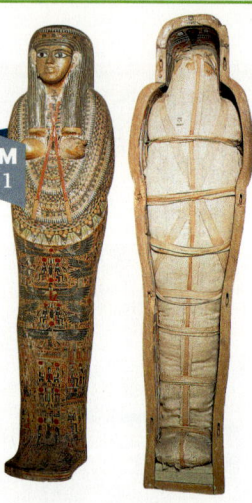

Bereits vor über 5 200 Jahren haben die Ägypter damit begonnen, ihre Verstorbenen zu mumifizieren, damit ihre Körper nach dem Tod erhalten blieben. Wie sie dabei vorgegangen sind, wissen wir nicht. Es gibt keine schriftlichen Überlieferungen, die uns darüber berichten. Erst der griechische Geschichtsschreiber Herodot (um 484–um 425 v. Chr.) beschrieb viel später den Vorgang der Mumifizierung. Er hat auch die Textquelle auf dieser Seite verfasst. Was erfahren wir aus dieser Quelle? Wie kannst du ihr Aussagen entnehmen und was musst du beachten, damit du sie verstehst und richtig einschätzen kannst? Die Arbeitsschritte leiten dich an.

Warum gab es Mumien?

Zunächst bestatteten die Ägypter ihre Verstorbenen in einfachen Gruben im trockenen, salzhaltigen Wüstensand. Das führte dazu, dass die Leichen austrockneten und auf natürliche Weise erhalten blieben. So kam es zu
5 einer „natürlichen Mumifizierung".

Als man dazu überging, die Toten aufwendiger in Holzsärgen zu bestatten, gab es keinen direkten Kontakt mehr zwischen der Leiche und dem Wüstensand. Die Folge war, dass der Körper Feuchtigkeit anzog und die
10 Leiche schneller verweste. Dies durfte nicht geschehen, denn für den Glauben an ein Weiterleben nach dem Tod war es wichtig, dass der Körper erhalten blieb. Die Seele, die nach dieser Vorstellung den Körper beim Tod verließ, konnte so
15 in den Körper zurückkehren. Aus diesem Grund begannen die Ägypter um 3200 v. Chr. damit, die Leichen zu mumifizieren. Sie perfektionierten diese Technik so weit, dass selbst in heutiger Zeit ausgegrabene Mumien
20 en noch hervorragend erhalten sind.

Da es aus ägyptischer Zeit keine schriftlichen Quellen gibt, die uns darüber berichten, vermuten Historiker, dass die Ägypter das Vorgehen bei einer Mumifizierung geheimhalten wollten. Der Priester, der die Mumifizierung leitete, trug den Titel „Hüter des Geheimnisses".
25

Mumie einer ägyptischen Prinzessin im geöffneten Sarg, um 1000 v. Chr.

Der griechische Geschichtsschreiber Herodot über die Mumifizierung im Alten Ägypten, um 430 v. Chr.

Herodot soll um 450 v. Chr. Ägypten bereist haben. Seine Beobachtungen hielt er in seinem historischen Werk, den „Historien", fest. Er war der Erste, der darüber berichtete:

Es gibt besondere Leute, die dies berufsmäßig ausüben. Zu ihnen wird die Leiche gebracht ... Zunächst wird mittels eines eisernen Hakens das Gehirn durch die Nasenlöcher herausgeleitet, teils auch
5 mittels eingegossener Flüssigkeiten. Dann macht man mit einem scharfen ... Stein einen Schnitt in die Leiche und nimmt die ganzen Eingeweide heraus. Sie werden gereinigt, mit Palmwein und dann mit geriebenen Gewürzen durchspült. Dann wird der
10 Magen mit reiner geriebener Myrrhe, mit Zimt und mit anderem Räucherwerk ... gefüllt und [der Bauch] zugenäht. Nun legen sie die Leiche ganz in Natronlauge[1], siebzig Tage lang. Länger als siebzig Tage darf es nicht dauern. Sind sie vorüber, so wird die
15 Leiche gewaschen, der ganze Körper mit Binden von Leinwand umwickelt und mit Gummi bestrichen, was die Ägypter anstelle von Leim zu verwenden pflegen. Nun holen die Angehörigen die Leiche ab, machen einen hölzernen Sarg in Menschengestalt
20 und legen die Leiche hinein. So eingeschlossen, wird sie im Begräbniszimmer ... aufrecht gegen die Wand gestellt.

Hans Wilhelm Haussig (Hg.), Herodot, Gesamtausgabe, 2. Buch, 4. Aufl., Stuttgart (Kröner) 1971, S. 145f. Übers. v. August Horneffer, bearb. v. Verf.

[1] *Salzlösung*

---

1 Untersuche M2 mithilfe der Arbeitsschritte. Ergänze die Lösungshinweise an den markierten Stellen (…).

2 Beschreibe mithilfe von M1 und M2 den Vorgang einer Mumifizierung.

3 Erkläre mithilfe des Darstellungstextes die besondere Bedeutung der Mumifizierung für die Menschen im Alten Ägypten.

Arbeitsschritte „Eine schriftliche Quelle untersuchen"

Die Quelle mit Blick auf eine Leitfrage sichten	Lösungshinweise zu M2
1. Eine Leseabsicht festlegen – welche Frage soll mit der Quelle beantwortet werden?	• *Wie gingen die Alten Ägypter bei der Mumifizierung vor?*
2. Lies den Text gründlich.	**Tipp:** Falls dir eine Kopie vorliegt, kannst du die wichtigsten Informationen unterstreichen und unklare Stellen mit einem Fragezeichen markieren.
Informationen zum Autor und zur Entstehungszeit beachten	
3. Wer war der Autor/die Autorin der Quelle?	• *der griechische Geschichtsschreiber Herodot*
4. Wann und wo wurde die Quelle geschrieben?	• *um 430 v. Chr. in Griechenland*
5. Um welche Art von Text handelt es sich (z. B. Tagebuch, Brief, Rede, historisches Werk)?	• *Ausschnitt aus dem historischen Werk „Die Bücher der Geschichte" von Herodot*
6. An wen war der Text gerichtet?	• *Vermutung: Herodot möchte der Nachwelt Kenntnisse über die Mumifizierung überliefern.*
Inhalte der Textquelle entnehmen und verstehen	
7. Welche Begriffe muss ich klären?	• *hier z. B. Palmwein Z. 8, Myrrhe Z. 10*
8. Wie ist die Quelle aufgebaut? Finde Überschriften für die wichtigsten Abschnitte.	*1) Vorbereitung der Mumifizierung: Entnahme der Organe (Z. 1–7)* *2) …*
9. Welche Stellen sind erklärungsbedürftig? Stelle passende Warum-Fragen und versuche sie zu beantworten.	• *Warum wurden den Verstorbenen die Organe entnommen, bevor sie mumifiziert wurden? Die Organe wurden entnommen, damit der Körper …* • *…*
10. Was ist die Hauptaussage des Textes? Beantworte die Leitfrage aus Schritt 1.	• *Herodot möchte beschreiben, wie …*
Absicht des Autors einschätzen und die Textquelle beurteilen	
11. Welche Absicht verfolgte der Autor?	• *Herodot wollte der Nachwelt beschreiben, wie …* • *In der Quelle vertritt er keine besondere Sichtweise. Er scheint die Mumifizierung nicht zu kennen und hält es für etwas Besonderes.*
12. Wie zuverlässig erscheinen die Aussagen der Quelle? (Wann lebte der Autor? Wann schrieb er den Text? Wie groß war der zeitliche Abstand zu dem Ereignis?)	• *Es gibt keine Quellen, die uns … Erst der Grieche Herodot berichtete um …* • *Er bereiste Ägypten zwar erst um …, konnte dabei vermutlich aber eine Mumifizierung beobachten.* • *Unklar bleibt, ob die Ägypter bei der Mumifizierung schon immer so vorgegangen sind, wie Herodot es um 430 v. Chr. beschrieb.*
13. Welche Meinung vertrittst du zum Inhalt der Quelle? (Sind die Aussagen glaubwürdig, schlüssig, fragwürdig, einseitig, zweifelhaft?)	• *Ich finde, dass Herodot … Denn …*

Herrschaft und Gesellschaft im Alten Ägypten – Lernen an Stationen

Nachdem ihr euch Grundinformationen zur Geschichte des Alten Ägyptens erarbeitet habt, soll es im Folgenden um spezielle Themen gehen. Dafür bietet sich das Stationenlernen an. Es gibt Pflicht- und Wahlstationen. Ob ihr sie in Einzel- oder Partnerarbeit bearbeitet, könnt ihr selber entscheiden. Eine bestimmte Reihenfolge bei der Bearbeitung müsst ihr nicht einhalten.

Der Laufzettel

Die Grundlage des Stationenlernens ist der Laufzettel (M1). Hier findet ihr eine Übersicht über die Pflicht- und Wahlstationen. Rechts stehen Felder, in denen ihr Notizen zu eurer Arbeit macht. Kopiert und vergrößert den
5 Laufzettel für alle. In diesem Kapitel gibt es insgesamt sechs Stationen: Die ersten vier Stationen sind für alle verbindliche **Pflichtstationen**. Aus den **Wahlstationen** wählt ihr mindestens eine aus. Die übrige Wahlstation könnt ihr je nach Interesse und verbleibender Zeit bear-
10 beiten.

Die Stationen

Die Arbeitsaufgaben findet ihr auf den Seiten der jeweiligen Station. Ihr könnt sie ohne weitere Informationen bearbeiten. Für eine vertiefende Auseinandersetzung
15 mit den Themen könnt ihr die Stationen um weitere Materialien wie Sachbücher und Zeitschriften erweitern. Entscheidet vor Beginn der Arbeit, wie ihr eure Ergebnisse auswerten und präsentieren wollt, z. B.
  • als Beitrag für einen Bericht im Radio zur Reihe „Das
20   Alte Ägypten – was wir heute noch darüber wissen",
  • als Spiel nach dem Prinzip einer Quizshow,
  • als Wandzeitung/Ausstellung zu einzelnen Themen.

Regeln für das Stationenlernen

Für das Stationenlernen benötigst du einen Ordner/Schnellhefter. Beschrifte den Laufzettel mit deinem Namen und hefte ihn als erste Seite im Ordner ab. Dahinter kommen auf eigenen Blättern deine Aufzeichnungen zu den einzelnen Stationen. Bearbeite die Arbeitsaufträge an einer Station in der angegebenen Reihenfolge. Schreibe immer die Aufgabenstellung ab, damit du deine Notizen später eindeutig zuordnen kannst.
  • Schreibe deine Ergebnisse gut lesbar und, wenn nicht anders angegeben, in ganzen Sätzen auf. Wenn du eine Station bearbeitet hast, notierst du auf dem Laufzettel, wann und mit wem du daran gearbeitet hast. Außerdem notierst du deine persönliche Meinung zum Thema in der entsprechenden Spalte.

M 1 Laufzettel zum Kopieren (120 % = DIN A4)

Herrschaft und Gesellschaft im Alten Ägypten **Pflichtstationen**	Bearbeitet mit ... am ...	Meine Meinung zum Thema z. B. Es war interessant, weil ... Ich war überrascht, dass ... Ich würde gerne mehr erfahren über ... Es fiel mir schwer/leicht, weil ...
Station 1: Die ägyptische Gesellschaft – dienten alle dem Pharao?		
Station 2: Was wäre der Pharao ohne seine Beamten?		
Station 3: Wie lebten die Menschen im Alten Ägypten?		
Station 4: Welche Rolle hatten die Frauen in der Gesellschaft?		
Wahlstationen		
Station 5: Wie bauten die Ägypter Pyramiden?		
Station 6: Pharao Echnaton schafft die Götter ab		

Station 1: Die ägyptische Gesellschaft – dienten alle dem Pharao?

Der Pharao regierte Ägypten

Wir sprechen heute von den Pharaonen, wenn wir die altägyptischen Könige meinen. Sie selbst nannten sich aber lange Zeit anders und verwendeten den Titel „Herr der beiden Länder". Der Begriff Pharao bedeutet „großes
5 Haus" und bezog sich ursprünglich auf den Königspalast und dessen zahlreiche Bewohner. Erst seit Beginn des Neuen Reichs (ca. 1550 v. Chr.) nannten sich die ägyptischen Könige Pharao.

Als alleiniger Herrscher stand der Pharao an der Spitze
10 des Staates* und entschied mit unbegrenzter Macht über alle wichtigen Angelegenheiten des Königreichs: Er machte die Gesetze und setzte Beamte ein. Er war für die Bewässerung, die Nahrungs- und Vorratsbeschaffung und als höchster Richter für den Frieden im Land verant-
15 wortlich.

Als oberster Kriegsherr führte er die Armee gegen ausländische Mächte. Diese Form der Herrschaft heißt Monarchie*. Die Ägypter gehorchten den Befehlen des Pharaos und erkannten seine herausragende Stellung an,
20 weil er in ihren Augen ein gottähnliches Wesen war. Seit etwa 2500 v. Chr. wurde der Pharao als Sohn des Sonnengottes Re verehrt. Man sah in ihm den Mittler zwischen den Menschen und den Göttern. Deshalb konnte er die Götter um das Lebensnotwendige bitten und seine Unter-
25 tanen vor allen Gefahren schützen. Im Gegenzug musste das Volk ihm dienen, z. B. bei den großen Bauvorhaben, und Abgaben leisten.

Eine hierarchische Gesellschaft

Die ägyptische Gesellschaft war durch eine starke Rang-
30 ordnung geprägt, die man auch als Hierarchie bezeichnet. Jedes Mitglied der Gesellschaft hatte darin seinen festen Platz, der meist schon durch die Geburt festgelegt wurde. So kam meist nur der Sohn eines Pharaos als dessen Nachfolger infrage. Aber auch bei den Handwerkern lern-
35 ten die Kinder meist den Beruf ihres Vaters.

An der Spitze der Gesellschaftspyramide stand der Pharao als oberster Herrscher in Ägypten. Unmittelbar darunter befand sich das Amt des Wesirs. Dieser war der ranghöchste Beamte und erhielt seine Befehle direkt vom
40 Pharao. Zu seinen wichtigsten Aufgaben zählte die Überwachung und Befehligung der ägyptischen Beamten.

Die Gruppe der Priester lässt sich nur schwer in die Gesellschaft einordnen, da es auch innerhalb dieser Gruppe

Statue von Ramses II. – genannt „der Große" – im Tempel von Luxor, um 1250 v. Chr. Der König trägt die Doppelkrone, in der die Vereinigung der beiden Landesteile Ägyptens symbolisch dargestellt ist: Die äußere Krone steht für die Herrschaft über Unterägypten, die innere Krone steht für die Herrschaft über Oberägypten.

eine Rangordnung gab. Zu den bedeutsamsten Priestern
45 gehörten die Hohepriester, die sich als Vertreter des Pharaos in den Tempeln des Landes um die Anbetung der Götter kümmerten. Sie waren nicht an die Weisungen des Wesirs gebunden und mussten auch keine Abgaben leisten.

50 Ein wichtiges Verbindungsglied zwischen den oberen und unteren Schichten waren die Beamten. Sie empfingen ihre Befehle vom Wesir, gaben diese weiter und beauftragten die unteren Schichten mit der Umsetzung der Befehle. Mehr zum Wesir und den Beamten erfährst du
55 in Station 2.

Etwas angesehener als die Bauern und die Handwerker aus der untersten Schicht der Gesellschaft waren die Händler und Kaufleute, da sie Ägypten mit verschiedenen und wertvollen Waren aus den angrenzenden Län-
60 dern belieferten. Den beiden unteren Schichten, die die Mehrheit der Bevölkerung darstellten, war gemein, dass sie Dienste und Abgaben an den Pharao leisten mussten, was von den Beamten streng überwacht wurde.

Ein Pharao schrieb um 2150 v. Chr. an seinen Sohn:

Sei geschickt im Reden, damit du die Oberhand behältst, denn Reden ist erfolgreicher als Kämpfen. Niemand kann einen Klugen überlisten ... Ahme deine Väter nach, die vor dir gestorben
5 sind. Schlage nach, was sie aufgeschrieben haben, und richte dich nach ihnen. Sei nicht böse; freundlich sein ist gut. Zeige dich deinem Land gütig, dann lobt man deine Güte und betet für deine Gesundheit ... Mache deine Beamten
10 vermögend, damit sie nach deinen Gesetzen handeln, denn wer reich ist, ist nicht parteiisch und nicht bestechbar. Sag die Wahrheit in deinem Haus, dann haben die Großen vor dir Respekt ... Hüte dich davor, ungerechterweise zu strafen ...
15 Mache keinen Unterschied zwischen dem Sohn eines Vornehmen und dem niedriger Herkunft, hole dir einen Mann wegen seiner Fähigkeiten.

Friedrich Wilhelm von Bissing (Hg.): Altägyptische Lebensweisheit. Eingeleitet u. übertragen. Artemis Verlag, Zürich 1955, S. 54f.

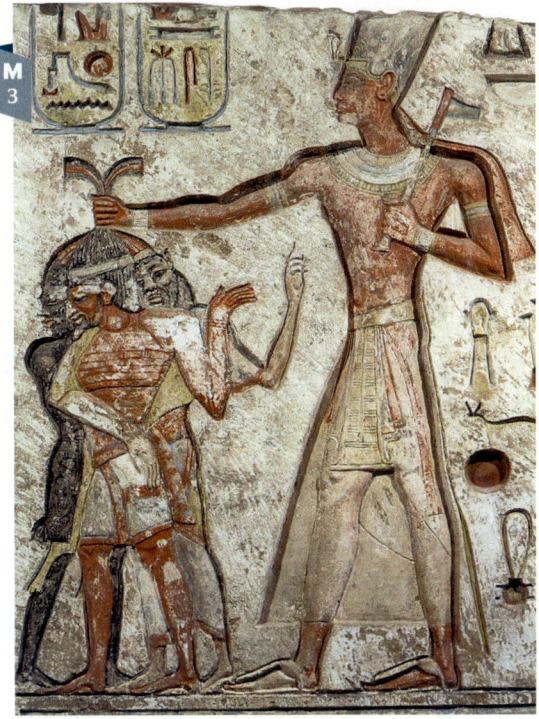

Der Pharao Ramses II. als siegreicher Feldherr, dargestellt auf einem bemalten Kalksteinrelief in Abu Simbel, um 1250 v. Chr. Ramses hält in seiner linken Hand eine Streitaxt, mit seiner rechten Hand hat er die Haare von drei Gefangenen ergriffen, deren Hinrichtung durch den Herrscher selbst wohl unmittelbar bevorsteht.

Monarchie

(griech. monos = einzig und archein = herrschen) bedeutet wörtlich übersetzt „Alleinherrschaft" und beschreibt eine Staatsform, in der eine einzelne Person (Monarch, Monarchin) in der Regel auf Lebenszeit die Herrschaft ausübt.

Hierarchie

(griech. hieros = heilig und archein = herrschen) bedeutet wörtlich übersetzt „heilige Herrschaft" und beschreibt eine streng von oben nach unten gegliederte Rangordnung innerhalb einer Gesellschaft.

1 Erläutere die verschiedenen Titel für die ägyptischen Könige (Darstellungstext, M1).
2 **Partnerarbeit:** Jeder von euch bearbeitet eine Aufgabe (a oder b). Bearbeitet anschließend Aufgabe c) gemeinsam.
   a) Beschreibe, welche Aufgaben ein Pharao hatte (Darstellungstext Z. 9–27).
   b) Arbeite Fähigkeiten und Aufgaben eines Pharaos mithilfe von M2 heraus.
   c) Begründet, welche Beschreibung ihr für glaubwürdiger haltet.
   Tipp: Achtet auf den Unterschied zwischen Quelle und Darstellung.
3 Vergleiche deine Ergebnisse aus Aufgabe 2 mit der Darstellung von Ramses II. in M3.
4 Die ägyptische Gesellschaft wird gern mit einer Pyramide verglichen. Zeichne eine Pyramide in dein Heft, die die soziale Schichtung deutlich macht.

Suche im Darstellungstext alle Personen oder Gruppen der ägyptischen Bevölkerung und trage sie entsprechend ihrem Rang in die Pyramide ein. Trage anschließend folgende Begriffe mit Pfeilen in dein Schaubild ein: → Dienst → Schutz → beraten
→ beauftragen → befehlen → überwachen
→ berichten

Pharao

5 Diskutiere: „Bauern und Arbeiter gehörten zur untersten Schicht der Gesellschaftspyramide, weil sie keine Bedeutung für die ägyptische Gesellschaft hatten."

Zusatzaufgabe: siehe S. 177

Webcode: FG642663-071
Ägyptische Gesellschaft

Station 2: Was wäre der Pharao ohne seine Beamten?

M 1 *Zwei Ausschnitte aus einer Wandmalerei aus dem Grab des Mennah, Beamter unter Pharao Thutmosis IV., um 1400 v. Chr. Der Grabherr war als Beamter in der Landwirtschaft tätig.*

Der Pharao herrscht durch seine Beamten

Ein so großes Reich wie Ägypten zu verwalten war nur mithilfe von gut ausgebildeten Beamten möglich. Weil außer ihnen nur wenige Ägypter lesen und schreiben konnten, wurden sie auch einfach nur „Schreiber" ge-
5 nannt. Der oberste Beamte hieß Tschati oder Wesir. Du hast ihn bereits in Station 1 kennengelernt. Mehrfach in der ägyptischen Geschichte verwalteten zwei Wesire die Landesteile Ober- und Unterägypten. Als Stellvertreter des Pharaos überwachte der Wesir die Jahr für Jahr not-
10 wendige Feldvermessung nach der Nilschwemme und die gesamten Steuereinnahmen des ägyptischen Staates. Regelmäßig erstattete er dem Pharao über alle wichtigen Ereignisse und Entscheidungen Bericht. Dem Wesir unterstanden alle höheren und niederen Beamten in den
15 Provinzen, den Städten und den Dörfern: Von oben nach unten wurden so die Befehle des Pharaos im ganzen Land weitergegeben. Die Beamten übten eine strenge Kontrolle aus über
  • Viehzählung sowie Wasser- und Landzuteilung;
20 • Bauern, die Getreideabgaben an den Pharao abzuliefern hatten oder aus Ländereien des Pharaos arbeiteten;
  • Arbeiter und Handwerker, die vom Pharao angestellt und mit Lebensmitteln und Kleidung versorgt wur-
25 den, damit sie genügend Werkzeuge, Waffen und Gefäße für den täglichen Gebrauch anfertigen oder auf den Großbaustellen arbeiten konnten;

  • Fernhändler, Angestellte des Pharaos, die wertvolle Rohstoffe aus anderen Ländern besorgten;
30 • Ausbildung und Einsatz der Soldaten.

Die Ausbildung der Beamten

Schreiben zu können war die wichtigste Voraussetzung für eine Beamtenlaufbahn. Deshalb waren die Söhne der Beamten im Vorteil. Es ist teilweise belegt, dass der Zu-
35 gang zum Amt des Schreibers auch nur dessen Kindern vorbehalten war. Anfangs unterrichteten die Väter ihre Söhne selbst. Als der Staat aber immer mehr Schreiber benötigte, wurde die Ausbildung erfahrenen Beamten übertragen, die sich ganz dieser Aufgabe widmeten. Die
40 Ausbildung zum Schreiber konnte bis zu zehn Jahre dauern. In dieser Zeit lernten die Schüler mehrere hundert Schriftzeichen, die Landeskunde von Ägypten, Mathematik und Geometrie, Astronomie, die Feste der Götter, gerechtes Verhalten gegenüber den Schwachen und
45 Gehorsam gegenüber den Vorgesetzten.
Es ist durch Klagen über nicht ausbezahlte Löhne und ungerechte Steuereintreibungen teilweise belegt, dass einige Beamte ihre Stellung für sich selbst missbrauchten.
50 Um 2500 v. Chr. lebten in Ägypten ca. eine Million Menschen. Von ihnen waren etwa 10 000 Schreiber.

Ratschläge eines Schreibers an seinen Sohn (um 2000 v. Chr.):

Kaum hat ein Schriftkundiger angefangen heran-
zuwachsen – er ist noch ein Kind –, so wird man
ihn grüßen und als Boten senden; er wird nicht
zurückkommen, um sich in den Arbeitsschurz zu
5 stecken. Einen Bildhauer kann man nicht als Boten senden, noch einen Goldschmied, der ausge-
schickt würde.
Ich habe den Erzarbeiter bei seiner Arbeit beobachtet, an der Öffnung seines Schmelzofens. Sei-
10 ne Finger sind krokodilartig, er stinkt mehr als
Fischlaich ...
Der Steinmetz graviert mit dem Meißel in allerlei
harten Steinen. Hat er die Arbeit vollendet, so
versagen ihm seine Arme und er ist müde; wenn
15 er sich abends hinsetzt, sind seine Knie und sein
Rücken gebrochen. Der Barbier schert noch spät
am Abend ... Siehe, es gibt keinen Beruf, in dem
einem nicht befohlen wird, außer dem des Beamten; da ist er es, der befiehlt. Wenn du schreiben
20 kannst, wird dir das mehr Nutzen bringen als alle
die Berufe, die ich dir dargelegt habe.
*Zit. nach Friedrich Wilhelm v. Bissing, Altägyptische
Lebensweisheiten, München (Artemis) 1955, S. 57ff.*

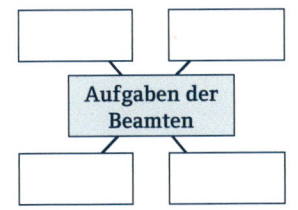 *Schreiberstatue eines Beamten, Kalkstein, um 2450 v. Chr.*

1 **Methode:** Untersuche das Bild M1 mithilfe der Arbeitsschritte auf S. 63.
2 Die Beamten hatten viele Aufgaben. Stelle diese mithilfe des Darstellungstextes in Form einer Mind-Map dar.

Aufgaben der Beamten

3 **a)** Lies M2 und fasse den Inhalt mit eigenen Worten zusammen.
b) Arbeite mindestens vier Argumente heraus, mit denen der Verfasser von M2 versucht, seinen Sohn vom Beruf des Schreibers zu überzeugen.

4 Vergleiche die Wirkung von M3 auf den Betrachter mit der Beschreibung in M2. Was stellst du fest?
5 Beurteile die Aussage: „Das Amt des Schreibers war der wichtigste Beruf in Ägypten."
6 **Partnerarbeit:** Der Wesir sucht neue Beamte:
a) Verfasst eine Stellenausschreibung für die gesuchten Beamten, in der die Eigenschaften und Voraussetzungen aufgeführt sind, die die neuen Beamten mit sich bringen müssen.
b) Suche dir dann an dieser Station einen Partner und führe mit ihm ein Bewerbungsgespräch durch. Dazu notiert sich einer von euch fünf Fragen, die er als Wesir dem künftigen Beamten stellen möchte. Der andere schreibt ein kurzes Statement, warum er für die Stelle als Beamter geeignet ist. Tauscht dann eure Rollen (Rollenspiel, siehe S. 189).

Station 3: Wie lebten die Menschen im Alten Ägypten?

Szenen landwirtschaftlicher Arbeit, Malerei aus dem Grab des Nacht, um 1425 v. Chr. Der Verstorbene sitzt rechts vor seinen Nahrungsmittelvorräten.

M2

Der griechische Geschichtsschreiber Herodot (um 484–425 v. Chr.) berichtete nach einer Ägyptenreise:

Denn es ist klar und der Verständige sieht es, ohne dass man es ihm sagt, dass die Gebiete Ägyptens, die von den Hellenen[1] besucht werden, neugewonnen und ein Geschenk des Stromes [Nil] sind …
5 Heute freilich gibt es kein Volk auf der Erde, auch keinen Landstrich in Ägypten, wo die Früchte des Bodens so mühelos gewonnen werden wie hier. Sie [die Bauern] haben nicht nötig, mit dem Pfluge Furchen in den Boden zu ziehen, ihn umzugraben und 10 die anderen Feldarbeiten zu machen, mit denen die übrigen Menschen sich abmühen. Sie warten einfach ab, bis der Fluss kommt, die Äcker bewässert und wieder abfließt. Dann besät jeder sein Feld und treibt die Schweine darauf, um die Saat einzustamp- 15 fen, wartet ruhig die Erntezeit ab, drischt das Korn mithilfe der Schweine aus und speichert es auf.

Hans Wilhelm Haussig (Hg.), Herodot, Gesamtausgabe, 2. Buch, 4. Aufl., Stuttgart (Kröner) 1971, S. 108 ff. Übers. v. August Horneffer.

....

[1] *Griechen*

M3

In ägyptischen Schreibschulen wurden folgende Zeilen als Übungstext eingesetzt:

Werde Schreiber! Dies wird dir die Mühsal er sparen und dich vor jeder Arbeit bewahren. Du brauchst keine Hacke in die Hand zu nehmen und wirst keinen Korb tragen müssen. Du wirst kein Ruder bewegen 5 müssen und von aller Not verschont bleiben. Denk an die missliche Lage, in die der Bauer gerät, wenn die Beamten kommen, um die Erntesteuer zu schätzen. Schlangen und Nilpferde haben die Hälfte der Ernte verschlungen. Das im Speicher des Bauern 10 verbliebene Getreide ist gestohlen worden. Was er für den gemieteten Ochsen bezahlen muss, kann er nicht bezahlen … Und genau in dem Moment legt der Beamte am Ufer an, um die Erntesteuer zu schätzen. Es gibt aber kein Getreide und der Bauer 15 wird gnadenlos geschlagen. Seine Frau und seine Kinder werden gefesselt. Der Beamte befiehlt allen. Seine Arbeit wird nicht besteuert; er hat keine Schulden.

Merke dir das gut!

Sergio Donadoni (Hg.), Der Mensch des alten Ägypten, übers. v. Asa-Bettina Wuthenow, Essen (Magnus) 2004, S. 36.

M4 Wie viel verdiente ein Arbeiter?

Die Überlieferungen der Schreiber von Deir el-Medina, einer Arbeitersiedlung bei Theben in der Nähe des Tals der Könige, enthalten auch Lohnabrechnungen. Der Warenwert ließ sich in Edelmetall messen. Maßeinheit war der Deben (= 90 Gramm Kupfer). Eine Durchschnittsfamilie umfasste acht bis zehn Personen. Hauptnahrungsmittel dieser Menschen war Brot.

Löhne pro Monat:

Ein Vorarbeiter verdiente 7,5 Sack Getreide, dazu 10–11 Deben.

Ein Arbeiter verdiente 5,5 Sack Getreide, dazu

5 10–11 Deben.

1 Sack Getreide enthielt 76 Liter und war 2 Deben wert.

Preise:

Ein Korb kostete 0,5 Deben.

10 Ein kleines Messer kostete 1 Deben.

Ein Paar Sandalen kostete 3 Deben.

Ein Stuhl kostete 12 Deben.

Ein Bett kostete 25 Deben.

Ein Ochse kostete 100 Deben.

15 **Arbeitszeit:**

Täglich ca. 8–10 Stunden; lange Mittagspause wegen der Hitze; der Monat bestand aus drei Arbeitswochen zu zehn Tagen. Mit den Feiertagen gab es im Jahr ca. 65 arbeitsfreie Tage, darunter

20 das 24 Tage dauernde „Theben-Fest". Die Arbeiter wurden dreimal im Monat entlohnt.

Zusammengestellt nach Manfred Clauss, Das alte Ägypten, Berlin (Fest) 2001, S. 393f.

M5 *Bemalte Kalksteinfigur aus Ägypten, um 2400 v. Chr.*

Herodot von Halikarnassos
(um 484–um 425 v. Chr.) war ein griechischer Geschichtsschreiber, Geograf und Völkerkundler. Mit seinem bis in unsere Zeit überlieferten Geschichtswerk „Historien" gilt er als einer der „Väter der Geschichtsschreibung".

1 Stell dir vor, das Bild M1 hängt in einer Ausstellung zum Thema „Das Leben der Menschen im Alten Ägypten". Schreibe einen kurzen Ausstellungstext, der neben dem Bild hängen soll.

2 a) **Methode:** Untersuche M2 mithilfe der Arbeitsschritte auf S. 67.

b) Arbeite heraus, was du aus M3 über das Leben der Bauern erfährst.

3 Vergleiche mithilfe einer Tabelle die Informationen, die du aus M1–M3 zum Leben der Bauern im Alten Ägypten entnehmen konntest.

Tipp: Lege eine Tabelle an, in der du deine Ergebnisse zu den Aufgaben 1 und 2 notierst.

Bild M1	Herodot M2	Schreiber M3
...	...	...

4 **Wähle eine Aufgabe aus:**

a) Skizziere mithilfe von M2 und M4 den Tagesablauf eines Arbeiters. Stimmst du Herodot zu, wenn er sagt, die Arbeit in der Landwirtschaft sei mühelos?

b) Finde eine Antwort auf die Frage, warum der Text von M3 von den Schülern immer wieder abgeschrieben werden sollte.

5 Beschreibe M5 und erläutere die dargestellte Tätigkeit.

Tipp: Nimm auf S. 33 M4 zu Hilfe.

6 Beurteile mithilfe von M4 die Arbeitsbedingungen eines ägyptischen Arbeiters, indem du positive und negative Aspekte einander gegenüberstellst.

Station 4: Welche Rolle hatten die Frauen in der Gesellschaft?

Wandmalerei aus dem Grab des Nacht, um 1400 v. Chr.

Wandmalerei aus dem Grab des Sennedjem, um 1290 v. Chr.

Geschichte erzählt: Ein Familienausflug vor ungefähr 3500 Jahren:

Ein hoher Beamter und seine Familie gehen einem beliebten Vergnügen nach: der Jagd auf Wildgänse. Das ist nicht ganz ungefährlich, denn am dicht bewachsenen Ufer des Nils könnten
5 Krokodile lauern. Seiner Frau Tani gehen vielleicht die folgenden Gedanken durch den Kopf: „Ich bin froh, dass die ganze Familie wieder einmal Zeit miteinander verbringen kann. Das ist leider nicht selbstverständlich. Mein Mann ist ein hoher Be-
10 amter beim Pharao und deshalb ist er die meiste Zeit unterwegs. In der Zwischenzeit muss ich mich alleine um unser großes Haus kümmern. Ich teile die Arbeit der Bediensteten ein, organisiere die Empfänge meines Mannes und kümme-
15 re mich um die Erziehung unserer beiden Kinder. Nebenher bleibt mir allerdings auch etwas Zeit für mich: Ich betreibe mit sieben Angestellten ein Geschäft für Perücken, denn die sind bei uns groß in Mode. Ich werde von meinen Kunden mit
20 Silberstücken oder Lebensmitteln bezahlt. Einen kleineren Teil des Verdienstes muss ich zwar als Steuern abgeben, mit dem übrigen Verdienst kann ich mir aber kaufen, was ich will. Das gibt mir ein Gefühl von Selbstständigkeit und auch
25 ein Stück weit Unabhängigkeit."
Darstellung des Verfassers nach zeitgenössischen Quellen

Geschichte erzählt: Ein Ehepaar bei der Feldarbeit vor ungefähr 3500 Jahren:

In den Bauernfamilien arbeiteten die Frauen wie ihre Männer in der Landwirtschaft. Gemeinsam mit ihrem Ehemann erntet diese Bäuerin das reife Getreide. Was könnte sie wohl aus ihrem Le-
5 ben erzählen? „Mein Name ist Tama. Ich bin eine Bäuerin aus der Nähe von Beni Hasan. Wir leben dort in einem einfachen Lehmhaus mit einer Terrasse auf dem Dach. Mehrmals am Tag mahle ich mühsam Korn zu Mehl zum Brotbacken und
10 Bierbrauen. Das Wasser dazu muss ich in schweren Krügen vom Nil heraufschleppen. Dazu kommt die Feldarbeit, die viel Zeit in Anspruch nimmt. Mehrmals im Jahr müssen die Schafe geschoren und die Wolle anschließend verarbeitet
15 werden. Von der täglichen Arbeit im Haushalt will ich gar nicht reden. Was uns nach den Abgaben von unserer Ernte bleibt, reicht nur für das Nötigste. Wer bei den Abgaben betrügt, der wird von den Beamten schwer bestraft. Meine vier Kinder
20 sind noch klein, aber sie helfen mir, wo sie können. Vielleicht mache ich später, wenn sie älter sind, ein Friseurgeschäft oder einen kleinen Obsthandel als Zubrot zur Landwirtschaft auf.
Darstellung des Verfassers nach zeitgenössischen Quellen

Die rechtliche Stellung der Frau

Als der griechische Geschichtsschreiber und Weltreisende Herodot (siehe S. 74) im 5. Jahrhundert v. Chr. Ägypten bereiste, kam er aus dem Staunen nicht heraus. Verwundert beschrieb er Tätigkeiten und Freiheiten von
5 Frauen, die er sonst nirgendwo in der antiken Welt gesehen hatte. Vor allem deshalb kam er zu der Schlussfolgerung: „Fast alle Sitten und Gebräuche in Ägypten sind der Lebensweise der anderen Menschen entgegengesetzt."
10 Heute wissen wir, dass Herodot richtig beobachtet hatte. Es ist sicher belegt, dass Ägypterinnen mehr Rechte besaßen als Frauen in den anderen damaligen Kulturen: Sie vertraten sich selbst vor Gericht und erhielten die gleichen Strafen wie Männer. Sie durften selbstständig Ver-
15 träge abschließen, einen Beruf ausüben, Vermögen besitzen und ohne Zustimmung ihres Mannes vererben. In einigen Teilen Europas wären solche Rechte noch bis vor 100 Jahren für Frauen unvorstellbar gewesen.

20 Vollkommen gleichberechtigt waren die Frauen aber nicht: Zu öffentlichen Ämtern wurden Frauen selten zugelassen. Vermutlich gab es auch einige Beamtinnen. Grundsätzlich standen die Schreibschulen auch Mädchen offen, doch unklar ist, ob Mädchen aus höhergestellten Familien auch tatsächlich zur Schule gingen.
25 Priesterinnen mit unterschiedlichen Aufgaben gab es in allen Epochen der altägyptischen Geschichte.

Die Ehe im Alten Ägypten

Im Vergleich zu heute war eine Eheschließung im Alten Ägypten eine recht formlose Angelegenheit: Lebte ein
30 Paar zusammen, dann galt es als verheiratet. Umgekehrt wurde durch die Auflösung der gemeinsamen Behausung die Scheidung vollzogen. Die Mehrheit der Ägypter lebte in Einehe. Männer aus der Führungsschicht konnten auch mit zwei und mehr Frauen zusammenleben. Es ist teil-
35 weise belegt, dass es Eheverträge zwischen Eheschließenden gegeben haben muss.

 M 5

Ägyptischer Ehevertrag (um 1500 v. Chr.):
Datum – Name der Eheschließenden
Es hat gesagt der Mann zu seiner Ehefrau: Ich habe dich zur Ehefrau gemacht. Gegeben habe ich dir fünf Silberkite[1] als deine Frauengabe[2].

5 *Scheidungsklausel 1:*
Entlasse ich dich als Ehefrau und nehme ich eine andere zur Frau, so werde ich dir fünf Silberkite zusätzlich zu den oben beschriebenen fünf Silberkiten geben, die ich dir als Frauengabe gegeben habe. Dazu
10 gebe ich dir ein Drittel von allem und jedem, was ich für uns erwerben werde ... Siehe das Verzeichnis der Sachen, die du mit in mein Haus gebracht hast (es folgt eine Liste mit Hausrat und Kleidern). Bist du

drinnen, sind sie mit dir drinnen. Bist du draußen,
15 sind die Dinge mit dir draußen.

Scheidungsklausel 2:
Wenn du es bist, die geht, indem du mich als Ehemann entlässt, so wirst du mir 2 ½ Silberkite von den fünf Silberkiten geben, die ich dir als Frauengabe
20 gegeben habe.
Unterschrift und Zeugen

Zit. nach Walther Wolf, Das alte Ägypten, 2. Aufl., München (dtv) 1978, S. 429 f.

....
[1] *Kite = Silberstück von ca. neun Gramm*
[2] *diente zur Absicherung der Frau, etwa im Scheidungsfall*

1 M1–M4 kannst du entnehmen, wie das Leben ägyptischer Frauen vor ungefähr 3 500 Jahren ausgesehen hat.
   a) Verfasse eine Darstellung zum Leben der ägyptischen Frau anhand von M1.
   b) Vergleiche deine Darstellung mit der Geschichte in M2.
   Tipp: Nenne Gemeinsamkeiten und Unterschiede.
   c) Begründe, warum es Unterschiede gibt.
   Tipp: Bedenke den Unterschied zwischen (Bild-) Quelle und Darstellung.
2 Auf eurer Schulwebseite soll ein Projekt über die Rolle der Frau in der Geschichte vorgestellt werden.

   Schreibe einen Beitrag, in dem du die Rolle der Frau in der ägyptischen Gesellschaft zusammenfasst (M1, M3, M4, Darstellungstext).
   Tipp: Beachte Tätigkeiten, Rolle in Haus und Familie, Erziehung der Kinder, Selbstständigkeit.
3 Fasse zusammen, welche Regelungen im Ehevertrag M5 getroffen wurden.
4 „Männer und Frauen waren im Alten Ägypten nahezu gleichberechtigt." Beurteile diese Aussage mithilfe von M5 und des Verfassertextes.
   Tipp: Sammle Argumente für und gegen diese Behauptung.

Zusatzaufgabe: siehe S. 177

Wahlstation 5: Wie bauten die Ägypter Pyramiden?

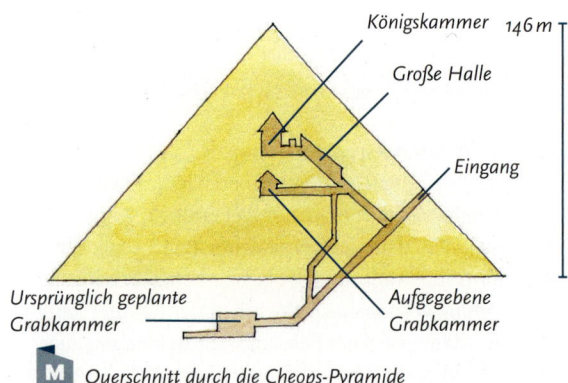

Königskammer   146 m

Große Halle

Eingang

Ursprünglich geplante Grabkammer

Aufgegebene Grabkammer

M 1   *Querschnitt durch die Cheops-Pyramide*

Bauwerke für die Ewigkeit

Der ägyptische Pharao bestimmte das Leben seiner Untertanen während seiner Regierungszeit und auch nach seinem Tod. Starb er, so stieg er nach den Vorstellungen der Ägypter auf einer Himmelsleiter zu den Sternen auf
5 und wurde selbst ein Gott. Im Alten Reich ließen sich die Könige in Pyramiden bestatten, hoch in den Himmel ragende „Wohnungen für die Ewigkeit". Im mittleren Reich ließen sich die Pharaonen in kleineren Pyramiden bestatten. Die Herrscher des Neuen Reichs fanden dage-
10 gen ihre letzte Ruhestätte in verborgenen unterirdischen Begräbnisstätten im „Tal der Könige und Königinnen" (siehe S. 56/57).

Die Cheops-Pyramide – ein Weltwunder?

Die drei größten Pyramiden wurden um 2500 v. Chr. am
15 Rande des heutigen Kairo erbaut (siehe S. 54/55). Die größte und älteste von ihnen ist die des Pharaos Cheops. Sie wurde auf einer quadratischen Grundfläche von 230 mal 230 Metern errichtet und war ursprünglich 146 Meter hoch. Etwa 2,3 Millionen Steinblöcke wurden
20 in ihr verbaut, von denen einer durchschnittlich 2,5 Tonnen wiegt. Im Inneren der Pyramide finden sich sogar Granitblöcke mit einem Gewicht von fast 50 Tonnen. Zum Vergleich: Ein Auto der Mittelklasse wiegt etwa 1,5 Tonnen. Schon in der Antike zählte man die Cheops-
25 Pyramide zu den sieben Weltwundern – bis heute ist sie eines der gewaltigsten Steinbauwerke der Erde.

Wer baute die Pyramiden?

Wegen der langen Bauzeit erteilten die Pharaonen den Befehl zum Bau der Pyramiden meist gleich zu Beginn
30 ihrer Herrschaft. Die oberste Bauleitung hatte der Wesir. Er war auch für den Transport des Baumaterials aus den Steinbrüchen im Süden des Landes verantwortlich. Da die Pyramiden mit einfachen Werkzeugen (Hammer, Meißel, Säge, Beil und Schleifstein) gebaut wurden, wa-
35 ren sehr viele Arbeitskräfte erforderlich. Sie wohnten in eigens angelegten Arbeitersiedlungen bei den Pyramidenbaustellen und den Steinbrüchen.
Ob die Arbeit an den Pyramiden freiwillig geleistet wurde, ist nur schwer nachweisbar. Vermutlich war sie für
40 die meisten einfachen Arbeiter wohl – ähnlich wie die Ernteabgaben der Bauern an den Pharao – verpflichtend als eine Form der Steuerleistung gegenüber dem Pharao. Vermutlich wurde die Arbeit als Dienst für den Pharao angesehen, von dessen Gunst man sich im Leben wie
45 nach dem Tode abhängig fühlte.

Welche Technik wurde angewandt?

Es existieren bis heute zahlreiche, sich teilweise widersprechende Theorien, die erklären wollen, wie die Ägypter diese gewaltigen Bauwerke errichtet haben. Am gän-
50 gigsten war dabei bisher die „Rampenhypothese": Die Millionen Gesteinsblöcke, aus denen unter anderem die Cheops-Pyramiode gebaut ist, sollen dabei auf einer langen Rampe entlang der Pyramide nach oben befördert worden sein. Der französische Architekt Jean-Pierre
55 Houdin stellte im Jahr 2007 eine neue Theorie zur Baukunst des Weltwunders vor. Demnach wurde der obere Teil der Pyramide über eine Wendelrampe gebaut, die im Inneren des Gebäudes entlanglief. Die altägyptischen Bauherren hätten nur für die ersten 43 Meter der Pyra-
60 mide eine Außenrampe genutzt. Die weiteren 103 Meter nach oben wurden dann durch eine innere Rampe ermöglicht, die wie ein Korkenzieher angeordnet war. Die Pyramide sei so im Wesentlichen von innen gebaut worden, erklärte der Architekt.

Der griechische Geschichtsschreiber Herodot (um 485–425 v. Chr.) über den Bau der Cheops-Pyramide:

Cheops hat das Land ins tiefste Unglück gestürzt ... Er hat alle Ägypter gezwungen, für ihn zu arbeiten. Die einen mussten aus den Steinbrüchen im arabischen Gebirge Steinblöcke bis
5 an den Nil schleifen. Über den Strom wurden sie auf Schiffe gesetzt und andere mussten die Steine weiterziehen bis hin zu den sogenannten libyschen Bergen. Hunderttausend Menschen waren es, die daran arbeiteten und alle drei Monate ab-
10 gelöst wurden. So wurde das Volk bedrückt, und es dauerte zehn Jahre, ehe nur die Straße gebaut war, auf der die Steine dahergeschleift wurden, ein Werk, das mir fast ebenso gewaltig scheint wie der Bau der Pyramide selber. Denn die Straße
15 ist fünf Stadien [890 m] lang, zehn Klafter [18 m] breit, an der höchsten Stelle acht Klafter [14,4 m] hoch und aus geglätteten Steinen hergestellt, in die Tiergestalten eingemeißelt sind ... An der Pyramide selber wurde zwanzig Jahre gearbeitet.

Hans Wilhelm Haussig (Hg.), Herodot, Gesamtausgabe, 2. Buch, 4. Aufl., Stuttgart (Kröner) 1971, S. 164. Übers. v. August Horneffer, bearb. v. Verf.

Cheops-Pyramide in Gizeh bei Kairo, Foto, 2010

Interview mit dem Ägyptologen Rainer Stadelmann über den Bau der Pyramiden (2000):

1. War die Oberschicht für die Organisation der Bauarbeiten zuständig?

Solch ein Bauwerk konnte nur von gut trainierten und hoch angesehenen Spezialisten erstellt wer-
5 den, keineswegs etwa von Sklaven ... Ist ihnen nicht aufgefallen, dass sie überhaupt keine Darstellungen ... über den Pyramidenbau finden? Der Pyramidenbau war für die Ägypter ein Gottesdienst.

10 *2. Wie viele Menschen haben mit dem Bau einer Pyramide zu tun gehabt?*

Rund 25 000 – etwa 1 % der damaligen Bevölkerung ... Mit dem Bau selbst waren 15 000 Mann beschäftigt – und zwar jeweils zu einem Drittel
15 direkt auf der Baustelle und in den Steinbrüchen von Gise und Mokazam. Wobei sich 1 000 Mann ausschließlich um die Werkzeuge gekümmert haben. Für den Transport waren weitere 5 000 Mann zuständig. Zwar wurden die meisten Steine von
20 Ochsen herbei- und heraufgeschleppt, aber manche auch von Menschen. Wir haben nachgewiesen, dass 18 Mann einen solchen Steinklotz eine Böschung mit 12 % Steigung hochbringen mussten. Und noch einmal rund 5 000 Leuten – etwa
25 Bäckern und Köchen – oblag die Versorgung.

3. Wie lange dauerte der Bau?

Immerhin gibt es ein paar Daten, aus denen Rückschlüsse erlaubt sind. Danach würde ich sagen, etwa 30 Jahre – samt aller Kultgebäude,
30 die bei späteren Pyramiden immer mehr an Wichtigkeit gewannen.

Interview mit dem Ägyptologen Rainer Stadelmann über den Bau der Pyramiden. zit. nach: GEO EPOCHE Nr. 3: Das Reich der Pharaonen, unter Mitarbeit von Christoph Kucklick. Verlag Gruner + Jahr, Hamburg 2000, S. 62 ff.

1 **Partnerarbeit:** Fertigt mithilfe des Darstellungstextes, M1 und M4 eine Mind-Map an, die darstellt, warum die Cheops-Pyramide weiterhin zu den sieben Weltwundern gehören soll.
Tipp: Beachtet hierbei z. B. die Aufwendungen für den Bau und den Stand der damaligen Technik.
2 **a)** Vergleiche, ob die Ägypter freiwillig an den Pyramiden gearbeitet haben, oder ob sie dazu gezwungen wurden (M2, M3, Darstellungstext).
b) Beurteile die Aussagen von Herodot (M2, Z. 1): „Cheops hat das Land ins tiefe Unglück gestürzt."

c) Finde Ursachen für die Unterschiede in den Aussagen von Herodot und Stadelmann (M2 und M3).
Tipp: Beachte den Unterschied zwischen Quelle und Darstellung.
3 **Wähle eine Aufgabe aus:**
a) Fertige aus den Informationen im Darstellungstext (Z. 50–64) eine Rekonstruktionszeichnung zur Theorie Houdins an, wie der Pyramidenbau technisch realisiert werden konnte.
b) Beschreibe den inneren Bau der Cheops-Pyramide. Wie wollten die Bauherren die Grabkammer des Pharao schützen (Darstellungstext, M1)?

Webcode: FG642663-079
Pyramidenbau

Wahlstation 6: Pharao Echnaton schafft die Götter ab

Pharao Echnaton (1365–1348 v. Chr.) und seine Frau Nofretete opfern dem Sonnengott Aton Gefäße mit Wasser. Flachrelief aus Achetaton, um 1350 v. Chr.
Der Sonnengott Amun-Re, bisher in menschlicher Gestalt und mit Falkenkopf dargestellt, erscheint nun als Sonnenscheibe (ägyptisch: Aton). Von allen Geschöpfen steht der durch seine Größe hervorgehobene Echnaton dem Sonnengott am nächsten. Aton sendet sein Licht als Sonnenstrahlen aus; mit den offenen Händen an ihren Enden werden sie zum Segen für die gesamte Schöpfung.

Die Sonne als Gott

Die Ägypter verehrten viele Götter, aber als der Pharao Amenophis IV. auf den Thron kam, bestimmte er Aton als einzige Gottheit, als Leben spendende Sonne. Damit wurde er ein Vorläufer der späteren monotheistischen
5 Religionen (Monotheismus, siehe S. 64).
Der König selbst nannte sich jetzt Echnaton (sprich Ach-en-Aton, d. h. „dem Aton wohlgefällig"). Außerdem gründete er die neue Hauptstadt Achetaton (sprich Achet-Aton, d. h. „Horizont des Aton"). Dort entstand
10 das heilige Zentrum der Aton-Religion. Die Tempel der alten Götter wurden geschlossen – ihre Priester und sämtliche bisherigen hohen Beamten wurden entlassen. An ihre Stellen setzte Echnaton ihm und seinem Gott treu ergebene Männer ein.
15 Die Sonnenscheibe war fortan das alleinige Symbol der neuen Religion. Ohne Rücksicht auf die religiösen Ge-

fühle und Bedürfnisse der Bevölkerung wurden die bisherigen Götternamen und tiergestaltigen Götterbilder aus Tempelwänden ausgemeißelt. Wer weiterhin der alten
20 Religion anhing, sah sich vielfach der Verfolgung durch Echnatons Polizeitruppen ausgesetzt.
Die neue Religion hatte nicht lange Bestand. Der übernächste Nachfolger Echnatons, der junge König Tutanchamun, ordnete die Rückkehr zum alten Glauben an. Er gab
25 die Stadt Achetaton auf und ließ sie restlos zerstören.

Aus dem von Pharao Echnaton verfassten Sonnengesang (14. Jahrhundert v. Chr.):
Schön erscheinst du im Horizont des Himmels, du lebendige Sonne [Aton], die das Leben bestimmt … Deine Strahlen umfassen die Länder bis ans Ende von allem, was du geschaffen hast
5 … Am Morgen aber bist du aufgegangen im Horizont und leuchtest als Sonne am Tage; du vertreibst die Finsternis und schenkst deine Strahlen … Alles Vieh ist zufrieden mit seinem Kraut, Bäume und Kräuter grünen … Lastschiffe fahren
10 stromab und wieder stromauf, jeder Weg ist offen durch dein Erscheinen. Die Fische im Strom springen vor deinem Angesicht, deine Strahlen sind im Innern des Meeres … Wie zahlreich sind deine Werke, die dem Angesicht verborgen sind,
15 du einziger Gott, dessengleichen nicht ist … Kein anderer ist, der dich kennt, außer deinem Sohne [Echnaton], den du dein Wesen und deine Macht erkennen lässt … Seit du die Welt gegründet hast, erhebst du sie für deinen Sohn, der aus deinem
20 Leib hervorgegangen ist, den König Beider Ägypten … Echnaton, groß in seiner Lebenszeit.
Zit. nach Erik Hornung, Echnaton. Die Religion des Lichtes, 2. Aufl., Düsseldorf und Zürich (Patmos/Artemis & Winkler) 2001, S. 88ff.

....

1 Wähle eine Aufgabe aus:
  a) Liste die Eigenschaften der Sonne auf, die im Sonnengesang M2 beschrieben werden.
  b) Finde mithilfe von M1 und M2 heraus, welche Bedeutung Echnaton in dieser neuen Religion hatte.
2 Schreibe aus der Sicht eines Priesters der bisherigen Religion einen Beschwerdebrief an Echnaton. Nimm dazu den Darstellungstext, M1 und M2 zu Hilfe.

Webcode: FG642663-080
Echnaton

Die wahre Geschichte?

Viele Quellen aus dem Alten Ägypten sind bis heute verlorengegangen oder zerstört worden. Da nur wenige Menschen schreiben konnten, war die Anzahl der schriftlichen Quellen im Vergleich zu späteren Epochen sehr gering. Die überlieferten Quellen sind oft lückenhaft. Daher ist es für Historiker schwierig, das Leben im Alten Ägypten wahrheitsgemäß nachzuerzählen. Während einige Informationen durch mehrere Quellen belegbar sind, können andere nur vermutet werden.

- *Wie kann man in einer Darstellung belegbare Informationen von Vermutungen oder Unklarem unterscheiden?*

Nachweisbarkeit prüfen und darstellen

Eine der wichtigsten Aufgaben eines Historikers ist es, Informationen aus Quellenmaterial zu entnehmen. Er zieht Schlüsse aus den Quellen, zieht weitere Personen und Quellen hinzu und sichert so seine Vermutungen
5 und Ergebnisse ab (siehe S. 18/19). Dieser letzte Schritt gelingt aber nicht immer, da oftmals weitere Quellen fehlen, die eine Information bestätigen könnten. In dem anschließend vom Historiker geschriebenen Text, einer Darstellung, muss er seinem Leser mitteilen, welche In-
10 formationen abgesichert sind und welche nicht, und dies auch begründen.

In der Tabelle findest du Begriffe, die dir helfen, in deinen Sachtexten wie die Historiker zu arbeiten.

Belegbarkeit der Aussage	Aussage und Begründung
sicher belegt	Informationen, die *sicher belegt* werden können, lassen sich durch mehrere Quellen von verschiedenen Personen aus verschiedenen Sichtweisen übereinstimmend belegen.
teilweise belegt	*Teilweise* belegbare Informationen sind in einzelnen Quellen zu finden oder werden angedeutet. Es fehlen aber Quellen zu weiteren Sichtweisen von anderen Personen.
vermutlich	Informationen, die mit *vermutlich* gekennzeichnet werden, sind so direkt in den Quellen nicht zu finden. Sie können aber aus dem Zusammenhang einer oder mehrerer Quellen abgeleitet werden. Archäologen können auch anhand verschiedener Gegenstände oder des Zustandes von Knochen Vermutungen auf Verwendung eines Gegenstandes oder Lebensweise der Menschen aufstellen. Dabei können Vermutungen auch unterschiedlich sein.
unklar	Zu diesen Informationen können keine Aussagen getroffen werden, die sich durch Quellen belegen lassen.

1 Schreibe die folgenden Sätze ohne die Begriffe aus der linken Spalte der Tabelle in dein Heft ab. Dabei musst du die Sätze umformulieren.
a) Unklar ist, ob die Nilschwemme für fruchtbares Land in Ägypten sorgte.
b) Es ist teilweise belegt, dass ägyptische Bauern auch die Schreiberschule besuchten.
c) Sicher belegt ist, dass die Bauern ihre Arbeit auf dem Feld aufteilten.
d) Vermutlich betrug die tägliche Arbeitszeit der Bauern acht bis zehn Stunden.

2 **Partnerarbeit:** Diskutiert, ob sich die Aussage der Sätze durch das Weglassen der Begriffe verändert.
3 **a)** Überprüfe mithilfe der S. 74/75, ob die Begriffe aus der Tabelle den Sätzen richtig zugeordnet wurden und verbessere bei Bedarf.
b) Schreibe mithilfe der richtig zugeordneten Sätze einen Sachtext für eine Internetseite zum Thema: „Das Leben und Arbeiten der Bauern in Ägypten".
Tipp: Nimm die Arbeitsschritte „Einen Sachtext verfassen" auf S. 50 zu Hilfe.

Das Internet nutzen

Die meisten Menschen, die sich heute über ein spezielles Thema informieren möchten, suchen zunächst im Internet nach Informationen. Auch zu historischen Themen, wie z. B. zu den alten ägyptischen Pyramiden, gibt es zahlreiche Internetadressen mit einer großen Fülle an Informationen.

- *Wie findest du geeignete Adressen für deine Internetrecherche?*
- *Wie wählst du aus der Vielzahl der Informationen die für dich wichtigsten aus?*

Arbeitsschritte „Das Internet nutzen"

Suche beginnen	Lösungshinweise
1. Zu welchem historischen Thema suche ich Informationen?	• *z. B. zum Bau der Cheops-Pyramiden*
2. Welche Internet-Suchmaschine wähle ich aus?	• *z. B. Google oder eine Kindersuchmaschine wie Frag Finn oder Blinde Kuh* **Webcode:** FG642663-082
3. Welche Internethinweise gibt das Schulbuch?	• *Webcodes aus deinem Schulbuch anklicken, z. B. S. 64*
Suchabsicht festlegen	
4. Welche Suchwörter helfen mir zur Beantwortung meiner Fragen weiter?	• *eine Liste mit möglichen Suchwörtern festlegen, wer welche Teilthemen/Suchwörter bearbeitet* • *Suchbegriffe in das Suchfeld der Startseite der Suchmaschine eingeben*
Überblick über das Suchergebnis bekommen	
5. Welche Links sind interessant und brauchbar für mich?	• *Überschriften und Kurzerläuterungen der Links lesen* • *prüfen, wer die Webseite mit welchem Interesse betreibt (private, ein Unternehmen, ein Museum)* • *brauchbar erscheinende Links für die Auswertung auswählen und als Favorit auf dem PC sammeln* • *ein Zeitlimit für die Recherche festlegen*
6. Welche Links stammen von glaubwürdigen Anbietern?	
Ergebnisse ordnen	
7. Wie gehe ich mit den Informationen einer Webseite um?	• *ausgewählte Webseite lesen und die Informationen auswählen, die für die Thematik hilfreich und verständlich sind*
Informationen sichern und auswerten	
8. Wie halte ich die gefundenen Informationen fest?	• *interessante Textteile und Bilder mit vollständiger Internetadresse und Entnahmedatum (= Quellenangabe) als Datei speichern und die inhaltliche Aussage schriftlich zusammenfassen*

Um das **Ziel** und die **Zeit** bei einer Internetrecherche nicht aus den Augen zu verlieren, kann dir das Führen eines **Rechercheprotokolls** helfen. Du kannst ein solches Protokoll nach folgendem Muster erstellen – es orientiert sich an den Arbeitsschritten auf der linken Seite. Als Beispiel ist hier die Internetrecherche **„Theorien zum Bau der Cheops-Pyramide"** dargestellt.

Protokoll Internetrecherche

Thema	Bau der Cheops-Pyramide
Datum der Recherche	08. 12. 2015
Dauer der Recherche	45 Minuten
Internet-Suchmaschine	www.google.de
Ich suche nach ...	Theorien zum Bau der Cheops-Pyramide; Suchbegriffe: Ägypten - Pyramide - Cheops - Technik - Theorie
brauchbare Links (Favoriten)	**Kinderzeitmaschine - Ägypten - Die Cheops-Pyramide: ist ...** www.kinderzeitmaschine.de/.../aegypten/.../die-cheops-pyramide-ist-sie-... ▾ Die Höhe der Cheopspyramide betrug einmal exakt 146,60 Meter. Dann verlor sie aber ihre Spitze und damit verringerte sich ihre Höhe auf 137,50 Meter. **Planet Wissen - Cheops-Pyramide** https://www.planet-wissen.de/.../aegypten/pyramidenbau/cheops_pyramide.... Die geheimnisvollen Schächte der Cheops-Pyramide ... technischer Raffinesse ließen sich altägyptische Ingenieure Mechanismen einfallen, die komplette Teile ... **Neue Theorie zur Technik des Pyramidenbaus kommt aus ...** blog.selket.de/.../neue-theorie-zur-technik-des-pyramidenbaus-kommt-a... ▾ 13.10.2013 - Neue Theorie zur Technik des Pyramidenbaus kommt aus Berlin. Sonntag ... Dann unterstütze selket.de und empfehle diesen weiter. Ich freue ... **Pyramiden von Gizeh Ägypten Weltwunder der Antike** www.weltwunder-online.de/antike/pyramiden.htm ▾ Die Pyramiden von Gizeh in der Nähe von Kairo in Ägypten sind mit einem ... Bis in das Mittelalter hinein war die Cheops Pyramide das höchste Gebäude der ...
ausgewählte Webseiten für die weitere Auswertung	http://www.planet-wissen.de/geschichte/antike/pyramidenbau/ pwvideoplanetwissenvideopyramidenbau100.html (22. Februar 2016) Videoclip mit Modell zu einer Bau-Theorie; vertrauenswürdige Webseite (öffentlich-rechtlicher Rundfunk) http://blog.selket.de/aus-der-forschung/neue-theorie-zur-technik- des-pyramidenbaus-kommt-aus-berlin (24. Februar 2016) Erläuterung aktueller Theorien; vertrauenswürdige und sehr informative private Webseite einer Spezialistin für das Alte Ägypten: Fundgrube für weitere Themen zu Ägypten

1 **a) Partnerarbeit:** Stellt „Hitlisten" mit fünf besonders guten Internetseiten zum Thema „Die Pyramiden im Alten Ägypten" zusammen. Denkt daran, die Internetadressen genau anzugeben, damit auch andere die Seite finden können.

b) Begründet in einem kurzen Text, warum euch die Seiten gefallen haben.

c) Notiert eine Frage zu den Inhalten der Webseiten auf eurer Hitliste. Tauscht dann eure Hitliste mit den von euch gestellten Fragen in der Klasse aus.

d) Ruft die angegebenen Webseiten eurer Mitschüler auf und beantwortet die dazu gestellten Fragen.

2 **Gruppenarbeit:** Pyramiden gehören zu den „sieben Weltwundern". Führt mithilfe der Arbeitsschritte auf S. 82 eine Internetrecherche zu den anderen sechs Weltwundern durch. Haltet eure Ergebnisse in einem Rechercheprotokoll fest.

3 Probiere einen „Webcode" aus diesem Kapitel aus und berichte in der Klasse über das Ergebnis.

Die Schrift – wichtiges Merkmal einer Hochkultur

Ohne Buchstaben wäre unser Leben nur schwer vorstellbar: Schreiben ist das Erste, was Kinder in der Schule lernen. Um z. B. ein Smartphone zu benutzen, brauchst du Buchstaben und Zeichen. Auch Forschungsergebnisse werden schriftlich festgehalten. Die Erfolgsgeschichte der Schrift hat um 3000 v. Chr. voneinander unabhängig in Ägypten und Mesopotamien, dem heutigen Irak, begonnen.
* *Welche Bedeutung hatte die Schrift für diese beiden Hochkulturen?*

M 1

Hieroglyphenschrift

Ägyptens Hieroglyphen – rätselhafte Zeichen?

Wie die Schrift in Ägypten entstanden ist, weiß bis heute niemand genau. Benutzt wurde diese Schrift über drei Jahrtausende. Bis heute sind die Schriftzeichen an Wänden von Tempeln und Gräbern erhalten. Wir kennen sie

5 unter der griechischen Bezeichnung Hieroglyphen (=„heilige Einritzungen"). Den Kern der Hieroglyphenschrift bildeten einfache Bildzeichen, die zunächst einmal den abgebildeten Gegenstand bezeichneten, z.B. Wellen für Wasser. Schwierigere Begriffe stellte man

10 durch die Kombination mehrerer Bildzeichen dar. Darüber hinaus konnten Hieroglyphen aber auch einzelne Laute ausdrücken. Meist wurden nur Konsonanten geschrieben, Vokale mussten mitgedacht werden. Von Anfang an war diese Hieroglyphenschrift eine uns heute

15 sehr kompliziert erscheinende Kombination von mehreren Tausend Bild- und Lautzeichen. Im Alltag wurde auf Tonscherben, auf Stein-, Wachs- und Holztafeln und später vor allem auf Papyrus geschrieben (siehe S. 64, M1). Dieses aus der Papyruspflanze im Niltal gewon-

20 nene „Papier der Antike" erleichterte den Schriftverkehr und die Aufzeichnung wichtiger Informationen. Die Bedeutung der Hieroglyphen war lange ein Rätsel, bis es dem Franzosen Jean-François Champollion 1822 gelang, sie zu entziffern. Auf einem Stein aus dem Nil-

25 delta („Stein von Rosette") war im Jahr 196 v. Chr. ein Text in Hieroglyphen und in der bekannten griechischen Sprache eingemeißelt worden. Ausgehend von der Annahme, dass es sich hier um ein und denselben Text handelte, konnte Champollion die Bedeutung zahlreicher

30 Hieroglyphen entschlüsseln.

M 2 Auswahl von Hieroglyphen, die den Lauten unseres Alphabets ungefähr entsprechen:

Hieroglyphe	Bildbedeutung	Aussprache
	Geier	a
	Bein	b
	Hand	d
	Arm	a oder e
	Viper	f
	Krugständer	g
	Hof(-grundriss)	h
	Schilfblatt	i oder j
	Abhang	k oder q
	Henkelkorb	k
	Löwe	l
	Eule	m
	Wasser	n
	Hocker	p
	Mund	r
	gefalteter Stoff	s
	Teich(-grundriss)	sch
	Seil	tsch
	Brotlaib	t
	Wachtelküken	w
	Seil und gefalteter Stoff	z
	Zeichen für Frauen/Mädchen vor oder nach dem Namen	
	Zeichen für Männer/Jungen vor oder nach dem Namen	
	Kartusche = Umrahmung für Herrschernamen	

Mesopotamiens Keilschrift –
die „internationale Schrift" des alten Orients

Etwa zur gleichen Zeit wie in Ägypten entstand auch in
Mesopotamien eine Hochkultur. Mesopotamien bedeu-
35 tet „Land zwischen den Strömen" oder kurz „Zweistrom-
land". Gemeint ist die sehr fruchtbare Landschaft um die
Flüsse Euphrat und Tigris. Heute befinden sich dort die
Länder Irak, Iran und Syrien (siehe Karten 1 und 4 im
Umschlag). Wie in Ägypten hatten die Menschen auch
40 hier gelernt, die Flüsse zu beherrschen und für sich
nutzbar zu machen. Im Unterschied zum Flächenstaat
Ägypten entstand in Mesopotamien jedoch zunächst
kein großes zusammenhängendes Reich. Die vor allem
im Süden ansässigen Sumerer schlossen sich seit etwa

Bei der Keilschrift
hinterließ das
Schreibwerkzeug
einen keilförmigen
Eindruck in den wei-
chen Tontafeln.

45 3000 v. Chr. in kleineren Stadtstaaten zusammen, wie
z. B. Uruk, von denen aus das umliegende Gebiet durch
Könige, Priester und Beamte regiert wurde. Um ihre
Städte zu verwalten, entwickelten die Sumerer um
2900 v. Chr. die Keilschrift*. Diese aus etwa 600 Zeichen
50 bestehende Schrift entwickelte sich zur internationalen
Schrift des Alten Orients. Sie wurde über 3000 Jahre
lang benutzt, sogar am ägyptischen Königshof.

Grundriss eines Hauses
mit Angaben in Keil-
schrift zu Bestimmung
und Größe der Räume
(Wohnraum 4 x 6 m,
Empfangshalle 3 x 6 m,
Empfangshof 4,5 x 6 m,
Eingangshalle 7 x 3 m),
Lagasch, um 2400 v. Chr.

Vertrag über den Verkauf eines Erbteils zwischen zwei Brüdern,
Tontafel mit Keilschrift und Siegelabdrücken der Vertragspartner
(Höhe 7,5 cm, Breite 8,7 cm), Nordsyrien, um 1800 v. Chr.

Ortsverzeichnis von Städten und
Dörfern in Syrien und Nord-
mesopotamien; Tontafel mit Keilschrift (Höhe 18 cm, Breite 18 cm);
Nordsyrien, um 2400 v. Chr.

....

1 Finde mithilfe von M2 heraus, welches Wort sich
  hinter M1 verbirgt.
2 **Partnerarbeit:** Jeder schreibt mithilfe von M2 eine
  Inschrift in Hieroglyphenschrift. Entschlüsselt anschließend gegenseitig eure Inschriften.
3 Nenne Vorteile unserer heutigen Buchstabenschrift
  gegenüber der Hieroglyphenschrift. Lies dazu den
  Darstellungstext S. 84.
4 **Wähle eine Aufgabe aus:**
  a) Erläutere mithilfe der Funde M4–M6, welche
  Bedeutung die Schrift in frühen Hochkulturen hatte.

b) Lies den Darstellungstext Z. 32–53 und notiere
  Gründe, warum die Sumerer eine Schrift benötigten.
5 „Von allen großen Fortschritten der Menschheit ist
  die Entwicklung der Schrift vielleicht der größte."
  Nimm Stellung zu dieser Aussage.
6 Überprüfe, ob das Alte Ägypten neben der Schrift
  weitere Merkmale einer Hochkultur aufweist.
  Tipp: Beachte den Begriffskasten auf S. 59.

Zusatzaufgabe: siehe S. 178

Ägypten und der Tourismus in der Gegenwart

Ägypten zählt weltweit zu den beliebtesten Urlaubszielen. Die warmen Temperaturen, die beeindruckenden archäologische Funde und Überreste der ägyptischen Hochkultur machen das Land für Touristen sehr interessant.

- *Welche Auswirkungen hat der anhaltende Massentourismus auf die historischen Überreste des Alten Ägypten?*
- *Wie wird das Alte Ägypten heute in Reiseprospekten dargestellt?*

M1

Besuchermassen drängen in die beliebte Sehenswürdigkeit Abu Simbel, den großen Felsentempel. Foto, undatiert

Informationen zum ägyptischen Tourismus
- 2014 besuchten zehn Millionen Touristen Ägypten
- Jeder fünfte Ägypter arbeitet im Tourismus.
- Durch den Tourismus werden neun Milliarden Euro eingenommen.

M2

Auswirkungen des Massentourismus auf historische Überreste (2000):

In einem bisher unbekannten Ausmaß zerstören Besucher die Kunstschätze und archäologischen Stätten am Nil. „Wenn man nicht dringend Maßnahmen ergreift, dann wird in Ägypten keine prä-
5 historische[1] Stätte intakt bleiben", warnt der Kölner Wissenschaftler Rudolph Kuper. Hotels, Golfplätze und andere Bauprojekte waren bislang die Hauptgefahren für die Altertümer. Nun erweist sich der nicht enden wollende Zustrom von Touris-
10 ten als Plage ... Heute kippen Touristen Wasser auf bis zu 9000 Jahre alte Felszeichnungen, um diese besser erkennen zu können ... Eine wunderschöne prähistorische Siedlung rund um die Höhle von Djara wurde ebenfalls heimgesucht. „In der
15 Höhle brechen Touristen Stalaktiten[2] ab", berichtet Archäologe Kuper, „draußen sammeln sie die Artefakte ein." Auf dem Plateau von Gizeh, wo auch die Sphinx ... Touristen anlockt, dürfen nur noch 300 Menschen pro Tag eine der großen Pyramiden
20 durchwandern.

Zit. nach http://www.spiegel.de/spiegel/a-75177.html (Stand: 4. 11. 2015).

[1] *vorgeschichtlich*
[2] *Tropfstein, der von einer Höhlendecke nach unten wächst.*

1 Der Tourismus hat für Ägypten eine große Bedeutung. Schreibe einen Antwortbrief auf M2, in dem du entweder die Meinung des Autors teilst oder dich dafür einsetzt, dass weiterhin viele Touristen nach Ägypten kommen.

2 **Partnerarbeit:** Erstellt einen Flyer, der Verhaltensregeln für Touristen beim Besuch des großen Felsentempels Abu Simbel (M1) enthält.

3 **Wähle eine Ausgabe aus:**
   a) „Die Pyramiden werden ganz geschlossen. Die Besucher können sich über virtuelle Rundgänge im Internet das Innere einer Pyramide anschauen." Nenne Vor- und Nachteile.
   b) Nimm Stellung: Tourismus in Ägypten – Fluch oder Segen?
   Tipp: Nimm auch den Steckbrief zu Hilfe.

4 **Recherche:** Suche im Internet oder im Reisebüro nach Reiseprospekten und untersuche, wie die Überreste der ägyptischen Hochkultur dort dargestellt werden.

5 Diskutiert in der Klasse die Darstellung der ägyptischen Hochkultur in der Gegenwart.

Webcode: FG642663-086
Tourismus in Ägypten

3000 v. Chr.	2500 v. Chr.	2000 v. Chr.	1500 v. Chr.	1000 v. Chr.	500 v. Chr.

um 3000 v. Chr.
Entstehung von Hochkulturen in Ägypten (Hieroglyphenschrift) und Mesopotamien (Keilschrift)

332 v. Chr.
Ägypten wird griechisch

30 v. Chr.
Ägypten wird römische Provinz

Altes Reich
(2700–2155 v. Chr.)
Bau der großen Pyramiden

Mittleres Reich
(2134–1785 v. Chr.)
Bewässerungstechniken

Neues Reich
(1550–1070 v. Chr.)
Ägypten wird Großmacht, Blütezeit von Kunst und Architektur

Leben in der ägyptischen Hochkultur

Leben nach den Regeln des Nils

Als etwa um 9000 v. Chr. die Warmzeit begann, zogen sich die als Wildbeuter und Sammler lebenden Menschen aus den allmählich austrocknenden Grasländern Nordafrikas an die wasserreichen Ufer des Nils zurück.
5 Sie gaben das Leben als Nomaden auf, wurden sesshaft und schlossen sich in Dorfgemeinschaften zusammen. Sie bauten Deiche und Bewässerungsanlagen und nutzten so das lebenswichtige Wasser für die Landwirtschaft. Ernteüberschüsse legten sie vorausschauend in Vorräten
10 an (Vorratshaltung). Das Leben wurde vom Rhythmus des Nils bestimmt: Einerseits nutzten die Ägypter den angeschwemmten fruchtbaren Boden nach der alljährlichen Nilschwemme, andererseits die Kraft des Wassers für ihr Bewässerungssystem und die Schifffahrt. Mit
15 dem Bau von Kanälen gestalteten sie ihre Umwelt um.

Herrschaft und Staat

Um 3000 v. Chr. wurden die Reiche von Ober- und Unterägypten zu einem Staat vereinigt (Flächenstaat). An der Spitze stand der König (Pharao), der mit unbegrenz-
20 ter Macht regierte (Monarchie). Er wurde von den Ägyptern wie ein Gott verehrt und im Alten und Mittleren Reich in Pyramiden begraben.
Als Stellvertreter des Pharaos galt der Wesir. Ihm unterstanden alle Beamten im Land und er gab alle Befehle
25 und Anordnungen des Pharaos an die Beamten weiter. Die leistungsstarke Verwaltung mit den zahlreichen Beamten setzte dann seine Befehle um. Als wichtiges Hilfsmittel hierfür entwickelten die Ägypter die Hieroglyphenschrift.

30 Gesellschaft und Wirtschaft

Der größte Teil der Bevölkerung lebte als Bauern, Arbeiter und Handwerker. Im Bereich der Landwirtschaft ist Ägypten für die Erfindung des Pfluges und weitere technische Errungenschaften bekannt. Die Vorratshal-
35 tung ermöglichte es, dass nicht mehr alle Menschen ständig in der Landwirtschaft arbeiten mussten. So konnten sie andere Tätigkeiten ausüben und es entstand eine arbeitsteilige Gesellschaft. Eine mächtige Stellung hatten die Schreiber (Beamte) inne, die unterschiedliche
40 Verwaltungstätigkeiten ausführten. Anordnungen wurden von oben nach unten erteilt. Es entstand eine hierarchische Gesellschaftsordnung. Frauen hatten vergleichsweise mehr Rechte als in anderen damaligen Kulturen – gleichberechtigt waren sie aber nicht.

45 Religion

Die Religion war geprägt von der Vorstellung, dass das Leben der Menschen nach dem Tod nicht zu Ende sei. Deshalb waren Grabbau, Grabausstattung und Mumifizierung von großer Bedeutung. Allen Menschen ge-
50 meinsam war die polytheistische Religion. Die Anzahl der verehrten Götter war groß. Besondere Bedeutung genoss die Göttin Maat. Sie verkörperte Wahrheit, Gerechtigkeit und Ordnung. Das Weiterleben nach dem Tod konnte nach dem Glauben der Ägypter nur erlangen, wer
55 im Totengericht nachwies, dass er im Diesseits nichts Unrechtes getan hatte. Die Religion war ein wichtiges Element, das die Einhaltung von Gesetzen und den Zusammenhalt der Gesellschaft stark förderte.

Hochkulturen

60 In Ägypten entstand seit etwa 3000 v. Chr. eine Hochkultur: ein Staat mit zentraler Regierung und Verwaltung, Arbeitsteilung, Schrift, Zeitrechnung (Kalender), Kunst, Architektur und Anfängen von Wissenschaft (z. B. Geometrie) und Technik. Wegen der Lage am Nil
65 und der Nutzung des Wassers spricht man auch von einer Flusstalkultur.

In diesem Kapitel konntest du folgende Kompetenzen erwerben:

- einfache Darstellungen über das Leben in der ägyptischen Hochkultur schreiben
- den Inhalt aus schriftlichen Quellen herausarbeiten sowie die Absicht des Autors erkennen und diese beurteilen
- die Nachweisbarkeit von Aussagen überprüfen und die Erkenntnisse in eine Darstellung einfließen lassen

- die Darstellung der ägyptischen Hochkultur in der Gegenwart diskutieren
- **Methode:** Eine Bildquelle auswerten
- **Methode:** Eine schriftliche Quelle untersuchen
- **Methode:** Das Internet nutzen

Folgende Begriffe hast du kennengelernt:

- Hochkultur
- Flusstalkultur
- Pharao
- Arbeitsteilung
- Wesir
- Vorratswirtschaft
- Schreiber
- Totengericht (Religion)
- Hierarchie
- technischer Fortschritt
- Hieroglyphen
- Totenkult

1 Erkläre, warum wir heute von einer Hochkultur sprechen, wenn wir uns mit dem Alten Ägypten beschäftigen.
Tipp: Nimm die Begriffe zu Hilfe.

M 1 **Aus dem Beschwerdebrief eines Arbeiters an den Wesir Ta, um 1150 v. Chr.:**

Ich teile meinem Herrn mit, dass ich an den Gräbern der Königskinder arbeite, deren Errichtung der Wesir befohlen hatte. Wir Arbeiter sind sehr elend geworden. Alle Sachen für uns, die das
5 staatliche Schatzhaus, die Scheune und das Magazin uns liefern sollten, sind nicht verteilt worden. Nicht leicht ist das Tragen der Steine! Man hat uns auch die 1,5 Sack Gerste fortgenommen, um uns stattdessen 1,5 Sack Dreck zu geben!
10 Möge mein Herr handeln, sodass wir leben können, denn wir sind schon am Sterben. Wir haben kein Brot, wir haben keine Kleider. Denn man gibt uns nichts, gar nichts! Schreibt an den König, unseren Herrn, damit er uns zu leben gebe.

Manfred Gutgesell: Das Wirtschaftssystem im Alten Ägypten. Zit. nach Arne Eggebrecht: Das Alte Ägypten: 3000 Jahre Geschichte und Kultur des Pharaonenreiches. Bertelsmann Verlag, München 1984, S. 219.

M 2 **Ordne richtig zu:**

| Informationen oder Aussagen, die durch mehrere Quellen belegt sind | teilweise belegt |

| Informationen, zu denen keine Aussagen getroffen werden können, die sich durch Quellen belegen lassen | unklar |

| Informationen, die nur in einzelnen Quellen zu finden sind oder angedeutet werden | vermutlich |

| Informationen, die nicht direkt in Quellen zu finden sind, aber aus dem Zusammenhang erschlossen werden können | sicher belegt |

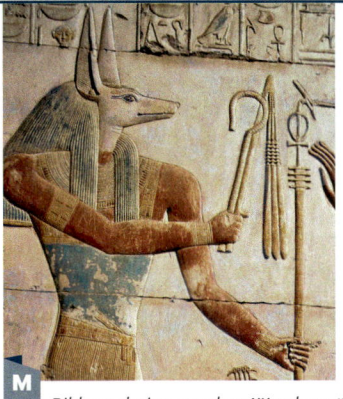

M 3

Bildausschnitte aus dem Wandgemälde aus dem Grab und Tempel des Königs Sethos I. (1290–1279 v. Chr.)

M 4

Maurer beim Bau eines Tempels; ägyptische Wandmalerei aus dem Grab des Rechmire, 18. Dynastie (1543–1292 v. Chr.)

Methoden- und Interpretationskompetenz:

1 Werte M4 mithilfe der Arbeitsschritte auf S. 63 aus.

2 Untersuche M1 mithilfe der Arbeitsschritte „Eine schriftliche Quelle untersuchen" auf S. 67.
   Tipp: Beachte die Aussagen zu den Schreibern auf S. 72/73. Für wie glaubwürdig hältst du die Quelle?

3 Die Bilder in M3 zeigen drei verschiedene Götter aus dem Totengericht. Ordne jedem Bild einen Gott und eine Station aus dem Totengericht zu.
   Tipp: Nimm S. 64/65 zu Hilfe.

Geschichte darstellen (narrative Kompetenz):

4 In M2 findest du vier Begriffe, mit denen die Nachweisbarkeit von Aussagen angegeben wird. Ordne den vier Begriffen ihre korrekte Bedeutung zu.

5 Entscheide, welche Aussagen mithilfe von M1 und M4 getroffen werden können:
   • Es ist teilweise belegt, dass die Arbeiter beim Bau von Bauwerken hart arbeiten mussten.
   • Es ist sicher belegt, dass die Arbeiter wenig Lohn für ihre Arbeit bekamen.
   • Es ist unklar, ob die Arbeiter während der Arbeit geschlagen wurden.
   • Vermutlich wurden die Arbeiter von ihren Herren nicht gut behandelt.

6 a) Beschreibe mithilfe M1, S. 75 M4 und S. 78/79 in einer kurzen Geschichte den Alltag des ägyptischen Arbeiters Fares beim Pyramidenbau. Beginne mit: *„Fares traf sich zu Beginn seines Arbeitstages mit den anderen Arbeitern. Vom Hauptaufseher erfuhren sie, dass der Pharao den Bau einer Pyramide befohlen hat. Erst jetzt konnte Fares …"*
   b) Erkläre am Ende deiner Geschichte, welche deiner Aussagen sich belegen lassen.
   Tipp: siehe S. 81.

Geschichte heute (geschichtskulturelle Kompetenz):

7 a) Die Bilder aus M3 entstammen dem Tempel und dem Grab des Königs Seti I. Formuliere fünf Ratschläge, was Touristen beim Besuch des Tempels beachten müssen, damit die Wandgemälde noch lange erhalten bleiben.
   b) Begründe, warum diese fünf Ratschläge wichtig und von den Touristen zu befolgen sind.

Webcode: FG642663-089
Selbsteinschätzungsbogen

4

Leben in der Polis Athen

So wie auf dieser Zeichnung könnte die griechische Stadt Athen um 400 v. Chr. ausgesehen haben. Athen galt in seiner Blütezeit als eine der schönsten und wichtigsten Städte des Mittelmeerraums. Etwa 100 000 Menschen lebten dort auf engstem Raum, meist in einfachen Häusern, alle ohne fließendes Wasser, ohne Kanalisation. Noch mehr Menschen wohnten in der fruchtbaren Landschaft Attikas vor den Mauern der Stadt.
Athen und Attika bildeten den Stadtstaat Athen. In Athen entschieden die Bürger über die politischen Angelegenheiten. Dafür versammelten sie sich auf der Pnyx, einem halbrunden Platz, der auf der Zeichnung gut zu erkennen ist. Auf der Akropolis, einem befestigten Hügel mitten in der Stadt, stand der größte Tempel für die Göttin Athene.

Sammelt anhand der Zeichnung Ideen, was die Athener Bürger in ihrem Stadtstaat regeln mussten.

Rekonstruktionszeichnung von Peter Connolly, 1998

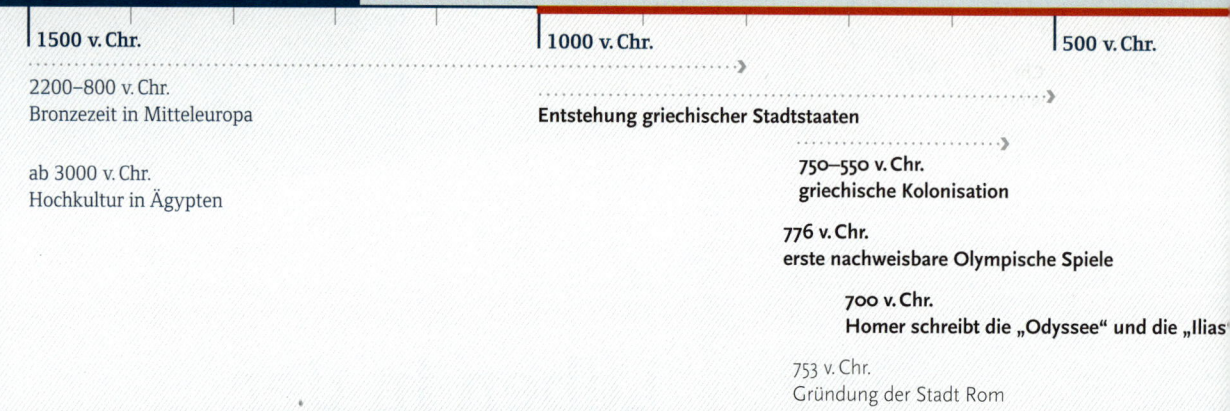

1500 v. Chr.

1000 v. Chr.

500 v. Chr.

2200–800 v. Chr.
Bronzezeit in Mitteleuropa

Entstehung griechischer Stadtstaaten

ab 3000 v. Chr.
Hochkultur in Ägypten

**750–550 v. Chr.
griechische Kolonisation**

**776 v. Chr.
erste nachweisbare Olympische Spiele**

**700 v. Chr.
Homer schreibt die „Odyssee" und die „Ilias"**

753 v. Chr.
Gründung der Stadt Rom

Leben in der Polis Athen

Im antiken Griechenland gab es viele kleine, voneinander unabhängige Stadtstaaten. Sie wurden von Königen und Adligen oder auch von den Bürgern regiert. Der Stadtstaat Athen ist für uns heute besonders wichtig.
5 Hier entwickelte sich erstmals eine besondere Form der Regierung, die Volksherrschaft („Demokratie"). Obwohl jeder Stadtstaat politisch und wirtschaftlich eigenständig war, gab es unter den Griechen ein starkes Gefühl der Zusammengehörigkeit: Alle Griechen sprachen die glei-
10 che Sprache und jeder kannte die Dichtungen des Schriftstellers Homer: die Geschichte vom Trojanischen Krieg („Ilias") und die Irrfahrten des Odysseus („Odyssee"). Zudem kamen die Menschen bei gesamtgriechischen Festen wie den Olympischen Spielen zusammen, um ihre
15 Götter zu ehren.
Bis heute beeinflusst das Erbe Griechenlands unsere Kultur, und auch viele unserer modernen Wissenschaften lassen sich auf Ursprünge in der griechischen Antike zurückführen.
20 • Wie sah das tägliche Leben der Menschen im antiken Griechenland aus?
• Wie funktionierte die athenische Demokratie?
• Wie beeinflusst uns die griechische Antike bis heute?
Am Ende des Kapitels kannst du diese Fragen beant-
25 worten.

wichtiger Ort (meist Stadtstaat)
gesamtgriechisches Heiligtum
Ebene
Gebirge
▲ Berg mit Höhenangabe
Attika   Landschaft, Gebiet

Siedlungsraum der Griechen um 750 v. Chr.

1 Finde in der Karte M1 Athen, Olympia und die Landschaften Attika und Peloponnes.
2 **Partnerarbeit:** Beschreibt euch gegenseitig M2, M3 und M4. Was erscheint euch fremd, was vertraut?

3 Tauscht euch in einem Kugellager (siehe S. 188) über euer Vorwissen zum antiken Griechenland aus.

5./4. Jh. v. Chr.
Demokratie in Athen

500 n. Chr.
Beginn des Mittelalters

148. v. Chr.
Griechenland wird Teil des Römischen Reichs

M2 Unterrichtsszene, athenische Schale, um 400 v. Chr. Ein Lehrer (Mitte) hält eine Schriftrolle mit dem Anfang der „Odyssee"; am Bildrand rechts sitzt ein Erzieher, der den Schüler zum Unterricht begleitet hat.

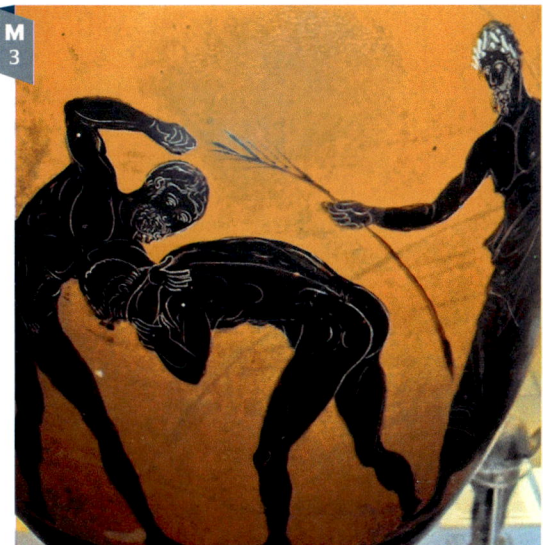

M3 Wettkampfszene, athenische Vase, 4. Jh. v. Chr. Gezeigt wird der Allkampf, eine Disziplin bei den Olympischen Spielen. Erlaubt war alles außer Beißen und Angriffe auf die Augenhöhlen. Rechts im Bild der Schiedsrichter.

M4 Ringkampf zwischen der Kubanerin Katerina Vidiaux Lopez und der Türkin Elif Yale Yeşilirmak, Foto von den Olympischen Spielen in London 2012.

Wie beeinflusste die Landschaft das Zusammenleben der Griechen?

Die Landschaft Griechenlands – das sind spektakuläre Gebirge, endlose Küsten, traumhafte Inseln und Sonne pur. Die Schönheit des Landes lockt zahlreiche Touristen an. Sie bilden die Grundlage für viele Arbeitsplätze. In der Antike war diese Landschaft eher Fluch als Segen. Das Überleben in den regenarmen, gebirgigen Tälern war nicht einfach.

- *Untersuche, wie unter diesen Bedingungen die griechischen Stadtstaaten entstehen konnten.*

Blick auf die Hafenstadt Livadia auf der Insel Thilos, Foto, 2013

Inseln und Gebirge

Gewaltige Bergketten durchqueren Griechenland. Ihr Gestein besteht aus Kalk, der das Wasser nicht speichern kann. Deshalb sind die Böden hart und steinig. Die Gebirge setzen sich im Meer fort: Die vielen Inseln bilden
5 die Spitzen der Bergketten. Der Kontakt zwischen den griechischen Siedlungen war wegen der vielen Gebirge schwierig. Wenn ihre Bewohner Handel trieben, bevorzugten sie den schnelleren Seeweg. Seltener traten sie den beschwerlichen Marsch zu Fuß und mit Lasteseln
10 über hohe Bergpässe an. Es ist sicher belegt, dass um 1000 v. Chr. vier Volksgruppen in Griechenland und an der kleinasiatischen Küste lebten. Auf der Suche nach fruchtbarem Land waren sie durch Griechenland gewandert, hatten sich bekämpft, aber auch miteinander ver-
15 mischt. Trotz aller Unterschiede fühlten sie sich miteinander verbunden. Sie nannten sich selbst Hellenen (= Griechen). Völker, die kein Griechisch konnten, sprachen in den Augen der Griechen ein unverständliches Kauderwelsch. Das klang für sie wie „bar-bar-bar", daher be-
20 zeichneten die Griechen Fremde als „Barbaren".

Freie Bauern und Adlige

Um 900 v. Chr. lebten die meisten Griechen in verstreut liegenden Bauernhöfen. Das Haus, die dazugehörige Familie und der Landbesitz waren Bestandteile einer
25 Hausgemeinschaft (griech. Oikos*). Hier fanden die Menschen Schutz, Nahrung und Kleidung. Der Hausherr bestimmte über alle Mitglieder seines Oikos. Bei einem einfachen Bauern waren dies meist nur seine Ehefrau und Kinder. Gemeinsam erwirtschafteten sie gerade ge-
30 nug zum Überleben. Ganz anders bei den Adligen: Zu ihrem Oikos gehörten neben der Großfamilie zahlreiche Sklaven und Diener, die die großen Ländereien bebauten. Nur Adlige konnten sich Pferde leisten. Wie Könige herrschten sie über ihre kleinen Gebiete. Untereinander
35 stritten sie um Ruhm und Ehre, besuchten sich aber auch gegenseitig und veranstalteten Gastmähler*. Leitspruch der Adligen war: „Immer der Beste sein und anderen überlegen."

Bauern beim Pflügen und Säen mit Pflug, Vasenabbildung, 6. Jh. v. Chr.

Die Polis – ein Staat im Kleinen

40 Die Bevölkerung Griechenlands wuchs im 9. Jahrhundert v. Chr. und die Bauern ließen sich in den fruchtbaren Gegenden an den Küsten oder in Flusstälern nieder. Zum Schutz vor Feinden bauten die Menschen ihre Höfe eng zusammen und umgaben sie mit einem Mauerring. Das 45 Ackerland lag damit oft außerhalb der Mauern. Diese neue Form der Siedlung, eine Stadt mit zugehörigem Umland, nannten die Griechen Polis* (Stadtstaat, Mehrzahl Poleis).

Es ist sicher belegt, dass die Bürger, d. h. Männer mit 50 Landbesitz, die Angelegenheiten ihrer Polis gemeinsam regelten. In Versammlungen auf dem Marktplatz (griech. Agora*) diskutierten sie z. B. darüber, ob ein neuer Weg angelegt werden sollte, oder sie versuchten sich beim Streit um fruchtbares Land zu einigen. Wichtige Regelun- 55 gen schrieben sie auf: So entstanden Gesetze, also Regeln für das Zusammenleben. Fremde, Frauen, Kinder und Sklaven waren keine Bürger und durften nicht mitbestimmen. Mit Tempeln, meist in der Oberstadt gelegen (griech. Akropolis), verehrten die Polisbewohner ihre Götter.

60 Im antiken Griechenland entwickelten sich ca. 250 voneinander unabhängige Poleis. Oft lebten nur rund 2000 bis 3000 Menschen in einem Stadtstaat. Die ca. 400 bis 900 Bürger kannten sich untereinander. Deutlich größer waren die Poleis Athen, Sparta, Korinth und Milet.

Die Polis Smyrna (heute Izmir, Türkei), wie sie wohl im 7. Jahrhundert v. Chr. aussah. Sie war vermutlich die Heimat des Dichters Homer. Die Gebäude mit rundem Dach waren Speicher. Rekonstruktionszeichnung auf Grundlage archäologischer Funde, 2014

1 Beschreibe mithilfe der Karte S. 92 und des Darstellungstextes das Siedlungsgebiet der Griechen.
2 Liste anhand von M3 die Merkmale einer Polis auf.
Tipp: Nimm den Darstellungstext Z. 39–64 zu Hilfe.
3 Arbeite im Darstellungstext und in M2 Informationen zum Leben der Bauern und der Adligen heraus. Halte die Unterschiede in einer Tabelle fest.

4 Verfasse mithilfe deiner Liste eine kurze Darstellung, in der du nachweist, ob eine Polis ein Beispiel einer Hochkultur ist. Die Merkmale einer Hochkultur findest du auf S. 59.
5 Archäologen fanden in Alt-Smyrna große Vorratsbehälter für Öl und Getreidespeicher. Nenne Gründe dafür.

Bauern	Adlige

Warum wandern Griechen in die Fremde aus?

Bist du da geboren, wo du heute lebst? Viele Griechen der Antike hätten diese Frage mit Nein beantwortet. Besonders vom 8. bis 6. Jahrhundert v. Chr. brachen zahlreiche Griechen in andere Länder auf und siedelten sich fern ihrer Heimat an. Im Folgenden findest du die Gründe dafür.

Nachbau des sagenumwobenen Schiffes Argo im Hafen von Volos. Forscher segelten 2007 mit diesem Fünfzigruderer – wie in der Sage Jason mit seinen Argonauten – von Griechenland zum Schwarzen Meer. Foto, 2007

Ursachen der Auswanderung

Zwischen 750 v. Chr. und 550 v. Chr. entstanden im gesamten Mittelmeerraum und am Schwarzen Meer griechische Stadtstaaten. Ihre Bewohner waren aus anderen Stadtstaaten ausgewandert. Dafür gab es vielfältige
5 Gründe: Manche mussten ihre Heimat verlassen, weil die Bevölkerung stark angestiegen war und bei schlechten Ernten die Nahrung nicht mehr für alle Einwohner einer Polis ausreichte. Auch Streitigkeiten zwischen den führenden Adligen oder Kriege zwangen Menschen zur
10 Auswanderung. Viele Händler siedelten sich freiwillig an fernen Orten an, da sie sich größere Gewinne erhofften. Andere wollten Abenteuer erleben. Die neuen Siedlungen in der Fremde werden Kolonien genannt, der Vorgang der Besiedlung heißt Kolonisation*.

15 Die Gründung von Kolonien

Meist schlossen sich Menschen, die aus einem Stadtstaat kamen, unter der Führung von Adligen zusammen und gründeten in der Fremde einen kleinen Handelsstützpunkt. Dies führte häufig zu Kämpfen mit der einheimi-
20 schen Bevölkerung, die ihr Land oder die dort befindlichen Rohstoffe nicht teilen wollten. Manchmal mussten die Siedler dann weiterziehen. Aber in vielen Fällen wurden die Griechen freundlich aufgenommen, mit ih-

nen Waren getauscht und Kontakte geknüpft. Waren die
25 Lebensbedingungen in der Kolonie günstig, zogen immer mehr Menschen aus der Heimatpolis, der sogenannten Mutterstadt, nach und es entstanden eigenständige Poleis. Viele waren bald größer und mächtiger als die Mutterstädte. Ein Beispiel dafür ist Kyrene, eine sehr
30 wohlhabende Kolonie, in der sich Griechen aus verschiedensten Mutterstädten ansiedelten. Die Umgebung Kyrenes war reich an Getreide, Öl, Wolle und der Heilpflanze Silphion.

Die Siedler hielten Kontakt zu ihrer Mutterstadt und
35 reisten bei wichtigen religiösen Festen dorthin. Zudem nahmen sie an gesamtgriechischen Festen wie den Olympischen Spielen teil. Durch die Kolonisation verbreiteten sich die Staatsform der Polis und die griechische Kultur im gesamten Mittelmeerraum. Aber die Grie-
40 chen übernahmen auch viele Elemente von den Völkern, mit denen sie in Kontakt kamen. In der Forschung ist umstritten, welche Rolle Frauen bei der griechischen Kolonisation spielten. Es ist teilweise belegt, dass sich zunächst nur griechische Männer auf den Weg machten,
45 gemeinsam eine neue Siedlung anlegten und mit Frauen einheimischer Völker neue Familien gründeten. Einige Historiker vermuten ein späteres Nachziehen der Frauen aus den Mutterstädten.

Das Orakel von Delphi

Eine große Rolle bei der Kolonisation spielte das Orakel von Delphi. Da die Griechen glaubten, dass die Götter für ihr Glück und Unglück „zuständig" seien, wurden diese bei wichtigen Entscheidungen im Leben, wie einer Schiffsfahrt oder Auswanderung, um Rat gefragt. Dazu musste ein heiliger Ort aufgesucht werden, zum Beispiel Delphi. Dort saß die Priesterin Pythia über einer Erdspalte, aus der berauschende Dämpfe aufstiegen. Pythia entnahm, so glaubte man, den Dämpfen Vorhersagen des Gottes Apoll. Orakelsprüche waren häufig rätselhaft formuliert und mussten gedeutet werden, manchmal waren sie aber auch konkret und eindeutig.

Die Pythia weissagt einem König, attische Trinkschale, 5. Jh.

Die Gründung der Kolonie Kyrene

Der griechische Geschichtsschreiber Herodot (um 485–425 v. Chr.) berichtete, wie die Bewohner der griechischen Insel Thera (heute Santorin) im Jahr 631 v. Chr. die Kolonie Kyrene gründeten:

Als sich Grinnos, der König von Thera, ein Orakel über ganz andere Dinge sagen ließ, gab ihm die Pythia die Antwort, er solle in Libyen eine Stadt gründen. Darauf antwortete Grinnos: „Herr [Apollon],
5 ich bin zu alt und schwerfällig, mich auf den Weg zu machen. Aber fordere doch einen von diesen Jüngeren dazu auf!" Während dieser Worte wies er auf Battos. Weiter geschah damals nichts. Nach ihrer Heimkehr ließen sie den Orakelspruch ganz unbe-
10 achtet; denn sie wussten nicht, wo in aller Welt Libyen liegt, und wollten es nicht gern wagen, Siedler ins Ungewisse auszusenden.
Nun blieb sieben Jahre lang der Regen in Thera aus. Während dieser Zeit verdorrten alle Bäume auf der

15 Insel mit Ausnahme eines einzigen. Auf ihre Anfrage beim Orakel erinnerte die Pythia sie an die Kolonisation in Libyen ... Die Theraier bestimmten, dass aus allen sieben Gemeinden der Insel immer je einer von zwei Brüdern um die Auswanderung losen soll-
20 te. Führer und König der Auswanderer sollte Battos sein. So schickten sie zwei Fünfzigruderer nach Platea [einer Insel vor der libyschen Küste] ...
[Da es ihnen dort nicht gut ging, fragten sie nach zwei Jahren erneut bei der Pythia nach. Diese erin-
25 nerte sie an die Ansiedlung in Libyen.] Als Battos und seine Leute dies hörten, segelten sie wieder zurück; denn offenbar ersparte ihnen der Gott die Ansiedlung nicht, bis sie nach Libyen selbst gekommen seien. Sie ... siedelten sich auf dem libyschen Fest-
30 land gegenüber der Insel an. Die Landschaft heißt Aziris ... Im siebten Jahr erboten sich die Libyer, sie an einen noch schöneren Platz zu führen. Sie entschlossen sich mitzugehen [und gründeten Kyrene].

Herodot, Historien, IV 150–158, hg. und übers. v. Josef Feix, 4. Aufl., München/Zürich (Artemis) 1988, S. 613ff. Bearb. v. Verf.

1 Nenne anhand des Darstellungstextes Gründe für die Auswanderung der Griechen von 750 bis 550 v. Chr.
2 **a)** Erkläre mithilfe des Darstellungstextes die Begriffe „Mutterstadt" und „Kolonie".
b) Beschreibe, auf welche Weise beide verbunden blieben.
3 Arbeite aus M3 die Gründe heraus, warum die Bewohner der Insel Thera sich zur Auswanderung entschlossen.

4 Beurteile mithilfe des Begriffskastens und M2, welche Bedeutung ein Orakelspruch für die Menschen des antiken Griechenland hatte.
5 **Partnerarbeit:**
a) Erklärt die Gründe, warum Menschen heute auswandern.
b) Vergleicht diese mit den Gründen im alten Griechenland, indem ihr Unterschiede und Gemeinsamkeiten gegenüberstellt.

Eine Geschichtskarte auswerten

Auf dieser Seite lernst du Geschichtskarten kennen. Geschichtskarten zeigen, wie sich Menschen in einem bestimmten Raum zu einer bestimmten Zeit verhalten haben. Um eine Karte zu entwerfen, werten Historiker nicht nur Quellen aus, sondern greifen auch auf schriftliche Darstellungen und Geschichtskarten zurück, die von anderen Historikern erstellt wurden. Manche Geschichtskarten zeigen einen Zustand (statische Karten), manche verdeutlichen Entwicklungen (dynamische Karten).

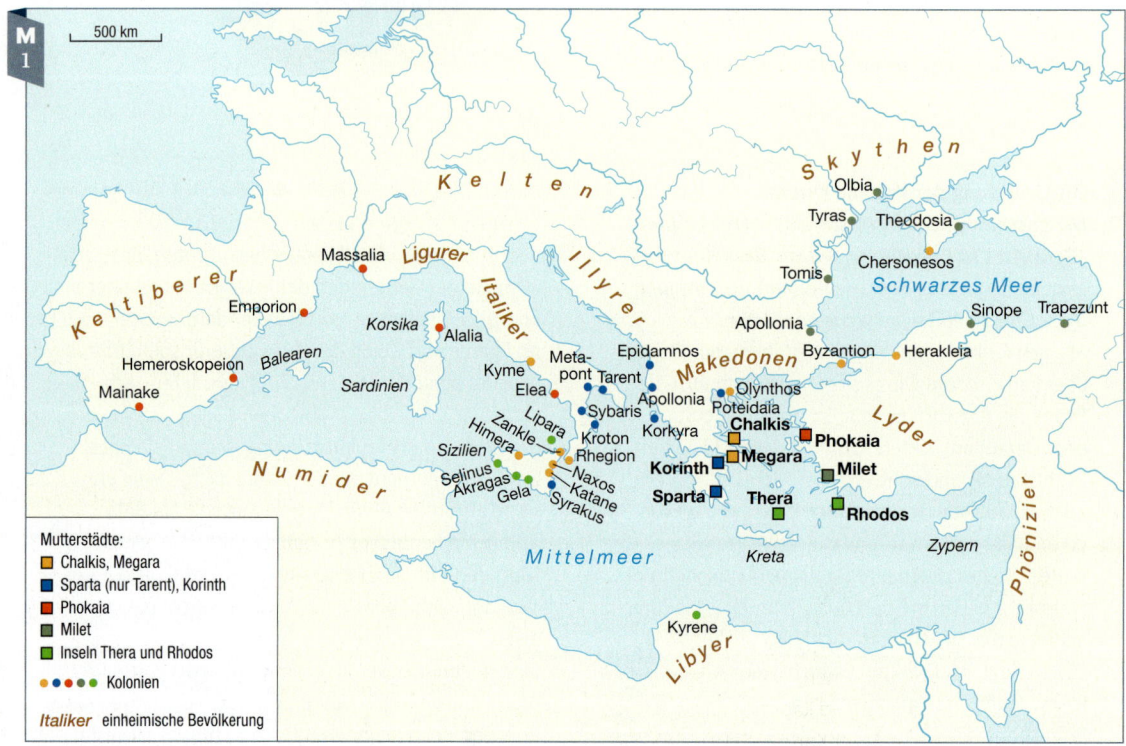

M1

Mutterstädte:
- 🟧 Chalkis, Megara
- 🟦 Sparta (nur Tarent), Korinth
- 🟥 Phokaia
- 🟩 Milet
- 🟩 Inseln Thera und Rhodos
- 🟠🔵🔴🟢 Kolonien

Italiker einheimische Bevölkerung

Geschichtskarte zu den bedeutendsten griechischen Kolonien im Mittelmeerraum, ca. 750–550 v. Chr.

 M2

Thera und Rhodos und ihre Kolonien

1. Wann wurden die Mutterstädte gegründet?
- Thera: sicher belegt ab dem 9. Jh. v. Chr. durch archäologische Funde; schriftliche Quellen berichten von früherer Besiedlung
5 • Rhodos: sicher belegt ab dem 11. Jh. v. Chr. durch archäologische Funde

2. Wann wurden die Kolonien gegründet?
- Lipara (zwischen 580–576 v. Chr.), Selinus
10 (im 7. Jh. v. Chr.), Akragas (582 v. Chr.), Gela (um 688 v. Chr.), Kyrene (631 v. Chr.)
3. Was weist darauf hin, dass es Kolonien waren?
- Teilweise belegbar durch archäologische Funde (z. B. Überreste von Gebäuden, Geld), sicher belegbar durch antike Schriftquellen
15 4. Warum wurden die Kolonien gegründet?
- siehe S. 96/97

Zusammengestellt v. Verf.

Arbeitsschritte „Eine Geschichtskarte auswerten"

Den Kartentitel auswerten	Lösungshinweise zu M1
1. Welche Informationen kannst du dem Kartentitel entnehmen?	• *Der Kartentitel informiert über das Thema, den Zeitraum und das Gebiet. In diesem Fall lautet der Kartentitel „Geschichtskarte zu den bedeutendsten griechischen Kolonien im Mittelmeerraum ca. 750 bis 550 v. Chr.". Die Karte informiert also über ...*

Die Kartenlegende entschlüsseln und den Maßstab feststellen	
2. Nimm dir Zeit, die Legende genau zu studieren. Sie ist der Schlüssel zum Verständnis der Karte: Wofür stehen die verwendeten Symbole?	• *Beschreibe die Elemente der Legende mit eigenen Worten. Beginne so:* *Die Legende enthält verschiedene Symbole für Mutterstädte und Kolonien. Quadrate kennzeichnen ... Kreise stehen für ... Gleiche Farben zeigen an, dass ...*
3. Welche Bedeutung haben die kursiv gesetzten Namen?	• *Sie stehen für die ...*
4. In welchem Maßstab ist die Karte angefertigt?	• *Der Maßstab wird in Geschichtskarten meist als Entfernungsleiste mit Kilometerangaben dargestellt. 1000 km entsprechen ... cm auf deinem Lineal.*

Die Karte lesen	
5. Häufig gehst du von vorformulierten Fragen aus, manchmal stellst du selbst Fragen an die Karten.	• *Mögliche Fragen:* *In welchen Gegenden wurden Kolonien gegründet? ...*
6. Was ist die Hauptaussage der Karte?	• *Um 550 v. Chr. siedelten Griechen ...*

Weitere Fragen zur Karte stellen	
7. Karten können nicht alle wichtigen Informationen zu einem Thema aufnehmen, da sie ansonsten mit Symbolen überfrachtet und kaum mehr lesbar wären. Ausgehend von einer Karte ergeben sich deshalb oft Fragen, zu deren Klärung du weitere Hilfsmittel benötigst.	• *In diesem Fall liefert die Karte z. B. keine Angaben über die Gründe der Auswanderung oder das Leben in den Kolonien.* • *Finde in deinem Schulbuch, in Sachbüchern oder im Internet Informationen dazu.*

1 Werte die Karte M1 mithilfe der Arbeitsschritte aus. Ergänze die Lösungshinweise an den markierten Stellen (...).

2 Berechne die ungefähre Länge des Seewegs von Sparta nach Syrakus.
   Tipp: Bei antiken Seefahrten wurde meist die Nähe der Küste gesucht.

3 **Partnerarbeit:** Listet in einer Tabelle Siedlungsräume, Anzahl der Kolonien und jeweils ein Beispiel auf. Entscheidet hierfür zunächst, wer welchen Siedlungsraum untersucht. Fasst anschließend eure Ergebnisse zusammen.

Siedlungsraum	Anzahl	Beispiel
Sizilien	9	Agrakas

4 **Geschichte darstellen:** Beschreibe am Beispiel der Kolonie Kyrene den Ablauf der Gründung einer Kolonie. Nimm die Karte M1, M2 und die Quelle M3 auf S. 97 zu Hilfe.
   Tipp: Achte dabei auf zeitliche Verläufe (siehe S. 50) und auf die Belegbarkeit deiner Aussagen (siehe S. 81).

Warum wurde Athen zum Zentrum des Handels?

Alle Waren, die im antiken Griechenland pro Jahr quer durch das Mittelmeer und das Schwarze Meer transportiert wurden, würden heute auf ein einziges modernes Containerschiff passen. Dennoch staunen wir angesichts der Größe der damaligen Schiffe über die Fülle der transportierten Güter. Hier findest du heraus, warum gerade die Polis Athen so wichtig für den Handel wurde.

M1

Eine Unterwasserarchäologin findet Überreste von Amphoren, in denen in der Antike Handelsgüter transportiert wurden. Sie gehörten zur Fracht eines griechischen Handelsschiffes, das vor der Insel Paros gesunken ist. Foto, 21. Jh.

Zentrum Athen und Attika

Wir befinden uns im Jahr 430 v. Chr. Im Hafen von Piräus treffen täglich Handelsschiffe ein, die mit Waren angefüllt sind. Diese Segelschiffe können bis zu 100 Tonnen Ladung transportieren. Noch im Hafen schätzen Zöllner

5 den Wert der Ware und legen die Geldsumme fest, die die Händler für den Verkauf der Ware in Athen an die Stadtkasse zahlen müssen. Es ist sicher belegt, dass zu den Waren z. B. oft Fisch, Getreide oder Sklaven gehörten. Bald nach dem Entladen werden die Schiffsbäuche wie-

10 der mit Waren gefüllt, denn die Handwerker der Polis Athen produzieren viele Produkte für die Ausfuhr (Export): Besonders bekannt sind die Athener Töpferwaren. Hochbeladen verlassen die Schiffe Athen. Von Piräus nach Rhodos z. B. brauchen sie dreieinhalb Tage, zur

15 Küste Nordafrikas mehr als sieben Tage.

Warum ist die Wareneinfuhr für Athen so wichtig?

In Attika leben zu dieser Zeit etwa 300 000 Menschen. Sie müssen vor allem mit Getreide versorgt werden, denn der eigene Ernteertrag reicht bei Weitem nicht für die

20 ganze Bevölkerung aus. Aber auch andere Waren sind in Athen begehrt. Die Athener benötigen Geld, um die Einfuhr (Import) dieser Waren zu bezahlen. Deshalb ist der Export ihrer Güter für sie lebensnotwendig.

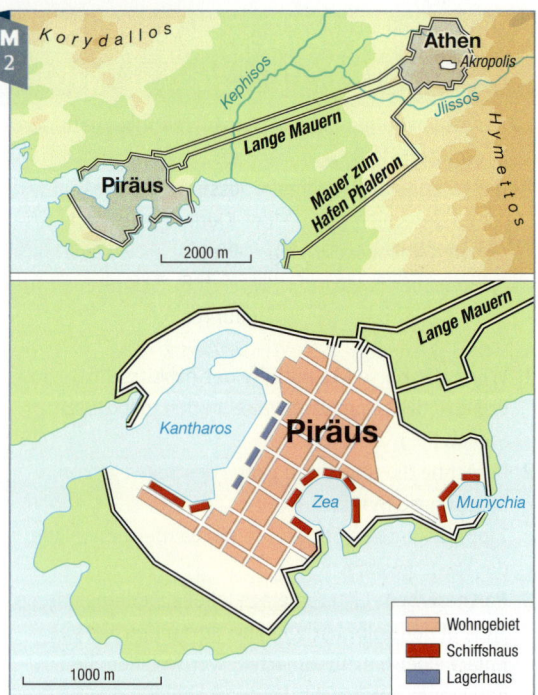

M2

Athen und sein Hafen Piräus im 5. Jh. v. Chr. Insgesamt konnten im Hafen etwa 400 Schiffe liegen. Er war ummauert und der Weg in die Stadt Athen durch die „langen Mauern" geschützt.

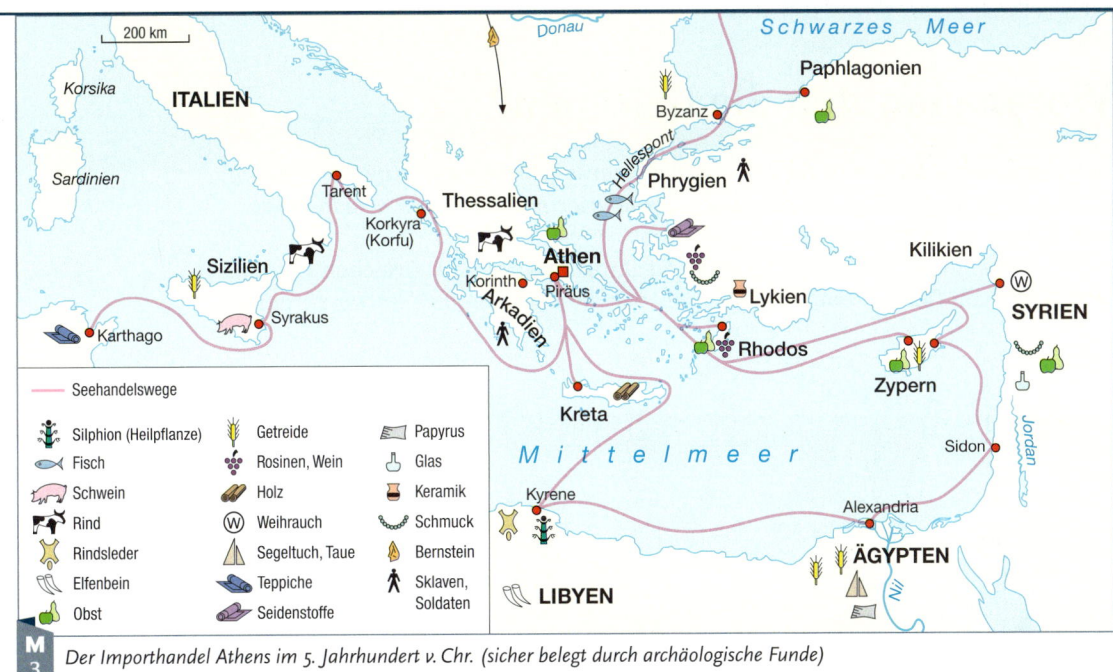

M3 Der Importhandel Athens im 5. Jahrhundert v. Chr. (sicher belegt durch archäologische Funde)

Legende:
- Seehandelswege
- Silphion (Heilpflanze)
- Fisch
- Schwein
- Rind
- Rindsleder
- Elfenbein
- Obst
- Getreide
- Rosinen, Wein
- Holz
- Weihrauch (W)
- Segeltuch, Taue
- Teppiche
- Seidenstoffe
- Papyrus
- Glas
- Keramik
- Schmuck
- Bernstein
- Sklaven, Soldaten

M4 Ein Gelehrter schrieb um 430 v. Chr. über die Handelsmacht Athen:

Nur die Athener können über die Erzeugnisse aller Griechen und Barbaren verfügen. Wie will eine andere Stadt ihre Überschüsse an Schiffs-holz, Eisen, Kupfer und Flachs ausführen, ohne

5 dass das seebeherrschende Athen zustimmt oder die Waren abnimmt? Würde sie gegen den Willen Athens Waren verfrachten, würde ihr die herr-schende Seemacht die Handelswege abschnei-den. Außerdem trifft eine Missernte die Seemacht

10 weniger als die Landmacht. Denn da Missernten nicht überall gleichzeitig auftreten, kann die herr-schende Seemacht immer noch Ernteerzeugnisse aus Überschussländern einführen.

Pseudo-Xenophon 1, 11–14, hg. u. übers. v. Ernst Kalinka. Zit. nach http://www.demokratia.org/files/Oligarch.pdf (Stand: 9.12.2014).

M5 Händler beim Abwiegen von Ware, Vasenmalerei, um 550 v. Chr.

---

1 Partnerarbeit:

a) Beschreibt die Lage und die Sicherung von Athen und Piräus (M2).

b) Begründet, warum Athen auf die Einfuhr von Gütern angewiesen war. Denkt auch an die Land-schaft Attikas.

2 a) Methode: Werte die Karte M3 mithilfe der Arbeitsschritte auf S. 99 aus.

b) Zeichne eine Tabelle mit den Spalten „Ware" und „Herkunftsland" und fülle sie mithilfe von M3 aus.

3 Erkläre anhand von M4, wie Handel und militärische Macht zusammenhingen.

4 Arbeite heraus, welche Informationen über den Handel du M1 und M5 entnehmen kannst.

Webcode: FG642663-101
Mittelmeerhandel im antiken Griechenland

Woran glaubten die Griechen?

Eine Sportmarke heißt wie die griechische Siegesgöttin; ein Paketdienst benennt sich nach dem griechischen Götterboten – die griechischen Götter scheinen tatsächlich unsterblich zu sein.

- *Hier lernst du in einer Erzählung die wichtigsten Götter der Griechen kennen. Mithilfe von Quellen findest du heraus, wie die Griechen ihre Götter verehrten.*

 Griechische Götter des Olymp, Zeichnungen, 2012

M2

Göttermahl auf dem Berg Olymp

Zeus wollte wieder einmal seine Kinder und Geschwister beim Göttermahl vereint sehen. Daher ließ er Hermes, den Götterboten, zu sich kommen und befahl ihm: „Ziehe deinen Flügelhelm an und rufe
5 mir deine Brüder und Schwestern herbei! Ich will mit Hera, meiner Frau, ein Mahl geben." Hermes flog zuerst zu Hephaistos, dem Gott des Feuers. Der schmiedete großartige Waffen. Seine Frau war die schöne Aphrodite. Sie warf noch einen Blick in den
10 Spiegel und machte sich dann auf den Weg zum Olymp, dem Sitz der Götter. Ihr hinkender Mann konnte mit ihr nicht Schritt halten. Athene, die Lieblingstochter des Zeus, traf Hermes in der Stadt, deren Einwohner sie zur Schutzgöttin erwählt hatten.
15 Sie nahm Lanze und Schild und eilte zu ihrem Vater. Artemis jagte gerade auf der Halbinsel Peloponnes.

Nicht weit davon entfernt traf der Götterbote ihren Bruder Apollo. Auf den Befehl des Hermes hin ergriff er sein Musikinstrument, eine Leier, und suchte mit
20 seiner Schwester seinen Vater auf. Dionysos, der Gott des Weines, schloss sich ihnen an. Zuletzt fand Hermes den Gott des Krieges, Ares. Wie er ihn antraf – mit Schild und Lanze –, so brachte ihn Hermes zu seinen Geschwistern auf den Olymp.
25 Auch die Brüder des Zeus waren gekommen: Poseidon mit seinem Dreizack, der Gott des Meeres, und Hades, der Gott der Unterwelt, der seinen Richterstuhl verlassen hatte, um der Einladung zu folgen. Kerberos, den mehrköpfigen Hund, ließ er
30 als Wächter der Unterwelt zurück. Bei Nektar* und Ambrosia* unterhielten sich die Götter und teilten Zeus ihre Sorgen mit.

Gustav Adolf Süß: Curriculum Geschichte, Bd. 1: Altertum. Verlag Moritz Diesterweg, Frankfurt a. M. 1975, S. 185.

Webcode: FG642663-102
Zum Anhören: Die Entführung Europas

Die Götter- und Mythenwelt der Griechen

Die griechische Götterwelt ist fast unüberschaubar. Über 300 Götter kennen wir heute noch namentlich. Die wichtigsten waren die zwölf olympischen Götter: die Götterfamilie, die auf dem Berg Olymp lebte, mit Göttervater Zeus
5 als Mittelpunkt. Die Unsterblichen, wie die Griechen ihre Götter nannten, kannten Gefühle: Sie verliebten sich, wurden zornig oder übten Rache. Naturerscheinungen wie Gewitter erklärten sich die Griechen als Zeichen der Götter. Wenn es blitzte, glaubten sie, dass Zeus wütend
10 Blitze auf die Erde schickte. Die mündlich überlieferten Sagen von Göttern und Helden werden Mythen genannt (Einzahl Mythos*). In ihnen wird oft geschildert, wie Göt-

ter unterschiedliche Tier- und Menschengestalten annahmen und sich unter die Menschen mischten.
15 Die Menschen begegneten ihren Göttern im Alltag mit großem Respekt und Ehrfurcht. Sie opferten täglich am Hausaltar meist einfache Speisen wie Brot und dazu Wein, um die Götter milde zu stimmen. Außerdem nahmen sie regelmäßig an Festen zu Ehren der Götter teil,
20 die in jeder Polis stattfanden. Bei diesen kultischen Festen (Götterkulte*) wurden auf einem Altar der Agora* Tiere geopfert. Ein Teil des Opfertiers wurde verbrannt, denn nach der Vorstellung der Menschen brauchten die Götter den Rauch zum Leben. Der Rest wurde gebraten
25 und von den Bürgern gemeinsam verspeist.

Hörtipp:
Dimiter Inkiow, Die Abenteuer des Odysseus, Hörbuch (Igel Records) 1998.
Die Sagen, vor allem Homers „Odyssee"* und „Ilias"*, bildeten die Grundlage für den Götterglauben der Griechen. Auf der CD hörst du Geschichten aus der „Odyssee" in heutiger Sprache nacherzählt.

Griechiche Vasenmalerei aus der ersten Hälfte des 4. Jh. v. Chr.

M4

Der griechische Dichter Xenophanes (570–475 v. Chr.) über den Götterglauben der Griechen:

Aber die Menschen meinen, Götter würden geboren und hätten Kleidung, Stimme und Körper wie sie selbst …
Alles haben Homer und Hesiod[1] den Göttern zu-
5 geschoben, was bei den Menschen Schuld und Tadel ist, Stehlen und Ehebrechen und einander Betrügen.
Xenophanes, Fragmente und Werk. Zit. nach M. Laura Gemelli Marciano (Hg.), Die Vorsokratiker I, Regensburg (Artemis & Winkler) 2007 (= Sammlung Tusculum), S. 249ff.

[1] *griechische Dichter*

Zusatzaufgabe: siehe S. 178

1 Lies die Darstellung M2 und finde heraus, welche Götter in M1 abgebildet sind.
2 Charakterisiere die Götter, indem du ihnen passende Adjektive zuschreibst.
3 Beschreibe M3 und entscheide, welche griechische Gottheit dargestellt wird. Begründe deine Entscheidung mithilfe von M1 und M2.
4 Erläutere die Bedeutung der Götter für den Alltag (Darstellungstext).
5 a) Erkläre, was Xenophanes am Götterglauben kritisierte (M4).
 b) Vergleiche den Götterglauben mit dem Glauben der Ägypter (siehe S. 64/65).
 c) Diskutiere, was uns heute am Götterglauben der Griechen fremd erscheint.
6 **Geschichte heute:** Diskutiert in der Klasse die heutige Verwendung griechischer Götternamen für Produkte und Firmen.
 Tipp: siehe Moderationstext auf S. 102. Warum werden die Götternamen dafür verwendet?

Olympia: Ist Dabeisein alles?

„Dabeisein ist alles", antworten heute viele Sportlerinnen und Sportler auf die Frage, was ihnen die Teilnahme an den Olympischen Spielen bedeute.
- *Untersuche, wie es im alten Griechenland war und wo die Olympischen Spiele zuerst gefeiert wurden.*

Ein Weitspringer mit Sprunggewichten, attische Vasenmalerei, um 500 v. Chr.

Ein Gespann beim Olympischen Maultierrennen, Münze, 4. Jh. v. Chr.

Die Olympischen Spiele – mehr als ein Sportfest

In Griechenland gab es viele sportliche Wettbewerbe, alle in Zusammenhang mit religiösen Festen. Die wichtigsten davon waren die Olympischen Spiele, die zu Ehren des Gottes Zeus alle vier Jahre abgehalten wurden.

5 Sie fanden spätestens ab dem Jahr 776 v. Chr. in Olympia statt. Jeder freie männliche Grieche konnte als Sportler teilnehmen. Sklaven, Frauen und Nichtgriechen waren ausgeschlossen. Vermutlich waren die meisten Athleten Adlige. Denn nicht jeder konnte es sich leisten, monate-

10 lang nur zu trainieren, um sich auf die Wettkämpfe vorzubereiten. Zudem war Reisen nicht nur beschwerlich, sondern auch teuer.

Aus allen griechischen Poleis, selbst aus weit entfernten Kolonien, begaben sich Sportler und Zuschauer nach

15 Olympia. Das stärkte das Gefühl der Zusammengehörigkeit. Schätzungen zufolge konnten im Stadion bis zu 40 000 Menschen die Wettbewerbe verfolgen. Um eine sichere Anreise zu ermöglichen, verkündeten Boten bereits Monate vor den Spielen den „Gottesfrieden". Dar-

20 aufhin ließen die griechischen Poleis die Waffen ruhen. Im Fall eines Sieges wurde dem Besten einer Sportart ein Olivenzweig überreicht. In seiner Heimat erhielt der Sieger weitere Geschenke oder besondere Rechte, etwa lebenslange Befreiung von der Steuer. Denn für jede

25 Polis war es eine große Ehre, einen Olympiasieger vor-

weisen zu können. Die Olympischen Spiele waren für die Griechen so wichtig, dass sie sie zur Grundlage ihres Kalenders machten. Den Zeitraum zwischen den Spielen nannten sie Olympiade.

Ablauf der Olympischen Spiele im 5. Jh. v. Chr.:
1. Tag: feierliche Eröffnung mit einem Opfer am Altar des Zeus; Eid der Athleten, ihrer Brüder, Väter und Trainer im Rathaus: Versprechen, sich an die olympischen Regeln zu halten; Zusam-

5 menstellung der Kämpfer und Pferde in Altersgruppen durch die Schiedsrichter
2. Tag: Wettkämpfe der Jugend (Laufen, Ringen, Faustkampf)
3. Tag: Pferde- und Wagenrennen, nachmittags

10 Fünfkampf (Weitsprung, Diskus, Speerwurf, Wettlauf, Ringkampf), abends Opfer für König Pelops
4. Tag: Tag des Vollmonds, Festzug zum Altar des Zeus, Opfer, abends Festmahl
5. Tag: morgens Laufwettbewerbe in unterschied-

15 lichen Längen, nachmittags Kampfsportarten (Ringkampf, Faustkampf, Allkampf)
6. Tag: Ehrung der Sieger mit Olivenzweigen im Zeustempel, Festmahl der Sieger
Zusammengestellt v. Verf.

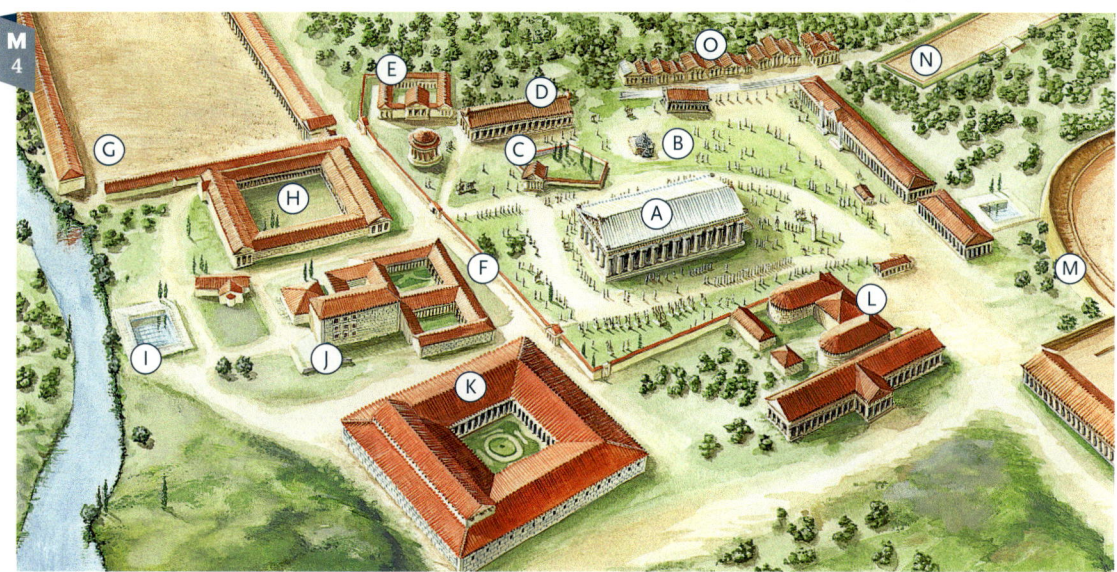

Olympia im 1. Jahrhundert v. Chr. Die Rekonstruktionszeichnung aus dem Jahr 1995 zeigt, wie die Anlage in Olympia damals wohl ausgesehen hatte. Beschriftet sind die wichtigsten Gebäude; A Zeustempel mit Zeusstatue; B Zeusaltar; C Grab des Königs Pelops; D Heratempel; E Prytaneion: Amtssitz hoher Verwaltungsbeamter (Ort der Festmähler); F Mauer um den heiligen Bezirk, der nur von griechischen Bürgern betreten werden durfte; G Gymnasion (Sportplatz); H Trainingsplatz für Kampfsportler; I Schwimmbad mit Bade-haus; J Werkstatt des Bildhauers Phidias (hier wurde die Zeusstatue, die als Weltwunder galt, hergestellt); K Gästehaus; L Rathaus (Ort des Olympischen Eids); M Pferderennbahn; N Stadion (192 m Länge, Lauf- und Kampfwettbewerbe); O Schatzhäuser einzelner Poleis (hier wurden Weihegaben* für die Götter aufbewahrt)

M5

Der Geograf Pausanias berichtete 174 n. Chr., dass Frauen die Todesstrafe drohte, wenn sie bei den Olympischen Spielen zusahen:

Es soll aber noch keine ertappt worden sein au-ßer allein Kallipateira … Sie richtete sich, als ihr Mann gestorben war, ganz wie ein Sportlehrer her und brachte ihren Sohn zum Mitkämpfen
5 nach Olympia. Als Peisirodos siegte, übersprang Kallipateira die Umfriedung [Zaun], in der man die Sportlehrer abgetrennt hielt, und entblößte sich dabei. Obwohl sie nun als Frau ertappt war, bekam sie keine Strafe, aus Rücksicht auf ihren
10 Vater und ihre Brüder und ihren Sohn. Sie alle hatten olympische Siege erfochten und daraufhin machte man ein Gesetz, dass in Zukunft die Sportlehrer nackt zum Kampf antreten müssten.

Pausanias, Reisen in Griechenland, V 6,7–9, Gesamtaus-gabe in drei Bänden, übers. v. Ernst Meyer, hg. v. Felix Eckstein, Bd. 2, Zürich und München (Artemis), 3. Aufl., 1986, S. 18f. Bearb. v. Verf.

1 Erläutere anhand von M4, dass die Olympischen Spiele der Antike aus religiösen Gründen stattfanden.
2 Beschreibe den Ablauf der Olympischen Spiele für die Athleten. Gehe von M3 aus und verdeutliche dir an M4 die Wege eines Athleten. Beginne so: „Am ersten Tag begaben sich die Teilnehmer zum Altar des Zeus (B). Dieser liegt im heiligen Bezirk …"
3 **Gruppenarbeit:** Die Olympischen Spiele in der Antike und heute – stellt Gemeinsamkeiten und Unterschie-de zusammen.
Tipp: Geht dabei auf Sinn, Ablauf, Teilnehmer, einzel-ne Sportarten und Ehrungen ein. Nutzt dazu M1, M2 und M5.
4 Recherchiere, warum heutzutage die Bevölkerung oftmals die Austragung der Olympischen Spiele ver-hindert.

Zusatzaufgabe: siehe S. 179

Webcode: FG642663-105
Film: Olympia

Athen auf dem Weg zur Demokratie

Das Recht, dass alle Bürgerinnen und Bürger in der Politik mitbestimmen sollen, ist für uns heute in Deutschland selbstverständlich. Diese Vorstellung ist in der Polis Athen entstanden. Die Athener nannten ihre Staatsform Demokratie.

- *Wie ist die attische Demokratie entstanden?*

Silbermünze aus
Athen, 5. Jh. v. Chr.

Tonscherben als „Wahlzettel", Athen, 470 v. Chr.

Die Anfänge Athens

Athen wurde anfangs von Königen regiert. Diese lebten auf der Akropolis, sehr viel mehr wissen wir nicht über sie. Die Griechen nannten diese Form der Herrschaft Monarchie.

5 Im 8. Jh. v. Chr. wurden die Könige von Adligen entmachtet. Die Adligen traten von da an regelmäßig in einem Rat (Areopag*) zusammen und fällten gemeinsam die wichtigsten Entscheidungen für die Polis. Ihre Herrschaft bezeichnet man als Aristokratie*.

Schwere Zeiten

10 Im 7. Jahrhundert v. Chr. verarmten viele Bauern der Polis Athen: Sie bearbeiteten nur kleine Anbauflächen, weil ihr Land immer wieder unter den erbberechtigten Söhnen aufgeteilt wurde. Hinzu kamen schlechte Ernten. In ihrer Not liehen sich die Bauern Saatgut von reichen Adligen, konnten ihre Schulden aber nicht immer zurückzahlen. Im schlimmsten Fall mussten sie ihre Frauen, Kinder und schließlich sich selbst als Sklaven an Adlige verkaufen und verloren ihr Land. Man nannte 20 diese Abhängigkeit der Bauern von den Adligen Schuldknechtschaft*. Als ein Bürgerkrieg drohte, wählten die Athener um 600 v. Chr. den angesehenen Adligen Solon zum „Schiedsrichter".

Der griechische Schriftsteller Aristoteles über den Athener Solon:

Als Adliger besaß Solon viel Land und musste nicht arbeiten. Er schrieb Gedichte und sang sie seinen Freunden vor. Aber seine Lieder wur-
5 den traurig, denn er machte sich Sorgen um Athen: Immer mehr Bauern wurden zu unfreien Schuldknechten, manche wurden sogar in die Fremde verkauft. Einst freie Bürger, nun Sklaven! Da gaben die Athener ihm den Auftrag, den Streit zwischen Bauern und Adel zu schlichten. Zuerst verbot Solon die
10 Schuldknechtschaft für alle Zeiten: Die versklavten Bauern und ihre Familienangehörigen erhielten ihre Freiheit und ihr Land zurück. Die entsprechenden Gesetze ließ er sogleich in Stein meißeln und öffent-
15 lich aufstellen. Und schließlich teilte er die Bürger in vier Vermögensklassen ein: Vom Besitz hing ab, wie viel Rechte und Pflichten jemand hatte. Zwar konnten die Bürger der untersten Vermögensklasse keine politischen Ämter übernehmen, aber sie durften mit
20 den anderen Bürgern in der Volksversammlung über Gesetze abstimmen und über Krieg und Frieden entscheiden. Eine Forderung der Bauern erfüllte Solon jedoch nicht: Das Land Attikas wurde nicht völlig neu verteilt. Er beschützte also den Adel und die
25 Bauern, ließ keinen von ihnen siegen.

Verfassertext nach Aristoteles, Staat der Athener 5,1–11,2

Politische Ämter für alle Bürger

25 Noch zu Lebzeiten Solons, im Jahr 561 v. Chr., riss der Adlige Peisistratos die Herrschaft gewaltsam an sich und herrschte allein (Tyrannis*), bis die Athener 510 v. Chr. seinen Sohn vertrieben. Danach setzte der Adlige Kleis-
30 thenes ab 508 v. Chr. Reformen* durch. Er führte das Scherbengericht* ein. Bei diesem ritzten die Bürger den Namen eines Mannes auf eine Scherbe, den sie verdächtigten, dass er die Herrschaft allein an sich reißen wollte. Zudem erreichte Kleisthenes, dass Bürger der untersten Vermögensklasse erstmals das Recht bekamen, politi-
35 sche Ämter zu übernehmen. Damit Reiche sich keinen Vorteil verschaffen konnten, bestimmte fast immer das Los*, wer ein Amt ausübte. Nur Heerführer, Architekten, Schreiber bei der Volksversammlung und Aufseher für öffentliche Bauten wurden gewählt. Alle Ämter wur-
40 den jährlich neu vergeben. Alle Entscheidungen wurden nach dem Mehrheitsprinzip*, d. h. nur mit der Unterstützung einer Mehrheit, getroffen.
Seit Kleisthenes versammelten sich die Athener Bürger auf der Pnyx (siehe S. 90/91), wenn etwas zu entschei-
45 den war. Die Agora, der Platz im Zentrum Athens, war für die Volksversammlung zu klein geworden.

Bezahlung für politische Tätigkeit?

Ärmere Bürger hatten das Problem, dass sie nicht arbeiten konnten, während sie ein politisches Amt ausübten.
50 Deshalb wurden unter dem Einfluss des Adligen Perikles ab 462 v. Chr. Tagegelder (Diäten) für Bürger mit Ämtern, um 400 v. Chr. auch für Teilnehmer der Volksversamm-

lung eingeführt. Nun erst konnten sich alle Bürger an der Politik beteiligen. Ausgeschlossen waren nach wie vor
55 Frauen, Sklaven und Fremde.

> **M4**
>
> **Der Historiker Plutarch (45–125 n. Chr.) über das Scherbengericht:**
>
> Jeder Bürger nahm eine Scherbe, schrieb darauf den Namen des Mannes, den er verbannen wollte und brachte ihn an einen Ort auf die Agora, der rings mit Schranken umschlossen war. Die
> 5 Amtsträger zählten zuerst die gesamten abgelieferten Scherben durch; denn wenn die Abstimmenden weniger als sechstausend waren, dann war das Verfahren ungültig; dann ordneten sie die Scherben nach den Namen und verbannten
> 10 den Mann, den die meisten aufgeschrieben hatten, auf zehn Jahre, doch so, dass er im Genusse seines Vermögens blieb.
>
> Plutarch, Aristeides 7, 5f. Zit. nach www.gnomon. ku-eichstaett.de/LAG/qvl99_00/text.pdf. Übers. v. Gregor Weber 2000 (Stand: 3. 12. 2014). Sprachl. bearb. v. Verf.

Demokratie

Nach den griechischen Wörtern demos (= Volk) und kratein (= herrschen) Bezeichnung für eine Staatsform, in der das Volk über die Politik eines Staates entscheidet. In den meisten modernen demokratischen Staaten wählen alle erwachsenen Frauen und Männer Abgeordnete in ein Parlament, das ihre Interessen vertritt.

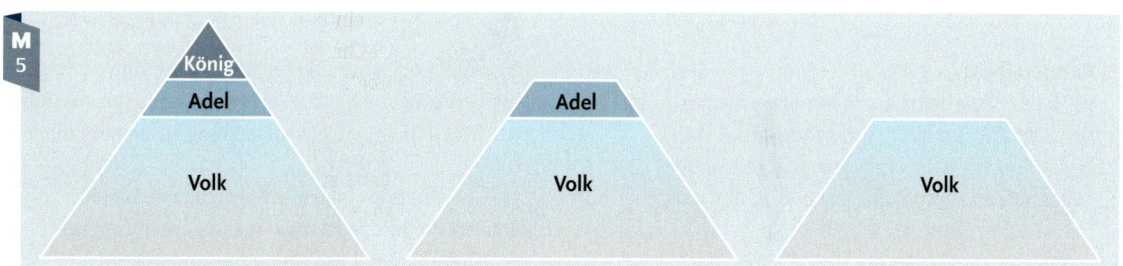

M5

Die Herrschaftsformen in der Polis Athen

1 a) Fasse mithilfe des Darstellungstextes und M3 die Maßnahmen Solons in einer Liste zusammen.
b) **Partnerarbeit:** Diskutiert, welche Auswirkungen die Reformen auf Adlige und Bauern hatten.
2 Begründe, ob die Reformen des Kleisthenes zu mehr Gerechtigkeit führten (Darstellungstext, M2, M4).

3 Wähle eine Aufgabe aus:
a) Am Scherbengericht wurde kritisiert, dass nicht nur besonders einflussreiche, sondern auch sehr fähige Politiker verbannt wurden. Erkläre dies.
b) Nenne Vor- und Nachteile des Scherbengerichts.
4 Erkläre die Entwicklung Athens zur Demokratie mithilfe von M5. Was könnte man ergänzen?

Webcode: FG642663-107
Demokratie

Wie funktionierte die Demokratie in Athen?

Hier lernst du einen athenischen Bürger kennen, den es wirklich gegeben hat: Sein Name ist Smikythos. Im Jahr 427 v. Chr. war er Mitglied im Rat der 500 und leitete eine Volksversammlung.

- *Am Beispiel von Smikythos kannst du herausfinden, wie die attische Demokratie funktionierte.*

Smikythos wird Mitglied im Rat der 500:

Smikythos wurde im Sommer des Jahres 427 v. Chr. Mitglied im Rat der 500. Dafür konnte sich jeder Bürger Athens, der mindestens 30 Jahre alt war, bewerben. Smikythos hatte aus dem großen Topf mit
5 weißen und schwarzen Bohnen eine weiße gezogen. Damit war er ausgelost. Jeder Athener durfte nur zweimal in seinem Leben Mitglied im Rat der 500 werden. Zwischen den einjährigen Amtszeiten mussten mindestens zehn Jahre liegen. Nach der Wahl
10 wurde jeder Kandidat befragt, ob auch seine Vorfahren bereits das Bürgerrecht in Athen besessen hatten und ob er selbst seine Bürgerpflichten regelmäßig erfüllte. Im Juli traten die Ratsmitglieder erstmals zusammen. Sie tagten im Rathaus an der
15 Agora. Die Sitzordnung wurde ausgelost. Was mussten die Ratsmitglieder alles erledigen? Sie überwachten die Einnahmen und Ausgaben der Staatskasse. Zudem kontrollierten sie die Tätigkeit der Beamten, die für die Tempel und die städtischen Gebäude
20 zuständig waren. Die wichtigste Aufgabe des Rates war es, die Volksversammlung vorzubereiten. Der Rat arbeitete dazu Vorschläge für neue Gesetze aus, die der Volksversammlung vorgelegt wurden. Dabei berücksichtigte er auch schriftliche Anträge von Bür
25 gern. Die Ratsmitglieder trafen sich täglich. Wer vom Land kam, musste sich eine Wohnung in Athen mieten oder bei Verwandten unterkommen. Damit auch ärmere Bürger diese zeitaufwändige Tätigkeit ausüben konnten, erhielt jedes Ratsmitglied pro Sit
30 zungstag fünf Obolen – das entsprach dem Tageslohn eines Arbeiters. Reich werden konnte man davon nicht.
Alle neun bis zehn Tage berief der Rat eine Volksversammlung ein. Unter den Ratsmitgliedern wurde
35 ausgelost, wer die nächste Volksversammlung leiten sollte. Das Los fiel auf Smikythos.

Nach Elke Stein-Hölkeskamp, Demokratie – die „herrschende Hand des Volkes", in: Dies./Karl-Joachim Hölkeskamp (Hg.), Die griechische Welt. Erinnerungsorte der Antike, München (Beck) 2010, S. 487–509. Bearb. v. Verf.

---

1 Partnerarbeit:

a) Jede/r bearbeitet zunächst einen der Texte „Rat der 500" (M1) und „Volksversammlung" (M3): Notiert euch alle Informationen zu Mitgliedern bzw. Teilnehmern, zum Tagungsort und zu den Aufgaben.

b) Stellt euch eure Ergebnisse gegenseitig vor, fragt bei Unklarheiten nach. Klärt gemeinsam, wie der Rat der 500 und die Volksversammlung zusammenarbeiteten.

c) Übertragt das folgende Schema in euer Heft, ergänzt die Informationen in den Kästen und beschriftet den Pfeil mit einem passenden Verb.

Rat der 500
Mitglieder: _____
Tagungsort: _____
Aufgaben: _____

Vorsitzender _____ →

Volksversammlung
Teilnehmer: _____
Tagungsort: _____
Aufgaben: _____

ohne politische Rechte:

Frauen und Kinder der Athener Bürger	Fremde (Metöken)	Sklavinnen und Sklaven

Die Pnyx in Athen. Sie war der Versammlungsort der Bürgerschaft im antiken Athen, Foto, 2010

M 3

Smikythos leitet die Volksversammlung:

Smikythos hatte schon an vielen Volksversammlungen teilgenommen, heute würde er sie zum ersten Mal leiten. Er wollte keinen Fehler machen, sonst würde ihn die Menge verspotten. Im schlimmsten
5 Fall musste er sich sogar vor Gericht verantworten. Noch vor Tagesanbruch machte er sich auf den Weg zur Pnyx, einem felsigen Platz, auf dem die Volksversammlung vierzigmal im Jahr stattfand. Die Pnyx bot Platz für höchstens 6000 Bürger, das war nur
10 ein kleiner Teil der Bürgerschaft. Bei wichtigen Fragen, etwa bei drohendem Krieg, marschierten viele Bürger bis zu 60 Kilometer nach Athen und es wurde eng auf der Pnyx.
Die Volksversammlung begann mit Gebeten und
15 einem Tieropfer. Dann nahm Smikythos in der Nähe der Rednertribüne Platz. Zunächst fragte er die Bürger, ob sie mit den Beamten zufrieden waren. Beamte, denen man misstraute, wurden sofort abgesetzt. Danach konnten die Bürger über politische Fragen
20 diskutieren und Beschlüsse fassen. Smikythos trug den ersten Vorschlag des Rates der 500 vor. Jeder Bürger durfte sich zu Wort melden und seine Meinung frei äußern. Allerdings sollte er nur einmal zu jedem Punkt sprechen, nicht abschweifen und nie-
25 manden beleidigen. Smikythos rief die Redner nacheinander auf. Ungeübte Redner wirkten nervös vor der tausendköpfigen Menge. Meist sprachen bekannte Bürger, die nach politischem Einfluss strebten. Wenn sich keiner mehr zu Wort meldete, wurde
30 mit Handzeichen abgestimmt. Dann schätzten Smikythos und seine Helfer erst die Jastimmen, dann die Neinstimmen. Gezählt wurde nicht – das gab es nur beim Scherbengericht. Ein Schreiber notierte den Beschluss, der später auf einer Tafel an der Ago-
35 ra veröffentlicht wurde. Als Smikythos abends die Pnyx verließ, war er zufrieden: Die Sitzung war vorschriftsgemäß abgelaufen. Nun musste der Rat der 500 dafür sorgen, dass die Beschlüsse ausgeführt wurden.
Nach Elke Stein-Hölkeskamp, Demokratie, siehe M1.

2 Erkläre, wie ein athenischer Bürger vorgehen würde, um Tagegelder für die Teilnahme an der Volksversammlung einzuführen. Beachte M1, M2 und das vollständige Schema in deinem Geschichtsheft.
3 **Geschichte heute:** Vergleiche die athenische Demokratie mit der heutigen Form der Demokratie (siehe Begriffskasten S. 107). Verwende dabei folgende Stichpunkte:

Losverfahren, Wahl, Politiker, Bürger, Frauen, Mehrheitsprinzip
Tipp: Beginne so: „Das Losverfahren spielte in Athen eine große Rolle …. Heute hingegen …"
4 Beurteile, was die Pnyx zum geeigneten Versammlungsort machte.

Zusatzaufgabe: siehe S. 179

Frauen, Fremde und Sklaven: Einwohner ohne Rechte?

In der Polis Athen gab es rund 40000 Bürger, aber die Einwohnerzahl war etwa siebenmal so hoch und setzte sich aus Menschen aus unterschiedlichen sozialen Schichten (Adel, Bauern, Sklaven) zusammen. Neben Frauen und Kindern lebten in Athen viele Familien, die von außerhalb zugezogen waren, um hier zu arbeiten. Das waren die „Metöken" (griech. = Mitbewohner). Die größte Bevölkerungsgruppe Athens aber waren die Sklaven. Frauen, Fremde und Sklaven durften weder wählen noch gewählt werden, aber sie bestimmten den Alltag in Athen. Bearbeitet mit einem Gruppenpuzzle die folgenden Fragen:

- *Welche Rechte hatten diese Einwohner Athens?*
- *Welchen Tätigkeiten gingen sie nach?*

 Der Historiker Peter Funke über Metöken (2013):

Eine besondere Gruppe bildeten fremde Staatsbürger, die häufig – gemeinsam mit ihren Familien – in einer Polis ihren festen Wohnsitz genommen hatten. Diese wurden Metöken, Mitbewohner, genannt. In Athen gab es kaum einen Wirtschaftszweig, in dem nicht Metöken tätig waren. Man findet sie in allen Bereichen des Handwerks und Handels und als Stadtärzte, Bauleiter etc. Große Handelshäuser und Waffenfabriken waren ebenso in ihrer Hand wie Schifffahrtsunternehmen; und selbst das athenische Bankwesen wurde zu großen Teilen von Metöken kontrolliert. Auch viele Künstler, Literaten und Wissenschaftler lebten als Metöken in Athen und prägten nachhaltig das kulturelle Leben der Stadt.

In ihrer beruflichen Tätigkeit waren die Metöken rechtlich nicht eingeschränkt. Sie durften jedes Geschäft selbst tätigen und sich vor Gericht selbst vertreten. Wie Bürger waren sie zu Kriegsdienst verpflichtet und mussten sich in Notfällen an besonderen Zahlungen für die Polis beteiligen. Allerdings wurde ihre Stellung als Fremde dadurch deutlich, dass sie jährlich eine besondere Steuer zahlen mussten und keinen Grundbesitz erwerben durften. Zudem musste sich jeder Metöke einen Bürger wählen, der ihn vor der Bürgerschaft vertrat.

Quellenangabe siehe M6.

Schuhmacherwerkstatt, Vasenmalerei, um 500 v. Chr. Handwerkerfamilien gehörten meistens zu den Metöken. Einzelne Metöken konnten Bürger werden, falls die Volksversammlung zustimmte. Metöken, die ihre Steuern nicht zahlten, wurden manchmal versklavt.

1 **Gruppenpuzzle:**
Phase 1: Bearbeitet in Gruppen die Rechte und Tätigkeiten der Metöken (M1, M2), der Sklaven (M3, M4) oder der Frauen (M5, M6). Ihr seid nun Experte für euer Thema.
Phase 2: Findet euch in Dreiergruppen zusammen, in denen immer ein Experte für jedes Thema die Ergebnisse vorstellt.
Phase 3: Übertragt folgende Tabelle in euer Heft und füllt sie gemeinsam aus:

	Rechtliche Stellung	*Tätigkeiten (Beispiele)*
Frauen (Bürgerinnen)	*unterstehen Vormund, ...*	
Metöken		
Sklaven		

Zusatzaufgabe: siehe S. 180

Freier – Sklave

Als Freie galten in Griechenland Bürger mit ihren Familien und Metöken. Sklaven waren unfrei, d. h. sie verfügten über keinerlei Rechte.

Bergwerkssklave, Vasenmalerei, um 480 v. Chr. Viele Sklaven kamen als Kriegsgefangene nach Athen oder wurden dort als Kinder von Sklaven geboren. Freilassungen aus dem Sklavenstand waren selten.

Eine reiche Athenerin bei der Körperpflege, Vasenmalerei, um 500 v. Chr. Reiche Bürgerinnen wie sie stellten Stoffe her und beaufsichtigten den Haushalt. Tätigkeiten wie Einkaufen oder Wasserholen erledigten Sklavinnen.

M4 Der Historiker Peter Funke über die Stellung der Sklaven (2013):

Von Rechts wegen galten die Sklaven nicht als Menschen. Sie wurden als „Menschenfüßler" bezeichnet und damit auf eine Stufe mit den Tieren, den „Vierfüßlern", gestellt. Sklaven waren Eigen-
5 tum ihres Herrn, der allein über sie verfügen durfte. Er konnte sie vermieten, verpfänden und verkaufen sowie vererben.

Vor beliebiger Grausamkeit seines Herrn war ein Sklave geschützt, weil der Kauf eines Sklaven im-
10 mer eine teure Anschaffung war. Daher musste der Herr ein Interesse daran haben, die Arbeitskraft des Sklaven möglichst lange zu erhalten. Sklaven wurden in der Landwirtschaft und im Haus eingesetzt. Dort hatten sie die alltäglichen
15 Dinge – vom Einkaufen, Kochen, Putzen bis hin zur Kindererziehung – zu erledigen. Die meisten Sklaven waren in der Wirtschaft tätig und in allen Teilbereichen – vom Hafenarbeiter bis zum Bankangestellten – anzutreffen. Sie arbeiteten als einfa-
20 che Hilfsarbeiter ebenso wie als hochspezialisierte Fachleute. Die Anzahl der in einzelnen Betrieben tätigen Sklaven war überschaubar. Nur in Bergwerken arbeiteten bis zu 20 000 Sklaven unter erbärmlichsten Bedingungen. Wie angesehen ein Sklave war, hing von der Art seiner Tätigkeit ab.
Quellenangabe siehe M6.

M6 Der Historiker Peter Funke über die Bürgerinnen Athens (2013):

Die Athenerin war ihr Leben lang abhängig von einem Vormund[1]. Dies war zunächst ihr Vater und nach dessen Tod der älteste Bruder oder ein anderes männliches Familienmitglied. Bei der
5 Heirat gingen die Vormundschaftsrechte auf den Ehemann über, fielen aber im Falle einer Scheidung wieder an die Familie der Frau zurück. Eine Frau hatte in der Regel nicht das Recht, etwas zu erben. Größere Geschäfte durfte sie nur über ih-
10 ren Vormund tätigen, der sie auch vor Gericht zu vertreten hatte.

Es wäre aber falsch, aus dieser Rechtsstellung auf eine entsprechend untergeordnete Stellung der Frauen in der Öffentlichkeit und im Alltagsleben
15 zu schließen. Abgesehen von der Bürgerin [die das Haus möglichst nicht verlassen sollte], konnten sich die meisten Frauen in der Öffentlichkeit frei bewegen.

Peter Funke, Die griechische Staatenwelt in klassischer Zeit (500–336 v. Chr.), in: Hans-Joachim Gehrke/Helmuth Schneider (Hg.), Geschichte der Antike, 4. Aufl., Stuttgart, Weimar (J. B. Metzler) 2013. M1: S. 186, M4: S. 186f., M6: S. 184f. Bearb. v. Verf.

[1] *rechtlicher Fürsprecher*

Wie lebten Kinder und Jugendliche in Athen?

Auf vielen griechischen Vasen finden wir Szenen, die vom Leben der Kinder und Jugendlichen berichten. Die meisten von ihnen zeigen den Alltag in den Familien der Athener Bürger. Über das Leben der Kinder von Sklaven ist dagegen fast nichts überliefert. Daher lassen sich über ihr Leben keine Aussagen sicher belegen.

- *Auf dieser Doppelseite entscheidest du selbst, mit welchen Materialien du arbeiten willst: A Kindheit und Kinderspiele, B Ausbildung der Mädchen, C Ausbildung der Jungen.*

Aufgabe für alle:
Vergleicht euer Leben mit dem athenischer Jungen und Mädchen. Nennt Gemeinsamkeiten und Unterschiede.

Kindheit und Jugend

In Griechenland war es wie in allen anderen antiken Kulturen außer Ägypten üblich, dass der Vater entschied, ob ein Neugeborenes angenommen oder ausgesetzt wurde. Trug er das Baby um den Herd des Oikos*, galt es als
5 Familienmitglied und erhielt einen Namen. Ausgesetzt wurden schwache oder behinderte Kinder. Dennoch belegen viele Quellen, dass Eltern zu Kindern auch damals ein herzliches Verhältnis entwickelten.

Kinder wurden früh zu bestimmten Geschlechterrollen
10 erzogen. Im Alter von sieben bis achtzehn Jahren gingen die Söhne der Athener Bürger in die Schule, sofern der Vater dies bezahlen konnte. Eine wichtige Rolle im Bildungswesen spielte der Unterricht in der Redekunst (griech. Rhetorik). Mädchen aus reichem Haus erhielten
15 daheim Unterricht in Lesen und Schreiben. Zudem wurden die Mädchen auf die Aufgaben im eigenen Haushalt vorbereitet. Sie heirateten oft schon mit 12–14 Jahren. Ihre Ehemänner waren manchmal doppelt so alt wie sie.

 A

 M 2 — **Aus einem Lexikonartikel (1979):**
Es gab Spiele mit Abzählversen, mit Puppen. Man spielte außer „Mutter und Kind" oft „Priesterin und Göttin", Reifen, Kreisel, Ball, es gab Huckepack, Verstecken und Hüpfen auf einem Bein,
5 als Spielzeug dienten Steckenpferd und Peitsche, Wägelchen, Tiere, Schaukel, Drehscheiben („Jojo"), Wippe, kleines Geschirr usw.
Der Kleine Pauly. Lexikon der Antike, hg. v. Konrat Ziegler/Walther Sontheimer/Hans Gärtner, Bd. 5, München (dtv © Alfred Druckenmüller Verlag) 1979, S.310. Bearb. v. Verf.

1 Erarbeite aus M1, was die Abbildung über die Kindheit in Griechenland verrät.
2 Verfasse einen kurzen Schülerzeitungsartikel zum Thema Kindheit in Griechenland. Nutze hierfür den Darstellungstext, M1 und M2.

 M 1 *Eine Dienerin bringt einen Säugling zur Mutter, Vasenmalerei aus Athen, um 450 v. Chr.*

B

Der Grieche Isomachos zum Philosophen Sokrates über seine Frau (5. Jh. v. Chr.):

Sie war doch noch nicht fünfzehn Jahre alt, als ich sie heiratete. Die Zeit vorher hatte man fürsorglich auf sie aufgepasst, dass sie möglichst wenig sah, hörte und fragte. Ich war schon damit
5 zufrieden, dass sie bei ihrem Kommen bereits verstand, mit Wolle umzugehen und ein Gewand anzufertigen, und dass sie auch schon bei der Spinnarbeit der Dienerinnen zugesehen hatte. Außerdem war sie in der Magenfrage ganz vor-
10 züglich erzogen, mein lieber Sokrates, was mir bei Mann und Frau die wichtigste Erziehungsfrage zu sein scheint.

Xenophon, Die Hauswirtschaftslehre 7,5, in: Die Sokratischen Schriften, hg. und übers. v. Ernst Bux, Stuttgart (Kröner) 1956, S. 259.

Ein tanzendes Mädchen und eine Flötenspielerin, Vasenmalerei aus Athen, um 425 v. Chr.

1 Beschreibe anhand von M3 und M4, welche Rolle junge Mädchen aus Sicht der Männer einnehmen sollten.

2 Die Ehefrau des Isomachos erzählt über sich als 14-Jährige. Schreibe diesen Text in der Ich-Form. Nutze dabei deine Erkenntnisse aus Aufgabe 1.

C

Ein Athener Pädagoge zu dem Vater eines Schülers:

Ich möchte meinen, dass du in den ersten zwanzig Jahren nicht die Freiheit hattest, dich ohne deinen Pädagogen auch nur einen Finger breit vom Hause zu entfernen. Kamst du nicht schon vor Sonnenauf-
5 gang in die Palästra[1], verhängte der Vorsteher des Gymnasions[2] eine nicht geringe Strafe über dich ... Sie übten sich dort im Laufen, im Ringen, im Speerwurf, im Diskusschleudern und Faustkampf, mit dem Ball, im Sprung ... Dort verbrachten sie ihre
10 Jugendzeit und nicht in Schlupfwinkeln. Wenn du dann von der Reitbahn oder dem Sportplatz nach Hause kamst, dann setztest du dich, ordentlich gegürtet, auf einen Stuhl zum Erzieher, und machtest du beim Lesen im Buch auch nur bei einer Silbe
15 einen Fehler, wurde dir die Haut [durch Schläge] so fleckig wie das Kleid der Amme*. Aber heutzutage, bevor einer sieben Jahre ist, wenn man ihn als Pädagoge nur mit der Hand berührt, dann wirft der Junge einem gleich die Schreibtafel an den Kopf.

Plautus, Bacchides III/3, übers. v. Susanne Tschirner, in: Praxis Geschichte, H. 6., 1989, S. 17.

[1] *Trainingsplatz für Kampfsportler*   [2] *Sportplatz*

Pädagoge

Der Pädagoge (griech. pais = Kind und ago = führen) war ursprünglich ein Hausklave, der das Kind auf dem Schulweg begleitete. Da der Pädagoge die Aufgabe hatte, das Kind zu beaufsichtigen und ihm gutes Benehmen beizubringen, erhielt der Begriff schon im alten Griechenland die Bedeutung „Erzieher". In diesem Sinne verwenden wir das Wort noch heute.

1 Arbeite aus M5 heraus, in welchen Fächern Jungen Unterricht erhielten. Nutze dazu auch den Darstellungstext.
2 Erkläre, worüber sich der Pädagoge (M5) beschwert.
3 Stelle Verhaltensregeln für junge Griechen zusammen. Beginne wie folgt: „1. Gehe nie ohne deinen Pädagogen aus dem Haus!"

Mehr als Unterhaltung – das griechische Theater

Athen im März 458 v. Chr. Endlich sind die wilden Winterstürme vorbei, Schiffe können wieder im Hafen Piräus landen. Obwohl es noch früh am Morgen ist, herrscht dichtes Gedränge in den Straßen. Alt und Jung, Einheimische und Fremde, alle streben zum Dionysos-Theater am Fuße der Akropolis. Bei den Großen Dionysien zu Ehren des Gottes Dionysos werden heute wieder den ganzen Tag Theaterstücke aufgeführt. Ausgerüstet mit Süßigkeiten, getrocknetem Obst und verdünntem Wein, suchen sich die Zuschauer einen Platz. Noch unterhalten sich alle lautstark, da beginnt das erste Stück: „Agamemnon" …

M1 Maske, die einen Sklaven darstellt, 4. Jh. v. Chr.

Die **Schauspieler** (nur Männer) wurden aus der Staatskasse bezahlt und wechselten die Rollen durch andere Kleidung und Masken. Sie spielten auch weibliche Rollen. Die Mundöffnung der Masken ver-
5 stärkte wie durch einen Trichter die Stimme der Spieler.

Skenengebäude mit bemalter Kulisse. Eine Plattform für besondere Effekte konnte aus einer Tür des Gebäudes herausgefahren werden. Feuer, Rauch und Donnergetöse erzeugten spezielle Effekte. Der Kran erlaubte das
10 Herabschweben der Götter am Schluss.

Im Stück „Agamemnon" zog die Hauptperson zu Beginn des Stückes mit Pferd und Wagen als Sieger des Trojanischen Krieges auf die Bühne. Seine Ermordung wurde nicht dargestellt, wohl aber seine Leiche auf der Plattform
15 wirkungsvoll an den Bühnenrand nach vorne gerollt.

Der Chor im Halbrund des Theaters (Orchestra) sang, sprach und tanzte, begleitet von Flötenmusik. Der Chor kommentierte die Handlung. In der Tragödie* „Agamemnon" fasste er z.B. die Vorgeschichte und den Verlauf
20 des Trojanischen Krieges zusammen.
In Athen konnte sich jeder männliche Bürger für den Chor bewerben. Die Ausgewählten erhielten Verpflegung und Geld für den Verdienstausfall von dem Bürger, der das Theaterstück finanzierte.

M 3 Ablauf der großen Dionysien in Athen:
1. Festtag: Feierliche Prozession durch die Stadt, die vor dem Dionysostempel endete, Darbringung von Opfern und Gang ins benachbarte Theater, wo politische Ehrungen vorgenommen
5 wurden. Aufführungen von Männer- und Knabenchören am Nachmittag.
2. Festtag: Wettbewerb von fünf Komödien*, die jeweils etwa zwei Stunden dauerten.
3.–5. Festtag: Wettbewerb der Tragödien. Jeder
10 der drei Tragödiendichter hatte einen ganzen Tag zur Verfügung, an dem drei bis vier Stücke von ihm zur Aufführung kamen, die insgesamt bis zu sieben Stunden dauern konnten.
Ute Preuße-Hüther, Das griechische Theater, in: Geschichte lernen. Sammelband Antike, Seelze (Friedrich Verlag) 1996, S. 37. Bearb. v. Verf.

Theater
Theater leitet sich vom griechischen Wort für „schauen" ab. Es bezeichnet den Raum oder auch das in ihm aufgeführte Spiel. Das Dionysos-Theater entstand im 6. Jh. v. Chr. und ist das ältestes Theater Griechenlands. Athen gilt damit als Geburtsstätte des Theaters.

Aischylos (525–456 v. Chr.)
Der griechische Theaterdichter erhielt für seine Tragödien bei den großen Dionysien 13 Mal den ersten Preis, unter anderem im Jahr 458 v. Chr. für die „Orestie". Diese besteht aus drei Tragödien: In der ersten – „Agamemnon" – wird das Schicksal des Königs Agamemnon dargestellt, der aus dem trojanischen Krieg zurückkehrt und von seiner Frau Klytämnestra und deren Geliebten ermordet wird; die beiden folgenden Teile handeln von seinem Sohn Orest, der seinen Vater rächt, indem er seine Mutter ermordet, dann aber deshalb von den Rachegöttinnen verfolgt wird. Von Aischylos' 70 Stücken sind nur sieben erhalten.

Das Dionysos-Theater in Athen, wie es sich ein Rekonstruktionszeichner aufgrund von Ausgrabungsergebnissen und Augenzeugenberichten vorgestellt hat. Das Theater umfasste 15 000 Plätze und verfügte über eine ausgezeichnete Akustik. Der Theaterbesuch war für die Bürger eine politische und religiöse Pflicht. Umstritten ist, ob Frauen zusehen durften. Seit Perikles bekamen bedürftige Bürger einen Zuschuss zum Eintrittsgeld. Zehn aus dem Publikum ausgeloste Preisrichter entschieden am Ende, welcher Dichter das beste Stück geschrieben hatte. Dieser erhielt ein ansehnliches Preisgeld. Geehrt wurde auch der Bürger, der die Aufführung gesponsert hatte. Das Sponsoring verbesserte seine Chancen, bei den Wahlen in der Volksversammlung ein wichtiges Amt zu erhalten.

1 **a)** Beurteile mithilfe aller Materialien, was für die Zuschauer im griechischen Theater besonders unterhaltsam war.
b) Schreibe die Erzählung aus dem Moderationstext in der Ich-Form weiter.

Die Griechen: Begründer der Philosophie

„Philosophie" heißt aus dem Griechischen übersetzt „Liebe zur Weisheit". Die Griechen gelten als Begründer der Philosophie. Vor keiner noch so schwierigen Frage schrecken Philosophen zurück: Wie entstand die Welt? Wie sollen wir leben? Wie denken wir?

- *Wer waren die griechischen Philosophen, die auf diese Fragen Antworten zu finden versuchten, und was waren ihre Antworten?*

Sokrates

Platon

Aristoteles

Der Umbruch des Denkens in der Antike

Anfangs prägten die Mythen* das Weltbild der Griechen: Erscheinungen in der Natur wurden mit dem Wirken der Götter erklärt. Aber schon im 6. Jahrhundert v. Chr. stellten einige Philosophen diese Auffassung infra-
5 ge und suchten die Ursache für die Entstehung der Welt und der Menschen in der Natur selbst. Sie beriefen sich dabei auf ihre Beobachtungen und auf logisches Denken (griech. logos = Sprache, Vernunft). So entwickelten sie eine neue Sicht auf die Welt. Viele Bürger in Griechen-
10 land lehnten ihre Tätigkeit zunächst als nutzlos, gefährlich und gottlos ab. Langfristig aber überzeugten die Erkenntnisse die Menschen, sodass die Philosophen ab dem 4. Jahrhundert immer mehr Schüler um sich versammelten. Diese konnten jeweils auf die Erkenntnisse ihrer
15 Lehrer zurückgreifen und Ideen weiterentwickeln. Zu den bedeutendsten griechischen Philosophen gehörten Sokrates, Platon und Aristoteles.

Sokrates (470–399 v. Chr.)

„Ich weiß, dass ich nichts weiß" war das Motto des
20 Sokrates. Er beschäftigte sich vor allem mit der Frage, was „richtiges" und was „falsches" Handeln ist. Seinen Mitmenschen stellte er in sogenannten „sokratischen Gesprächen" unbequeme Fragen. Dadurch erkannten sie selbst Widersprüche in ihrem Denken und kamen zu neu-
25 en Erkenntnissen. Mit seinen Reden erregte er in der Öffentlichkeit viel Aufmerksamkeit. Man warf ihm vor, die Jugend verführt und zum Aufruhr überredet zu haben. Deshalb wurde er von den Athenern zum Tode verurteilt.

Platon (427–347 v. Chr.)

30 Platon war einer der Schüler von Sokrates und zeichnete die Gespräche seines Lehrers auf. Für ihn stand fest, dass nur Nachdenken zur wahren Erkenntnis führen könne. Alles, was man mit den menschlichen Sinnen wahrnehmen kann, sah Platon dagegen als trügerische und un-
35 nütze Ablenkung an. Damit er mit seinen Schülern ungestört diskutieren konnte, gründete er vor den Toren Athens als erster Philosoph eine eigene Schule. Hier befasste er sich auch mit der Frage, welcher Staat für die Menschen am besten ist. Er war überzeugt, dass es
40 irgendwann einmal die ideale Polis geben würde.

Aristoteles (384–322 v. Chr.)

Aristoteles wiederum war 20 Jahre lang ein Schüler Platons. Nach dessen Tod gründete auch er eine eigene Schule und baute eine Bibliothek auf. Im Gegensatz zu
45 Platon glaubte er an die Macht der Wirklichkeit und die Erkenntnis aus der genauen Beobachtung der Dinge, die uns umgeben. Als erster Mensch versuchte er alles, was es in der Natur gibt, zu erfassen und zu ordnen. Er galt deshalb als Vater der Tier- und Pflanzenkunde. Außer-
50 dem beschäftigte er sich mit den Gesetzen, nach denen menschliches Denken funktioniert, mit der Frage nach der besten Verfassung sowie mit der Dicht- und Redekunst. Er hinterließ ein umfassendes Werk zu vielen philosophischen Themen.

Aristoteles (384–322 v. Chr.) über den Menschen und die Gesellschaft:

Dass ferner der Mensch in höherem Grade ein staatenbildendes Lebewesen ist als jede Biene ... ist klar. Denn die Natur macht nichts vergebens. Der Mensch ist aber das einzige Lebewesen, das Spra-
5 che besitzt. Die Stimme zeigt Schmerz und Lust an und ist darum auch den anderen Lebewesen eigen (denn bis zu diesem Punkte ist ihre Natur gelangt, dass sie Schmerz und Lust wahrnehmen und dies einander anzeigen können); die Sprache dagegen
10 dient dazu, das Nützliche und Schädliche mitzuteilen und so auch das Gerechte und Ungerechte. Dies ist nämlich im Gegensatz zu den andern Lebewesen dem Menschen eigentümlich, dass er allein die Wahrnehmung des Guten und Schlechten, des Ge-
15 rechten und Ungerechten besitzt ... Wer aber nicht in Gemeinschaft leben kann oder ... der ist kein Teil des Staates, sondern ein wildes Tier oder Gott.

Aristoteles: Politik, 1. Buch, hg. und übers. von Olof Gigon, München (dtv) 1996, S. 49f., © Artemis Verlag, Zürich, Bearb. v. Verf.

 Platon (427–347 v. Chr.) über die Grenzen der Sinneseindrücke der Menschen:

Ich sprach: vergleiche unsere Natur in Bezug auf Bildung mit folgendem Zustande. Stelle dir Menschen in einer unterirdischen, höhlenartigen Wohnung vor. Diese hat einen gegen das Licht
5 geöffneten Zugang längs der ganzen Höhle. In dieser Wohnung sind die Menschen von Kindheit an gefesselt an Hals und Schenkeln, sodass sie auf demselben Fleck bleiben und wegen der Fesseln auch nur nach vorne hin sehen können.
10 Licht haben sie von einem Feuer, welches von oben und von ferne her hinter ihnen brennt. Zwischen dem Feuer und den Gefangenen verläuft hinter den Gefangenen ein Weg. Auf dem Weg tragen Menschen allerlei Geräte und arbeiten.
15 Einige reden dabei, andere schweigen ... Dieser Zustand ist uns ganz ähnlich ... Denn die Menschen haben von sich selbst und voneinander ... nie etwas anderes gesehen als die Schatten, welche das Feuer auf die ihnen gegenüberstehende
20 Wand der Höhle wirft.

Zit. nach Plato: Sämtliche Werke 2, übersetzt von Friedrich Schleiermacher. Hamburg (Rowohlt), 1970, S. 514.

 Ein Gespräch zwischen Sokrates (470–399 v. Chr.) und seinem Sohn Lamprokles, der wütend auf seine Mutter war:

Sokrates. Sage mir, mein Sohn, hast du je Gelegenheit gehabt, Menschen kennen zu lernen, die man undankbar nennt?
Lamprokles. O Ja.
5 Sokrates. So wirst du vermutlich auch wissen, wodurch sie sich diesen Namen zuziehen?
Lamprokles. Allerdings; wer Gutes von einem andern empfangen hat, und es ihm nicht vergilt[1] wenn er Gelegenheit dazu bekommt, wird un-
10 dankbar genennt[2].
Sokrates. Denkst du, es geschehe den Undankbaren zu viel, wenn man sie mit den Ungerechten in Eine Linie stellt?
Lamprokles. Ich denk' es nicht.
15 ...
Sokrates. Wenn dem so ist, so wäre also Undankbarkeit deiner Meinung nach, offenbare Ungerechtigkeit?
Lamprokles. Ich bin gänzlich dieser Meinung.
20 Sokrates. Und je größer die empfangenen Wohlthaten wären, die einer nicht zu vergelten suchte, desto größer das Unrecht?
Lamprokles. Unläugbar.
Sokrates. Wo fänden wir nun wohl den Men-
25 schen, der von einem andern größere Wohlthaten empfangen hätte, als Kinder von ihren Eltern?

Xenophon, Sokratische Denkwürdigkeiten. übers. v. Christoph Martin Wieland. Zit. nach http://gutenberg.spiegel.de/buch/-878/8 (Stand: 22. 1. 2016).

[1] *auf etwas reagieren*
[2] *genannt*

1 **Gruppenarbeit:** Bildet Dreiergruppen. Jeder von euch wählt sich eine der drei Textquellen (M4–M6) aus.
a) Fasst die Hauptaussagen des gewählten Philosophen in eigenen Worten zusammen.
Tipp: Nehmt den jeweiligen Absatz im Darstellungstext zu Hilfe.
b) Vergleicht eure Ergebnisse, indem ihr sie in einer Tabelle gegenüberstellt.
c) Diskutiert, inwiefern die griechischen Philosophen das Denken der Menschen revolutioniert haben.

Wie beeinflusst uns die griechische Antike heute?

In diesem Kapitel hast du dich ausführlich mit der griechischen Antike ausein-andergesetzt. Sicherlich hast du an einigen Stellen schon bemerkt, dass die Er-rungenschaften und die Entwicklungen der griechischen Antike noch bis heute in irgendeiner Form spürbar sind, obwohl sie nun schon über 2000 Jahre her ist.

- *Untersuche, in welchen Bereichen unseres heutigen Lebens die Spuren der griechischen Antike immer noch sichtbar sind und inwiefern die griechische Antike auch auf dein Leben und deinen Alltag Einfluss hat.*

M 1 Der Tempel zu Ehren der Göttin Athene auf der Akropolis in Athen, erbaut 447–432 v. Chr., Foto, 2014

M 2 Das Säulenhaus in Merseburg, Foto, 2016. Es wurde im Sommer 1914 gebaut. Über viele Jahre war es ein Kranken-haus, heute befindet sich dort ein Gesundheitszentrum.

Einflüsse in Kunst und Kultur

Bis heute sind griechische Sagen, wie die Irrfahrt des Odysseus, weit verbreitet und finden in Jugendbüchern zahlreiche Leser. Ganze moderne Filmgenres sind von griechischen Sagen inspiriert. Besonders beliebt sind
5 auch Filmproduktionen, die sich der griechischen Antike widmen.

Ebenso finden sich heute griechische Komödien und Tragödien immer wieder auf den Spielplänen von Thea-tern. Dort werden die großen Themen der Menschheit,
10 wie Leben und Tod, Liebe und Verrat, Mut und Furcht in fesselnden Handlungen erzählt, die auf Ereignissen der Vergangenheit beruhen.

Griechische Architektur

Noch heute finden Archäologen Überreste von Gebäu-
15 den aus dem antiken Griechenland. Die Art und Weise, wie diese Gebäude mit all ihren Säulen aus Kalkstein und Marmor gebaut wurden, belegen, dass die alten Grie-chen einen großen Wert auf die Architektur legten. Da-bei war Athen, wie in der Politik, Vorbild für andere
20 Poleis. Dort wurden große Summen ausgegeben, um aus der Akropolis eine einmalige Ansammlung von Tempeln zu entwickeln. Damit sollte die Göttin Athene gewürdigt und der Machtanspruch Athens in der griechischen Welt verdeutlicht werden. Noch heute orientieren sich Archi-
25 tekten an den antiken Bauwerken. Ähnlich der Bedeu-tung in Kunst und Kultur, ist auch die Architektur von Theatern bis heute prägend.

Wissenschaft und Bildung

Griechische Gelehrte gelten als die Vordenker der mo-
30 dernen Forscher. Nachdem die Welt über Jahrtausende
mit dem Eingreifen von Göttern erklärt wurde, begann
der griechische Historiker Herodot (siehe S. 75) damit,
eine Geschichte der Menschheit zu schreiben, in der die
Götter nicht mehr für Krieg, Frieden und Zusammenle-
35 ben der Menschen verantwortlich waren. Dies war etwas
grundlegend Neues.
Andere beobachteten die Natur, experimentierten und
versuchten Gesetzmäßigkeiten zu erkennen. In dieser
Zeit entstanden auch die ersten Karten für die Seefahrt
40 und man ging bereits davon aus, dass die Erde eine Kugel
ist. Ein Vertreter dieser Theorie war Pythagoras, der sich
nicht nur mit Astronomie, Musik und Politik beschäftigte, sondern auch mit Mathematik. Bis heute wird der
Lehrsatz zur Berechnung von Seitenlängen in recht-
45 winkligen Dreiecken „Satz des Pythagoras" genannt.

Forschung in der Medizin

Auch in der Medizin waren die Griechen Vorreiter. Der
Arzt Hippokrates (um 460–370 v. Chr.) übertrug die
Denkweise der Forscher auf das Heilen von Menschen.
50 Er beobachtete und schrieb sorgfältig nieder, was ihm an
den Erkrankungen seiner Patienten wichtig erschien.
Nach und nach konnte Hippokrates so Anzeichen für
Krankheit erkennen, deuten und deshalb Mittel zur Hei-
lung finden und anwenden.

55 ### Die Bedeutung der attischen Demokratie

Das antike Griechenland gilt bis heute als Geburtsstätte
unserer heutigen Gesellschaftsform, der Demokratie.
Heute wären Bestandteile der attischen Demokratie, wie
etwa das Scherbengericht, und die fehlende Beteiligung
60 der Mehrheit der Bevölkerung nicht mehr zeitgemäß.
Trotzdem finden sich im antiken Griechenland erstmals
Elemente der Demokratie, die unser Zusammenleben
heute prägen. Beispiel dafür ist die, wenn auch im antiken Griechenland nur für bestimmte Personen geltende
65 Bürgerbeteiligung an der Politik, das Mehrheitsprinzip
oder auch der Gleichheitsgrundsatz*. All dies hat seinen
Ursprung in Griechenland. Es sind Merkmale der attischen Demokratie, die bis heute gültig sind. Wahlen
werden heute immer noch nach dem Mehrheitsprinzip
70 abgehalten, nach dem Gleichheitsgrundsatz werden alle
Bürger vor dem Gesetz gleich behandelt.

**Auszug aus dem Eid des Hippokrates
(um 460–370 v. Chr.):**
*Bis heute schwören manche Ärzte freiwillig den
Eid, obwohl dies nicht verpflichtend ist:*
Ich schwöre bei Apollon dem Arzt und bei Askle-
pios Hygieia und Panakeia sowie unter Anrufung
aller Götter und Göttinnen als Zeugen, dass ich
nach Kräften und gemäß meinem Urteil diesen
5 Eid und diesen Vertrag erfüllen werde:
Denjenigen, der mich diese Kunst gelehrt hat,
werde ich meinen Eltern gleichstellen und das Leben mit ihm teilen; falls es nötig ist, werde ich
ihn mitversorgen. Seine männlichen Nachkom-
10 men werde ich wie meine Brüder achten und sie
ohne Honorar und ohne Vertrag diese Kunst leh-
ren, wenn sie sie erlernen wollen. Ich werde die
Heilkunst nach bestem Wissen und Können zum
Wohl der Kranken anwenden, nie aber zu ihrem
Verderben und Schaden. Ich werde auch nieman-
15 dem eine Arznei geben, die den Tod herbeiführt,
auch nicht, wenn ich darum gebeten werde, auch
nie einen Rat in dieser Richtung erteilen. Ich werde auch keiner Frau ein Mittel zur Vernichtung
keimenden Lebens geben ... Was ich in meiner
20 Praxis sehe oder höre ..., darüber werde ich
schweigen in der Überzeugung, dass man solche
Dinge streng geheim halten muss.
*Axel W. Bauer, Der Hippokratische Eid http://www.umm.
uni-heidelberg.de/ag/gte/bauer_hippokratischer_eid.pdf
(Stand: 22. 1. 2016).*

**Der Historiker Axel W. Bauer schätzt den Eid
des Hippokrates aus heutiger Sicht ein (1993):**
Als unmittelbar gültige ... Richtschnur für das
konkrete Handeln des heutigen Arztes kann er
[der Hippokratische Eid] allerdings nicht mehr
dienen; die Geschichte entlässt uns nicht aus der
5 Verantwortung für unsere eigene Zeit.
Quellenangabe: siehe M3.

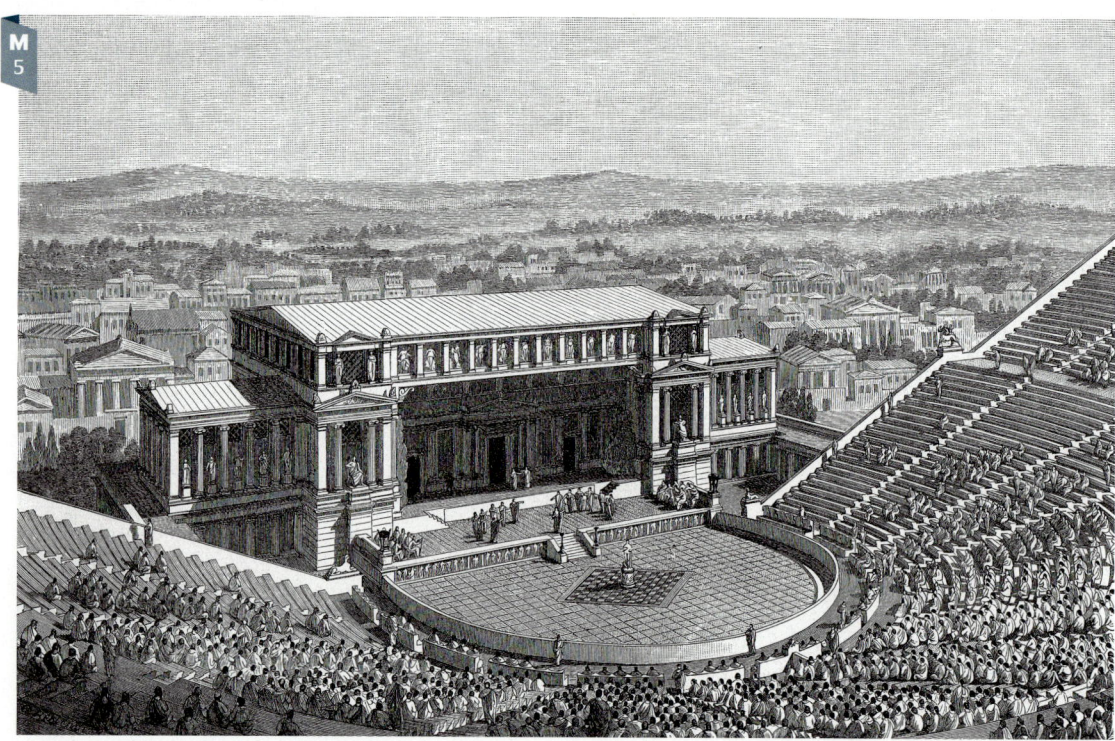

Rekonstruktionszeichnung des Dionysos-Theaters am Südabhang der Akropolis in Athen. Dieser Holzstich von Georg Rehlender stammt aus dem Jahr 1895. Das gesamte Gebiet um das Dionysos-Theater wurde seit 1863 von Mitgliedern der Archäologischen Gesellschaft Athen freigelegt. Erst danach konnte seine Architektur dokumentiert werden. Das Theater soll nun für mehrere Millionen Euro restauriert, d. h. sein ursprünglicher Zustand wiederhergestellt werden.

1 **Partnerarbeit:**
a) Vergleicht M1 und M2. Haltet Gemeinsamkeiten, Ähnliches und Unterschiedliches in einer Tabelle fest.
Tipp: Konzentriert euch auf die Architektur der Gebäude.
b) Begründe, warum die Architektur des Säulenhauses gerade für ein Krankenhaus sehr passend ist.

2 Gib die Meinung des Historikers Axel M. Bauer zum Eid des Hippokrates (M4) in eigenen Worten wieder.

3 Finde Aussagen in M3, die dir heute nicht mehr zeitgemäß erscheinen. Begründe deine Entscheidung.

4 Stelle mithilfe des Darstellungstextes (Z. 55–71) dar, warum der Gleichheitsgrundsatz und das Mehrheitsprinzip auch für dich wichtig sind.
Tipp: Denke an eure Wahl des Klassensprechers.

5 Begründe, warum das Scherbengericht und die fehlende Beteiligung der Mehrheit der Bevölkerung an der Politik heute nicht mehr zeitgemäß sind (Darstellungstext).
Tipp: Nimm die S. 106–109 zu Hilfe.

6 Auf S. 114/115 kannst du sehen, wie sich heutzutage ein Rekonstruktionszeichner ein antikes Theater vorstellt. Auch M5 ist eine Rekonstruktionszeichnung, aber eine, die nur wenige Jahre nach Ausgrabungsbeginn angefertigt wurde.
a) Vergleiche M5 und die Rekonstruktionszeichnung auf S. 114/115.
b) Erkläre, warum sich die beiden Rekonstruktionszeichnungen voneinander unterscheiden.

7 **Wähle eine Aufgabe aus:**
a) In einem Internetforum beschwert sich ein Schüler über seine Geschichtshausaufgaben zum antiken Athen, weil er meint, dass „diese alten Griechen doch heute niemanden mehr interessieren". Erkläre ihm mithilfe der Materialien, warum die griechische Antike bis heute bedeutsam ist.
Tipp: Wo begegnet dir die griechische Antike im Alltag?
b) Griechenland gibt jährlich rund zwölf Millionen Euro für den Erhalt der antiken Stätten aus, die uns als gegenständliche Quellen dienen. Sollte dieser Betrag gekürzt werden? Nimm Stellung.

| 900 v. Chr. | 800 v. Chr. | 700 v. Chr. | 600 v. Chr. | 500 v. Chr. | 400 v. Chr. |

um 900–700
Bildung von griechischen Stadtstaaten (Poleis)

500
Athen führende See-
und Handelsmacht im
Mittelmeer

um 750–550
Gründung von griechischen Kolonien
rund um das Mittelmeer und am
Schwarzen Meer

5. und 4. Jahrhundert
attische Demokratie;
Blütezeit der Kunst,
Philosophie und des
Theaters in Athen

Leben in der Polis Athen

Zusammenleben im Stadtstaat

Auch im antiken Griechenland beeinflusste die Landschaft die Lebensbedingungen der Menschen und die
Form ihres Zusammenlebens. Die Gebirgslandschaft und
die starke Zergliederung der Küsten förderten die Ent-
5 stehung kleiner selbstständiger Herrschaftsgebiete
(Stadtstaaten = Poleis, Einzahl: Polis). Obwohl sich die
Griechen aus verschiedenen Volksgruppen zusammen-
setzten, fühlten sie sich zusammengehörig. Eine gemeinsame Sprache und Schrift trugen ebenso dazu bei wie
10 eine gemeinsame Götter- und Mythenwelt. Zur Verehrung ihrer vielen Götter trafen die Griechen an gesamtgriechischen Heiligtümern zusammen: In Olympia z. B.
führten sie alle vier Jahre Wettkämpfe zu Ehren des Zeus
durch, die Olympischen Spiele.
15 Vom 8. bis zum 6. Jahrhundert v. Chr. gründeten viele
Stadtstaaten an den Küsten des Mittelmeeres und
Schwarzen Meeres Kolonien. Diese entwickelten sich
nach dem Vorbild ihrer Mutterstädte, waren aber unabhängige Poleis. Die griechische Sprache und Kultur
20 verbreiteten sich durch die Kolonisation in Europa. Im
Mittelmeerraum trieben die Kolonien untereinander
einen regen Handel.

Athenische Demokratie und Gesellschaft

Zu den bekanntesten Stadtstaaten gehörte Athen. Ur-
25 sprünglich herrschten dort wie in vielen anderen Poleis
Könige (Monarchie), dann Adlige (Aristokratie). Ausge-
löst durch Krisen, führten mehrere Reformen zu einer
völlig neuen Herrschaftsform: der Demokratie (Volksherrschaft). Wichtige Anstöße gingen von den Adligen
30 Solon, Kleisthenes und schließlich Perikles aus. Um 450
v. Chr. war diese Entwicklung weitgehend abgeschlossen.

In der athenischen Demokratie verfügten alle männlichen Bürger über die gleichen politischen Mitspracherechte. Sie trafen in der Volksversammlung politische
35 Entscheidungen und jeder Bürger hatte Zugang zu politischen Ämtern. Die meisten Ämter wurden im Losverfahren vergeben. Tagegelder (Diäten) sorgten dafür, dass
sich auch ärmere Bürger an der Politik beteiligen konnten. Mit dem Scherbengericht konnten Bürger verbannt
40 werden.
Frauen, Fremde und Sklaven hatten keine politischen
Rechte. Sie bildeten die Mehrheit der Bevölkerung. Frau-
en lebten meist unter der Vormundschaft ihres Eheman-
nes zurückgezogen im Haus. In der griechischen Gesell-
45 schaft waren Geschlechterrollen klar verteilt. Jungen
und Mädchen wurden schon im Bildungswesen auf ihre
späteren Aufgaben vorbereitet. Die Gesellschaft in Athen
war von Ungleichheit gekennzeichnet. Dennoch beeinflusst die athenische Demokratie bis heute unser Leben.
50 Der in der athenische Demokratie entwickelte Gleichheitsgrundsatz und das Mehrheitsprinzip sind bis heute
gültige Entscheidungsprinzipien.

Griechische Kultur

Im 5. Jahrhundert entwickelte sich Athen zum Zentrum
55 für Künste und für die Philosophie. Die Überlegungen
von Philosophen wie Sokrates, Platon und Aristoteles
veränderten das Denken der Menschen. Im ersten Theater Griechenlands, das unterhalb der Akropolis lag, wett-
eiferten Dichter um den Preis für das beste Theaterstück.
60 Das Erbe der griechischen Antike ist auf vielfältigste
Weise bis heute spürbar.

In diesem Kapitel konntest du folgende Kompetenzen erwerben:

- mithilfe von Quellen das Zusammenleben in der Polis, gesellschaftliche Strukturen und Religionen bzw. Kulte untersuchen und beurteilen
- auf Grundlage einer Geschichtskarte und weiterer Quellen eine kurze Darstellung verfassen und dabei die Belegbarkeit von Aussagen kennzeichnen

- die Bedeutung der griechischen Antike für die Gegenwart beurteilen und zum angemessenen Umgang mit ihr Stellung nehmen
- die Bedeutung und Grenzen der attischen Demokratie beurteilen
- die Formen des gegenwärtigen Umgangs mit der griechischen Götterwelt diskutieren
- **Methode:** Eine Geschichtskarte auswerten

....

Folgende Begriffe hast du kennengelernt:

- Götter und Mythenwelt
- Orakel
- Theater
- Geschlechterrollen
- Polis
- Philosophie
- Kolonisation
- Olympische Spiele
- attische Demokratie
- Mehrheitsprinzip

1 **Partnerarbeit:** Jeder sucht sich drei der oben stehenden Begriffe aus und erklärt seinem Partner mündlich deren Bedeutung in der griechischen Antike.
Tipp: Nehmt die Seiten aus diesem Kapitel zur Hilfe.

M1 **Der griechische Geschichtsschreiber Xenophon (ca. 430–354 v. Chr.) beschreibt die Aufgaben von Frauen und Männern:**

Da zwei Arten von Arbeit nötig sind, die draußen und drinnen, schuf Gott die Natur der Frau für die Arbeiten im Haus und die des Mannes für die Arbeit außerhalb des Hauses. Männer sind eher
5 dazu geschaffen, Kälte und Wärme, Märsche und Kriegszüge zu ertragen ... Der Körper der Frau ist weniger widerstandsfähig, deshalb ist sie besser für die Arbeiten im Haus geeignet. Da sie besser in Kindererziehung ist, gaben die Götter ihr die
10 größere Liebesfähigkeit ... Weil beide Teile geben und nehmen müssen, verteilten die Götter Gedächtnis und Sorge in gleichem Maße. Deshalb kann man nicht sagen, ob Frauen oder Männer den Vorzug bekommen.

Xenophon, Oikonomikos, 7,3ff. Übers. v. Verf.

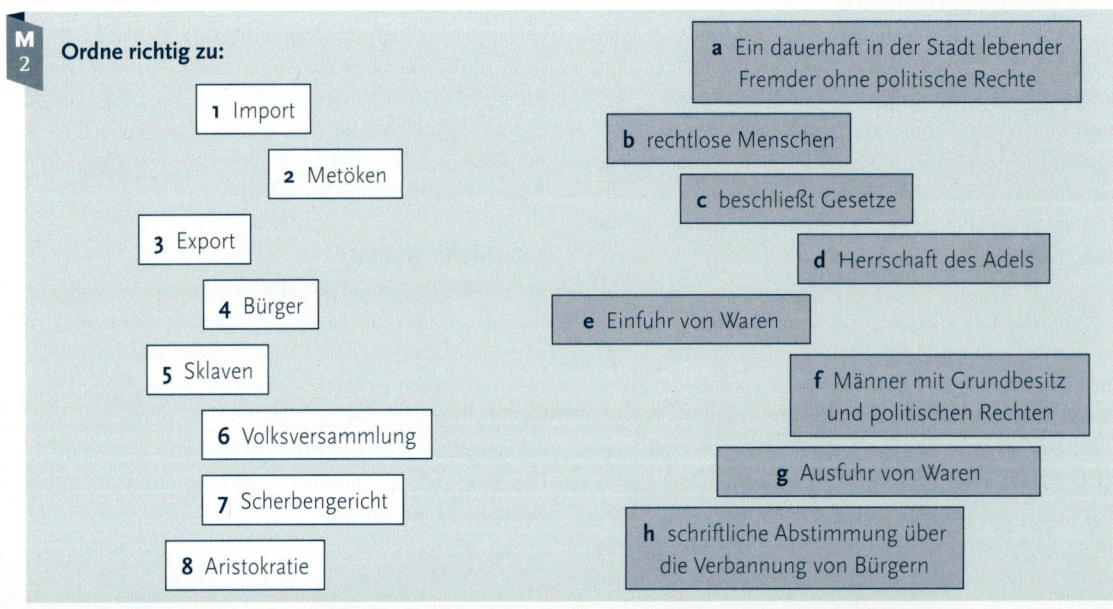

M2 Ordne richtig zu:

1 Import
2 Metöken
3 Export
4 Bürger
5 Sklaven
6 Volksversammlung
7 Scherbengericht
8 Aristokratie

a Ein dauerhaft in der Stadt lebender Fremder ohne politische Rechte
b rechtlose Menschen
c beschließt Gesetze
d Herrschaft des Adels
e Einfuhr von Waren
f Männer mit Grundbesitz und politischen Rechten
g Ausfuhr von Waren
h schriftliche Abstimmung über die Verbannung von Bürgern

Bronze-Delphine, die im Handel als Geld-münzen verwendet wurden, gefunden in einer griechischen Siedlung bei Olbia, 6. Jh. v. Chr.

M 3

M 4

Die Akropolis in Athen heute, Foto, o. J. Auf der Akropolis ist der größte Tempel, der Parthenontempel (1), gut zu erkennen. Er war der Göttin Athene geweiht. Den Eingang der Akropolis bilden die Propyläen, eine Torhalle (2). Unten ein Theater aus römischer Zeit (3).

Methoden- und Interpretationskompetenz

1 Untersuche M1 auf S. 179 mithilfe der Arbeitsschritte „Eine schriftliche Quelle untersuchen" auf S. 67.

2 **a)** Stelle dar, wie Xenophon (M1) die Rollenvertei-lung zwischen Männern und Frauen begründet.
  b) Vergleiche diese Rollenverteilung mit heute.

Geschichte darstellen (narrative Kompetenz)

3 Ordne die Begriffe aus M2 den richtigen Erklärun-gen zu.

4 Schreibe einen Artikel für eine Geschichtszeitschrift, die von Kindern und Jugendlichen deines Alters gele-sen wird, in dem du die Bedeutung des Handels für die Athener darstellst. Nimm dazu M3 und die Mate-rialien auf S. 100/101 zu Hilfe.
  Tipp: Warum waren die Athener daran interessiert, den Handel im Mittelmeer immer weiter auszudeh-nen? Wenn du dir nicht sicher bist, musst du ver-muten.

Geschichte heute (geschichtskulturelle Kompetenz)

5 Verfasse eine Reisebeschreibung für Athen, die den Reisenden an die antiken Stätten führt. Erstelle dabei Verhaltensregeln, an die sich die Touristen halten sol-len (M4).

6 Stelle in einer Mind-Map alle Bereiche zusammen, in denen wir heute von der griechischen Antike beeinflusst sind.

Griechische Antike

Theater

7 Bewerte die attische Demokratie aus heutiger Sicht.
  Tipp: Welche Bedeutung hat sie für uns heute? Wo lie-gen im Vergleich zur heutigen Demokratie die größten Unterschiede?

5
Leben im Römischen Reich

Ganz Rom ist auf den Beinen, um seinen siegreichen Feldherrn zu feiern. Im Triumphzug geht es über das Forum, den Mittelpunkt der Stadt. Hier befinden sich die prunkvollsten Bauwerke und Tempel. Oben auf dem Kapitol wird der Sieger im Jupitertempel den Göttern opfern. Die Soldaten haben Hunderte Gefangene gemacht. Sie werden als Sklaven verkauft. Gleich kommen die großen Karren mit der Kriegsbeute, dazu die wilden Tiere aus den eroberten Gebieten. Diesmal soll ein riesiges Tier mit langem Hals aus Africa dabei sein.

Was möchtest du genauer über dieses Ereignis wissen? Notiere deine Fragen.

Triumphzug über das antike Forum Romanum, Computergrafik, 2011

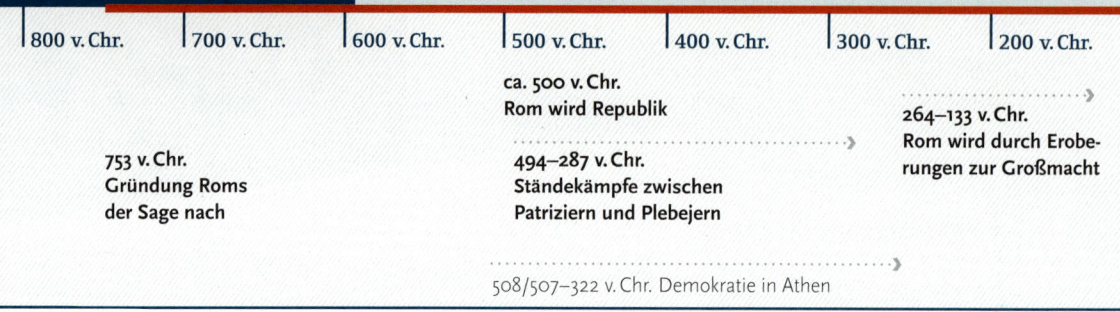

800 v. Chr. 700 v. Chr. 600 v. Chr. 500 v. Chr. 400 v. Chr. 300 v. Chr. 200 v. Chr.

ca. 500 v. Chr.
Rom wird Republik

753 v. Chr.
Gründung Roms
der Sage nach

494–287 v. Chr.
Ständekämpfe zwischen
Patriziern und Plebejern

264–133 v. Chr.
Rom wird durch Erobe-
rungen zur Großmacht

508/507–322 v. Chr. Demokratie in Athen

Leben im Römischen Reich

Rom war lange Zeit eine kleine Stadt, vergleichbar mit
einer griechischen Polis. Doch anders als in Griechenland
wurde aus der kleinen Bauernsiedlung das Zentrum eines riesigen Weltreichs, das sich über drei Kontinente
5 erstreckte. Nur in Ostasien entstand zur gleichen Zeit
mit dem Chinesischen Reich ein ähnlich mächtiger Staat.
Das Römische Reich hat bis heute Spuren hinterlassen,
denn römische Lebensart und Kultur begegnen uns noch
immer: Einige von euch lernen die Sprache der Römer im
10 Unterrichtsfach Latein. Wir schreiben mit lateinischen
und nicht mit griechischen Buchstaben. Unsere Monats-
namen und unser Kalender sind römischen Ursprungs.
Wusstet ihr, dass viele unserer heutigen Obstsorten von
den Römern zu uns gebracht wurden? Unser Gerichts-
15 wesen und unsere politische Sprache enthalten viele
Begriffe aus römischer Zeit. In diesem Kapitel kannst du
folgende Fragen untersuchen:
• Wie organisierten die Römer ihr Zusammenleben?
• Welche Konflikte mussten sie lösen?
20 • Wie sah der Alltag im Römischen Reich aus?

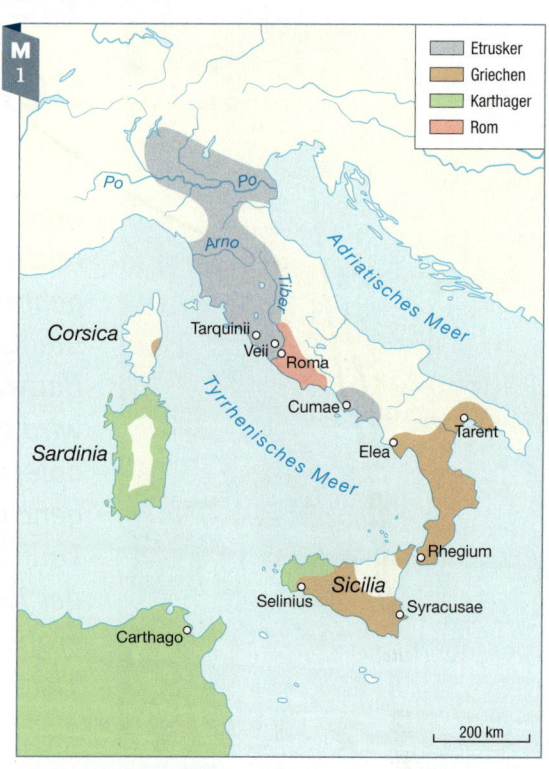

Italien um 480 v. Chr.

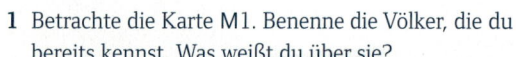

1 Betrachte die Karte M1. Benenne die Völker, die du
bereits kennst. Was weißt du über sie?
2 **Partnerarbeit:** In M2–M4 sind „Spuren" des Römischen Reichs abgebildet:
a) Besprecht, welche Spuren euch bereits begegnet
sind (z. B. bei einem Museumsbesuch, Film, Büchern,
Spielen).
b) Notiert in Stichworten: Was wisst ihr schon darüber? Was möchtet ihr noch wissen?

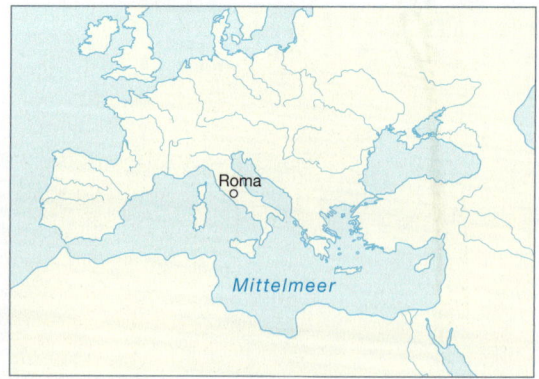

100 v. Chr.	Christi Geburt	100 n. Chr.	200 n. Chr.	300 n. Chr.	400 n. Chr.	500 n. Chr.

44 v. Chr.
Ermordung Caesars

2. Jahrhundert n. Chr.
größte Ausdehnung des Römischen
Reichs unter Kaiser Trajan

476 n. Chr.
Ende des Weströmischen
Reichs

391
Christentum wird Staats-
religion im Römischen Reich

27 v. Chr.–14 n. Chr.
Kaiser Augustus – Rom
wird zum Kaiserreich

395
Teilung des Römi-
schen Reichs

Der Hafen von Puteoli (heute Pozzuoli) in der Bucht von Neapel, römisches Fresko, 1. Jh. n. Chr.

Amphitheater der römischen Stadt Thysdrus (heute El Djem, Tunesien), 1. Jh. n. Chr. Es war mit 35 000 Plätzen das drittgrößte des Römischen Reichs.

Kinder haben sich im Limesmuseum in Aalen mit Kleidung und Helm römischer Legionäre verkleidet, Foto, undatiert

Wie ist Rom entstanden?

„Sieben-fünf-drei – Rom kroch aus dem Ei" – dieser Spruch wird gern gebraucht, um sich das Gründungsjahr der Stadt Rom zu merken. Doch ist dies wirklich das korrekte Datum?
- *Was haben heutige Wissenschaftler über die Entstehung Roms herausgefunden?*
- *Welche Geschichten erzählten sich die alten Römer über die Gründung ihrer Stadt?*

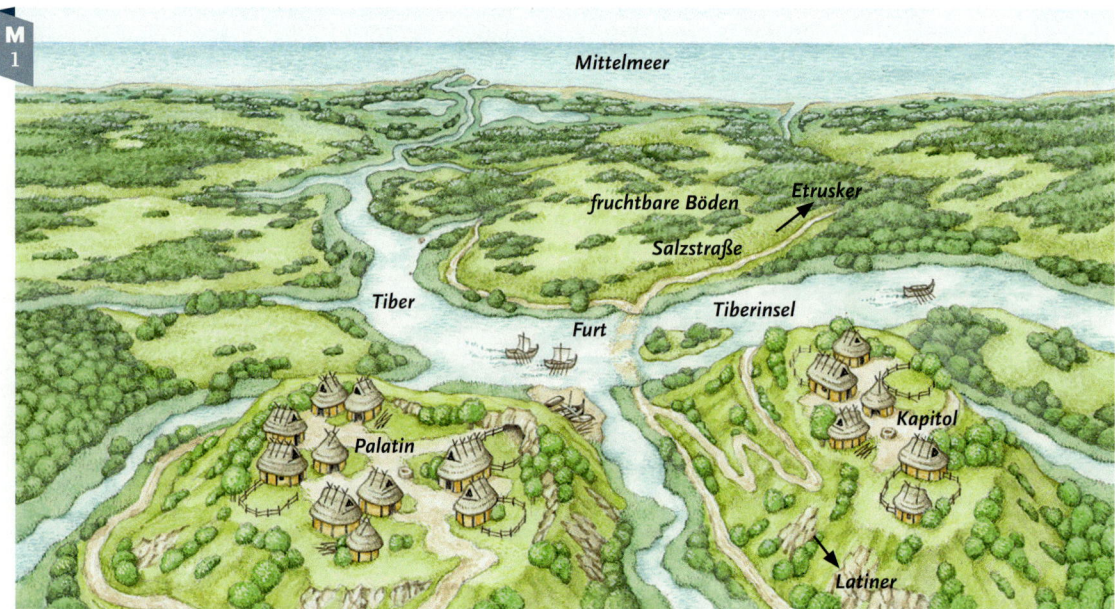

So sah die Gegend aus, in der Rom entstand. Nach heutigen Funden siedelten auf den beiden Hügeln die ersten Bewohner, Rekonstruktionszeichnung, 2014

Roms Entstehung aus Sicht der Sage

In Rom erzählte man sich gerne die Sage über die Gründung der Stadt im Jahr 753 v. Chr., wie du sie rechts nachlesen kannst. Um besondere Bedeutung in der Stadt zu erlangen, führten adlige Familien ihren Ursprung auf
5 berühmte Helden der Vergangenheit oder auf Göttinnen und Götter zurück. Das erscheint uns heute merkwürdig, aber im Altertum hielten es die Menschen für möglich, göttliche Vorfahren zu haben. Die Erzählung von einem gemeinsamen Ursprung und der Zusammengehörigkeit
10 einer bestimmten Gruppe nennen wir einen Gründungsmythos*.

Wohnhaus aus Lehm und Stroh der ersten Bewohner Roms, Rekonstruktionszeichnung

Roms Entstehung aus Sicht der Archäologen

Um 1000 v. Chr. siedelten an der Stelle der späteren Stadt Rom die Völker der Sabiner und Latiner. Sie waren
15 Hirten und Bauern. Der Boden war fruchtbar und der Tiber ließ sich leicht durchqueren. Auf dem Handelsweg am Flussufer wurde das kostbare Salz vom Mittelmeer ins Hinterland transportiert. Allmählich wurde die Siedlung zu einem beliebten Handelsplatz, der durch einen
20 Graben und einen einfachen Wall geschützt wurde.
Um 700 wanderte das Volk der Etrusker ein. Die Etrusker brachten eine andere Lebensweise mit und sprachen eine ganz andere Sprache. Sie bauten Häuser aus Stein und Ziegeln und waren Fachleute für Wassertechnik. Die
25 Etrusker importierten Kunstgegenstände aus Ägypten wie aus Griechenland und beherrschten neue Verfahren der Metallverarbeitung. Um 600 v. Chr. legten die Etrusker die tiefer gelegenen Gebiete am Tiber trocken und bauten ein Forum, einen prächtigen Marktplatz, als
30 Stadtmittelpunkt. Sie schützten die Stadt durch eine neue Mauer.

Römische Wölfin, etruskische Bronzeplastik, um 500 v. Chr., Höhe 75 cm, Museo Palazzo dei Conservatorii, Rom. Die Plastik stand auf dem wichtigsten Hügel der Stadt, dem Kapitol. Die Zwillinge Romulus und Remus wurden erst um 1500 n. Chr. hinzugefügt. Nach neueren Metallanalysen könnte die gesamte Plastik erst viel später hergestellt worden sein.

Die Gründungssage der Stadt Rom

So hätten ein Römer oder eine Römerin die Sage über die Gründung ihrer Stadt erzählt:

Unser Stammvater ist Äneas, einer der berühmten Helden Trojas. Sein Vater war Anchises, seine Mutter die Göttin Aphrodite. Hier in Italien nennen wir sie Venus. Als Troja dem Untergang nahe war, floh
5 Äneas mit seinem Vater aus der Stadt. Nach langen Wochen auf See gelangten sie nach Karthago. Die karthagische Königin Dido verliebte sich in Äneas und tat alles, um ihn in ihrer Stadt zu halten. Aber Äneas wollte weiter segeln. Aus lauter Verzweiflung
10 beging Dido Selbstmord. Das haben uns die Karthager sehr übel genommen.
Schließlich landeten Äneas und Anchises in Italien – ziemlich genau da, wo sich heute der Hafen unserer Stadt Rom befindet. Dort lebte damals das Volk der
15 Latiner. Ihr Gebiet nannten sie Latium. Äneas heiratete eine Tochter des Königs, und ihre Nachkommen herrschten viele Generationen über Latium. Eines Tages gerieten zwei Königssöhne in Streit, wer der neue König werden sollte. Der Sohn ohne Anspruch
20 auf den Thron vertrieb seinen Bruder und dessen

Tochter Rea Silvia. Er bestimmte, dass Rea Silvia Priesterin werden solle und damit unverheiratet und kinderlos bliebe. Da schritt Mars ein, der Gott der Landwirtschaft und des Krieges. Er zeugte mit Rea
25 die Zwillinge Romulus und Remus. Als der unrechtmäßige König davon erfuhr, ließ er die Zwillinge in einem Korb auf dem Tiber aussetzen. Der Korb wurde jedoch am Fuß des Palatin angeschwemmt. Vom jämmerlichen Geschrei angelockt, trug eine Wölfin
30 die Kleinen weg und säugte sie, bis ein Hirte die Jungen fand und aufzog.
Als Romulus und Remus Jahre später von ihrer Herkunft erfuhren, töteten sie den unrechtmäßigen König und gründeten auf dem Palatin eine Stadt. Bald
35 stritten auch Romulus und Remus um die Oberherrschaft. Romulus ließ eine Mauer um das Stadtgebiet errichten, die Remus lachend übersprang, um seinen Bruder zu ärgern. Voller Wut tötete Romulus seinen Bruder und schrie: „So soll es jedem ergehen, der
40 über die Mauern dieser Stadt steigt." Also wurde Romulus zum Gründer und Namensgeber unserer Hauptstadt.

Verfassertext

---

1 Betrachte M1 und M2. Nenne Gründe, die dafür sprechen, an dieser Stelle eine Siedlung zu errichten.
2 Lies die Gründungssage Roms (M4) und teile sie in Sinnabschnitte.
3 **Wähle eine Aufgabe aus:**
   a) Du verbringst den nächsten Urlaub mit deinen Eltern in der Stadt Rom. Berichte ihnen in eigenen Worten von der Gründungssage (M4).
   b) Stell dir vor, du bist Tourist in Rom und hörst die Gründungssage (M4). Notiere deine ersten Gedanken zu dieser Geschichte. Überlege, welche Wirkung sie auf mögliche Gegner Roms gehabt haben könnte.

4 **a)** Vergleiche die Aussagen der Archäologie (Darstellungstext Z. 12–32) mit der Gründungssage in einer Tabelle.
   Tipp: Stelle Gemeinsamkeiten und Unterschiede gegenüber.
   b) Begründe, welche Informationen sicher belegt und welche unklar sind.
5 Beschreibt gemeinsam M3 und diskutiert, welche Dinge seltsam erscheinen (z. B. die Größenverhältnisse oder Haltung und Aussehen von Romulus und Remus).

Webcode: FG642663-129
Entstehung Roms

Ist eine „familia" eine „Familie"?

Heute stellen wir uns unter einer Familie meistens Mutter, Vater und Kinder vor, auch wenn sich diese Auffassung in letzter Zeit stark verändert hat. In der alt-römischen Gesellschaft lebten Eltern und Kinder in einer „familia" ebenso unter einem Dach.

- *Was unterschied eine römische „familia" von heutigen Formen der Familie?*

Szenen aus dem Leben eines römischen Kindes, Relief, um 150 n. Chr.

Die Bedeutung des pater familias

Der wichtigste Bereich im Zusammenleben war bei den Römern die Hausgemeinschaft der „familia". Darin besaß der Familienvater (pater familias) eine herausragende Stellung. Als Hausvater herrschte er über alle Dinge und
5 Personen seiner „familia", einschließlich seiner Ehefrau. Auch für die religiöse Erziehung und die Opfer für die Götter war er verantwortlich. Kein Gesetz schränkte seine Gewalt ein. Wer gegen die Entscheidungen des pater familias aufbegehrte, der verstieß gegen die Sitten der
10 Vorväter, die man stets zu achten hatte. Nach dem Tod des Familienvaters wurde der älteste Sohn zum neuen Familienoberhaupt.

Wer gehörte zur römischen „familia"?

Zur römischen „familia" zählten nicht nur Vater, Mutter
15 und Kinder, sondern auch Sklaven und Klienten*. Die meisten Sklaven waren Kriegsgefangene aus den Erobe-rungszügen Roms. In selteneren Fällen konnten auch Menschen, die ihre Schulden nicht mehr bezahlen konn-ten, zu Sklaven werden. Sklaven arbeiteten in Haushal-
20 ten, als Handwerker und in der Landwirtschaft. Ein pater familias konnte seine Sklaven freilassen. Deren Kinder durften dann römische Soldaten werden. Klienten waren von der Familie abhängige Menschen wie Handwerker und andere Arbeiter. Sie lebten außerhalb des Hauses.

25 Der Hausherr sicherte den Lebensunterhalt der Klienten und lieh ihnen in Notlagen Geld oder Lebensmittel. Bei Streitigkeiten vertrat der Hausherr seine Klienten vor Gericht. Er war ihr Beschützer (= Patron). Als Gegenleis-tung stimmten die Klienten bei Abstimmungen in der
30 Stadt für ihren „pater familias". Je mehr Klienten ein Hausherr im alten Rom besaß, desto höher war sein gesellschaftliches Ansehen.

Das Leben der Kinder in der römischen „familia"

Kam ein Kind zur Welt, legte die Hebamme das Neuge-
35 borene auf den Boden. Hob der pater familias das Kind auf den Arm, zeigte er damit, dass er es anerkannte. Ein missgebildetes Kind konnte ausgesetzt oder getötet wer-den. Die Kinder unterstanden lebenslänglich der Haus-gewalt des Vaters. Solange er lebte, hatten die Söhne
40 keinen Anspruch auf eigenen Besitz. Er bestimmte über die Erziehung, die Berufswahl und die Eheschließung seiner Kinder. Zudem musste er für den militärischen Schutz der Mitglieder seiner Familia sorgen. Im Extrem-fall durfte der pater familias Angehörige mit dem Tode
45 bestrafen. Das musste er allerdings gegenüber den ande-ren Verwandten in einem Hausgericht rechtfertigen. Söhne und Töchter konnten nur vom Vater aus der Haus-gemeinschaft* entlassen werden. Dieser Akt hieß „emancipatio" (= aus der väterlichen Hand entlassen).

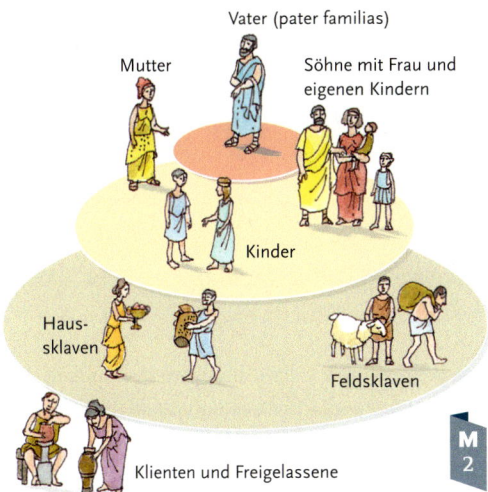

Vater (pater familias)

Mutter

Söhne mit Frau und eigenen Kindern

Kinder

Haus-
sklaven

Feldsklaven

Klienten und Freigelassene

M2 *Der Aufbau einer alt-römischen „familia"*

50 **Formen der Eheschließung im alten Rom**

Bei der Eheschließung gab es zwei Formen. Bei der älteren Form übernahm der Ehemann das Erbe der Frau. Nur wenn die Frau keine Kinder bekommen konnte oder Ehebruch beging, konnte die Ehe gelöst werden. In spä-
55 teren Formen der Eheschließung blieb die Ehefrau rechtlich unter der Gewalt ihres Vaters. Eine Scheidung war ebenfalls möglich, wenn einer der Ehepartner diese erklärte. In solch einem Fall erhielt die Frau das in die Ehe mitgeführte Vermögen zurück.

M3 **Quintus, ein (erfundener) römischer Junge, stellt sich vor:**

Ich bin Quintus. Ich bin schon zwölf Jahre alt! Meine Geschwister sind schon aus dem Haus. Mein Bruder Lucius ist 17. Er war ein Jahr bei meinem Großvater Gaius Aemilius, das ist der
5 Vater meiner Mutter. Großvater hat Lucius in die Politik Roms eingeführt. Bald wird Lucius seinen Wehrdienst beginnen. Wenn Großvater etwas von den Taten unserer Vorfahren erzählt, höre ich gerne zu. Auch mit meinem Hauslehrer würde
10 ich gerne solche Erzählungen lesen. Doch der hat mir Texte über Viehzucht vorgelegt, ausgesucht vom Vater. So etwas Langweiliges! Aber gegen Vaters Hausgewalt kommt halt keiner an. Wenn ich doch bloß erst so alt wäre wie Lucius. Vor
15 zwei Jahren durfte er am Altar, der unseren Familiengottheiten geweiht ist, seine Kindertoga ablegen. Meine Schwestern Romilia und Claudia sind schon verheiratet. Meine dritte Schwester Caecilia ist Priesterin im Vestatempel und darf daher nicht
20 heiraten. Aber alle sind stolz auf sie, auch unsere Sklaven und Klienten.

Verfassertext

M4 **Cornelia, eine (erfundene) Römerin, stellt sich vor:**

Ich bin die Frau von Marcus Romilius. Seit zwanzig Jahren sind wir verheiratet. Mein Vater, Gaius Aemilius, hatte mit seinem Vater die neue Form der Eheschließung vereinbart. Deshalb unterste-
5 he ich nicht der Verfügung meines Mannes, sondern der meines Vaters. So kann ich meine schöne Mitgift – das Vermögen, das ich von meinen Eltern für die Ehe erhalten habe – zurückverlangen, wenn Marcus und ich uns trennen sollten.
10 Im Haus gibt es für mich viel zu tun, obwohl nur noch Quintus, der Jüngste, bei uns lebt. Ich bin für den Speisezettel verantwortlich und beaufsichtige die Köchin beim Brotbacken. Von meiner Mutter habe ich gelernt, wie man webt und
15 spinnt. Hätte ich doch nur nicht so viel Arbeit damit, die Vorräte der Gutswirtschaft zu verwalten: Mehl, Eier und Unmengen von Trockenobst! Jupiter sei gedankt, dass Marcus mir nicht viel hineinredet. Nur sparsam muss ich sein. Aus dem
20 Haus gehe ich nicht so oft wie mein Mann.

Verfassertext

1 Beschreibe anhand des Darstellungstextes die Stellung des pater familias in der „familia".
2 Zeichne M2 in dein Heft ab. Trage Pfeile und Stichworte ein, die die Rechte und Pflichten der einzelnen Mitglieder der „familia" zeigen.
3 **Wähle eine Aufgabe aus:**
   Gib Vor- und Nachteile des Klientelwesens wieder:
   a) aus Sicht des Patrons **b)** aus Sicht des Klienten

4 Beschreibe mithilfe von M1 und M3 das Leben der Kinder in der römischen „familia".
5 **Gruppenarbeit:**
   a) Erstellt mithilfe von M3 ein Standbild (siehe S. 189)
   b) Vergleicht euer Standbild mit M1.
   c) Erläutert die Stellung der Ehefrau Cornelia in der römischen „familia" (M2, M4). Vergleicht sie mit der des pater familias.
6 Diskutiert: Ist eine „familia" eine „Familie"?

Was hielt die römische Gesellschaft zusammen?

Webcode: FG642663-132
Römische Götter

„Res publica" – aus dem Lateinischen übersetzt heißt das „öffentliche Angelegenheit". So nannten die Römer ihren Staat.
- *Auf dieser Doppelseite findest du heraus, was den Römern im Alltag wichtig war und zu welchen Konflikten es in ihrer Republik kam.*

Das Gemeinschaftsgefühl der Römer

Alle Römer waren überzeugt, dass die Tüchtigkeit ihrer Vorfahren Rom groß und bedeutend gemacht hatte. In der Frühzeit Roms waren alle Einwohner Bauern. Sie mussten hart arbeiten und sparsam wirtschaften. Der
5 vornehme wie der einfache Römer sollte von der Landwirtschaft leben. Handel und Geldgeschäfte galten als unehrenhaft. Selbst als in späteren Jahrhunderten Rom unermesslich reich wurde, Männer und Frauen in kostbarer chinesischer Seide gekleidet und mit Schmuck be-
10 hängt waren, betonten Politiker in ihren Ansprachen immer noch das Ideal der einfachen und sparsamen Lebensweise aus der Frühzeit. Die Römer versuchten mehrfach durch neue Gesetze den Hang zum Luxus einzudämmen. Dies erwies sich jedoch als wirkungslos.

Die Religion als fester Bestandteil des Alltagslebens

Die Römer verehrten – wie die Griechen – viele Götter (Polytheismus*, siehe S. 64). Oft waren es dieselben, nur mit lateinischem Namen. Im Umgang mit anderen Reli-
20 gionen waren die Römer relativ offen, denn fremde Götter wurden oftmals mit den römischen gleichgesetzt und in die eigene Götterwelt aufgenommen. Dies geschah nicht nur mit griechischen, sondern auch mit ägyptischen, keltischen oder germanischen Göttern.
25 Römische Familien besaßen einen Hausaltar in Form eines Wandbildes oder eines Steinsockels. Hier wurden das Hausfeuer umsorgt und die Hausgötter verehrt. Auch die Büsten der Vorfahren standen dort neben einer Statue des Stammvaters Äneas.
30 Die Religion berührte viele Lebensbereiche der Römer. So befragten sie beispielsweise vor einem Kriegszug die Götter. Die dafür zuständigen Auguren waren römische Beamte, die bestimmte Zeichen wie den Vogelflug deuteten, um den Willen der Götter zu erfassen. Anhand des
35 Fluges und des Geschreis eines Vogels überprüften sie, ob die Götter mit einem geplanten Unternehmen einverstanden waren. Mit Trank- oder Tieropfern und Gaben

von Feldfrüchten sollten die Götter außerdem gnädig gestimmt werden. Öffentliche Kulte dienten dem Erfolg
40 im Leben, der Abwehr von Unheil oder der Wiedergutmachung von Schuld.

Kämpfe zwischen Patriziern und Plebejern

Etruskische* Könige herrschten ab 600 v. Chr. für rund 100 Jahre über Rom. Dann vertrieben adlige Römer, die
45 Pferde und Waffen besaßen, den etruskischen Herrscher. Diese adligen Römer, auch Patrizier* genannt, teilten Macht und Besitz unter sich auf und besetzten die hohen Ämter in Staat, Religion und Militär. Ihre Herrschaftsform bezeichneten sie als Republik*.
50 Um 500 v. Chr. hatte die „res publica" 35 000 männliche Bewohner und beherrschte ein Gebiet von rund 60 Kilometern nach Süden. Im Krieg mussten die nichtadligen Bewohner, die Plebejer*, als Soldaten zu Fuß aufbrechen, ihre Waffen selbst herstellen oder kaufen und ihre
55 Höfe und Werkstätten im Stich lassen. Da die Plebejer nur einfache Bauern, Handwerker oder Händler waren, verschuldeten sie sich für den Kriegsdienst bei den reichen Patriziern. Als im 5. Jahrhundert v. Chr. die römischen Gesetze im „Zwölftafelgesetz" niedergeschrieben
60 wurden, verbesserte sich ihre rechtliche Situation und sie bekamen Anspruch auf ein Stück Land aus den Eroberungen. Dennoch kam es zwischen 494 und 287 v. Chr. zu ständigen Auseinandersetzungen zwischen Patriziern und Plebejern. Schritt für Schritt erreichten
65 dabei die Plebejer eine Beteiligung an der Macht.

Hausaltar einer römischen Familie aus Pompeji mit Stein- und Gipsbüsten der Vorfahren, Foto, 2004

Münze mit der Göttin Concordia (= Eintracht), 42 v. Chr.

 Menenius Agrippa in einer Rede (494 v. Chr.):
Die Plebejer verweigerten den Wehrdienst und forderten einen Erlass der Schulden. Menenius Agrippa war von den Patriziern als Vermittler zu den Plebejern geschickt worden.

Früher war im Menschen noch nicht alles so perfekt wie heute. Jeder Körperteil hatte seinen eigenen Willen und seine eigene Sprache. Viele Körperteile ärgerten sich, dass sie nur für den faulen
5 Magen sorgen sollten, für ihn arbeiten und alles heranschleppen mussten. Der Magen tue doch nichts anderes, als sich an den mitgebrachten Dingen satt zu essen. Da fassten die anderen Körperteile folgenden Beschluss: Die Hände soll-
10 ten keine Nahrung mehr zum Munde führen, der Mund nichts annehmen und die Zähne nichts kauen. Da sie den Magen durch Hunger schwächen wollten, merkten sie bald, dass auch sie selber schwach und elend wurden. Da sahen sie ein,
15 dass der Magen nicht nur faul war. Wurde er ernährt, dann stärkte er durch sein Blut auch die anderen Körperteile.

Titus Livius, Ab urbe condita libri, Buch 2, 32. Zit. nach http://www.thelatinlibrary.com/Livy/liv.2.shtml (19. 5. 2014). Übers. d. Verf.

 Aus dem Zwölftafelgesetz (um 450 v. Chr.):
Lange Zeit wurden die Gesetze Roms nur mündlich überliefert. Das Zwölftafelgesetz war eine schriftliche Gesetzessammlung, die auf zwölf Tafeln auf dem Forum Romanum ausgestellt wurde, damit jeder die Gesetzestexte sehen konnte.

• Wer vor das Gericht gerufen wird, der muss hingehen … Wenn er nicht geht, Ausflüchte macht oder fliehen will, soll er verhaftet werden.
5 • Wenn jemand ein Körperteil verstümmelt, soll der Täter das Gleiche erleiden oder sich mit dem Verletzten einigen.
• Hat jemand nachts einen Diebstahl begangen und wurde der Dieb dabei getötet, dann war
10 das rechtens.
• Hat das Gericht eine Geldschuld festgesetzt, hat der Schuldner 30 Tage Zeit zur Tilgung seiner Schuld.
• Zahlt der Schuldner seine Schuld nicht, kann
15 der Gläubiger ihn mit einem Strick fesseln und Fußfesseln mit 15 Pfund Gewicht anhängen.

Das Zwölftafelgesetz, Tafel 1 und 3. Zit. nach Rudolf Düll (Hg.), Das Zwölftafelgesetz, 3. Aufl., München (Heimeran) 1959. Übers. v. Rudolf Düll, bearb. v. Verf.

1 Untersuche anhand des Darstellungstextes und M1 die Bedeutung der Vorfahren für die Römer.
2 Fasse die Rede in M3 in eigenen Worten zusammen.
3 **Partnerarbeit:** Diskutiere mit deinem Banknachbarn:
a) Was hätte ein Patrizier zu dem Streik (M3) vermutlich gesagt?
b) War der Streik der Plebejer deiner Meinung nach berechtigt?
4 Erkläre, warum auf der Münze M2 die Göttin Concordia abgebildet ist. Schreibe auf, was der Handschlag bedeuten könnte.

5 **Wähle eine Aufgabe aus:**
a) Ein Athener besucht im 5. Jahrhundert v. Chr. Rom – was könnte er den Athenern nach seiner Rückkehr über Rom berichten? Verfasse einen Bericht.
b) Informiere dich über das Zwölftafelgesetz (Darstellungstext und M4). Erkläre, welche Folgen es für einen einfachen Plebejer hatte.
6 Beurteile den Umgang der Römer mit fremden Göttern (Darstellungstext Z. 17–24).
Tipp: Hat es das Zusammenleben mit anderen Kulturen vereinfacht?

Schaubilder verstehen

In fast allen Staaten regelt heute eine Verfassung als „Grundgesetz" das Zusammenleben der Menschen. Auch im Römischen Reich gab es eine solche Ordnung. Um die Verfassung eines Staates darzustellen, verwenden Historiker häufig Schaubilder. Wie du ein solches Schaubild richtig entschlüsselst, erfährst du hier. Am Ende kannst du folgende Fragen beantworten:
- *Wie wurde die römische Republik regiert und verwaltet?*
- *Wie war die Macht verteilt?*

Der Senat

Der Senat war das Zentrum der politischen Ordnung, denn hier wurde über die Grundzüge der Politik sowie über Krieg und Frieden entschieden. Tagungsort des Senates war die „Curia" am Rande des Forum Roma-
5 num*. Im Senat saßen 300 (später 600) Männer der einflussreichen Patrizierfamilien. Ab 300 v.Chr. durften auch wohlhabende Plebejer Senatoren* werden.

Die Magistrate

Die römischen Beamten hießen Magistrate. Damit sie
10 ihre Macht nicht missbrauchen konnten, blieben sie immer nur für ein Jahr im Amt (Prinzip der Annuität). Jedes Amt wurde mit zwei Männern besetzt (Prinzip der Kollegialität). Zwei Konsuln standen an der Spitze des Staates. Hinzu kamen weitere Beamte: Sie waren für das
15 Gerichtswesen (Prätoren), die öffentliche Ordnung (Ädile) und die Finanzen (Quästoren) zuständig. Zensoren überwachten die Sitten und die Steuereinnahmen. Schied ein Beamter aus seinem Amt aus, wurde er Senator. Nur reiche Römer konnten sich die Tätigkeit als Be-
20 amte leisten, denn es waren Ehrenämter ohne Bezahlung. Um in ein hohes Amt gewählt zu werden, mussten römische Männer tief in die Tasche greifen: Bestechung war an der Tagesordnung. Wer nicht gut reden konnte, der musste einen Redner bestellen und bezahlen.

25 Welche Aufgabe hatten die Volkstribune?

Die zehn Volkstribune wurden von der Versammlung der Plebejer gewählt. Sie schützten die Rechte der Plebejer. Die Volkstribune konnten alle Entscheidungen des Senats und der Magistrate blockieren. Dazu genügte es,
30 das Wort „Veto" (= ich verbiete) auszusprechen.

Die Volksversammlung

In der Volksversammlung kamen alle wehrfähigen Männer Roms zusammen, Patrizier wie Plebejer. Ausgeschlossen waren Frauen, Sklavinnen und Sklaven. Vor-
35 aussetzung für den Zugang zur Volksversammlung war das römische Bürgerrecht*. In der Volksversammlung wurde aber nicht wie in Athen nach Personen abgestimmt, sondern nach Vermögen. Daher hatten reiche Bürger viel mehr Einfluss als arme. Auch bei der Ab-
40 stimmung nach Wohnbezirken waren die reichen Bürger im Vorteil. Jeder der 35 Wohnbezirke hatte eine Stimme. Der größte Teil der einfachen Bevölkerung lebte in der Stadt, aber es gab nur vier städtische Wohnbezirke. Die anderen 31 Bezirke lagen auf dem Land, und ärmere Rö-
45 mer dort konnten sich die Anreise in die Stadt nicht leisten. Daher gaben nur die vermögenden Bürger vom Land ihre Stimme ab.
In einer Sache waren sich Patrizier und Plebejer aber einig: Sie lehnten jede Form von Alleinherrschaft ab. Nur
50 in Zeiten großer Gefahr für den Staat, etwa durch Bedrohung von außen, konnte ein Diktator für die Dauer von höchstens sechs Monaten bestimmt werden.

Anzahl stimmberechtigter Römer mit römischem Bürgerrecht (Italien vom Fluss Po bis zur Südspitze):

um 300 v.Chr.:	35 000 (Schätzung)
130 v.Chr.:	300 000 (Schätzung)
69 v.Chr.:	910 000 (Volkszählung)

Zahlen nach Robin Lane Fox, Die klassische Welt, Stuttgart (Klett) Sonderausgabe 2013, S. 137, 139 und 383.

---

1 **Partnerarbeit:** Notiere in einer Tabelle die wichtigsten Institutionen der römischen Republik. Vergleiche mit deinem Nachbarn.

Versammlung/Amt	Aufgaben
Volksversammlung	

2 Werte M2 mithilfe der Arbeitsschritte in der Tabelle aus. Ergänze die Lösungshinweise, die du in der rechten Spalte vorfindest.

3 Überprüfe anhand des Schaubildes M2 und des Darstellungstextes folgende Aussagen. Schreibe sie richtig auf und erläutere sie:

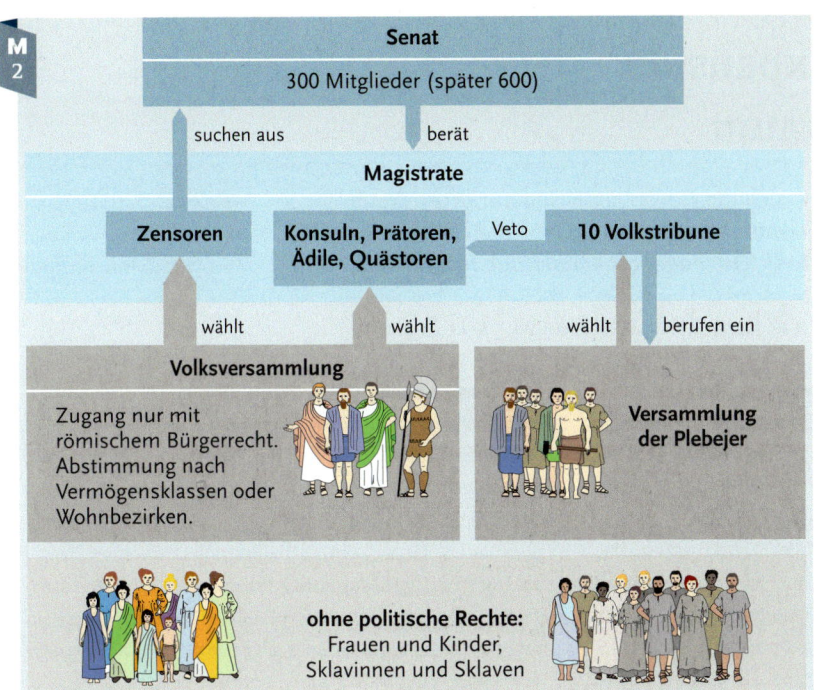

Die Verfassung der römischen Republik

Arbeitsschritte „Schaubilder verstehen"

Einzelne Elemente des Schaubildes erfassen	Lösungshinweise zu M2
1. Welche Fachbegriffe werden verwendet und müssen geklärt werden?	• z. B. Magistrat, Senat, Zensor …
Aufbau des Schaubildes untersuchen	
2. Wie ist das Schaubild zu lesen?	• Das Schaubild lässt sich am besten von unten nach oben lesen, weil …
3. Welche Versammlungen und Ämter gab es?	• Es gab die Volksversammlung, an der … teilnahmen (siehe M1) und … • Zu den Ämtern der römischen Republik gehörten …
Inhalt vertiefen und bewerten	
4. Was waren die Aufgaben der einzelnen Ämter und Versammlungen?	• Die … waren zuständig für … • Die Volksversammlung wählte …
5. Wie war die Macht im Staat verteilt?	• Der Senat steht im Schaubild ganz oben, weil … • Ohne politische Rechte waren … • Zur Volkversammlung zählten … • Die Plebejer wählten 10 Volkstribune. Diese durften …
6. Sammle offene Fragen.	• Unverständlich bleibt für mich …

a) Der Senat ist den Magistraten unterstellt.
b) Ein Diktator wird von den Magistraten ernannt und übt sein Amt höchstens ein Jahr lang aus.

c) In der Volksversammlung haben alle das gleiche Stimmrecht.
d) Die römische Republik war eine Demokratie.

Die römische Expansion im Mittelmeerraum

Viele Jahrhunderte befanden sich die Römer im Krieg mit ihren Nachbarn. Zu den längsten Auseinandersetzungen gehören die drei Kriege mit der nordafrikanischen Stadt Karthago, eine mächtige Seemacht im Mittelmeerraum.

Webcode: FG642663-136
*Kartenanimation:
Das Römische Reich*

- *Aus welchen Gründen führte Rom Krieg und was war das Ergebnis?*

Der erste Krieg gegen Karthago (264–241 v. Chr.)

Als die griechische Stadt Messana in Sizilien von ihrer Nachbarstadt Syrakus angegriffen wurde, riefen die Messaner sowohl Römer wie Karthager zu Hilfe. Kurz darauf führten Rom und Karthago einen Krieg um die
5 Insel Sizilien, der über zwanzig Jahre dauern sollte. Die Römer verfügten als Landmacht nur über ein Landheer und mussten erstmals Kriegsschiffe bauen. Als diese von der karthagischen Flotte zerstört wurden, finanzierten reiche römische Patrizier neue Schiffe. Die Römer erran-
10 gen den entscheidenden Sieg zur See. Die Karthager mussten Sizilien räumen und verloren auch die erzreichen Inseln Sardinien und Korsika an Rom. Im Friedensvertrag erhielten die Römer zudem die damals gewaltige Menge von 80 Tonnen Silber als Kriegsbeute. Sizilien
15 wurde zur ersten römischen Provinz*: Ein römischer Beamter verwaltete das Gebiet und zog von den Bewohnern Steuern (Tribute) ein.

Der zweite Krieg (218–201 v. Chr.): Hannibal besiegt die Römer in Italien

20 Nach dem Verlust von Sizilien 241 v. Chr. eroberten die Karthager weite Teile Spaniens und erschlossen dort reiche Silberminen. Die Römer verpflichteten die Karthager in einem Vertrag, keinesfalls den Fluss Ebro im Norden Spaniens in Richtung Rom zu überschreiten. Der kartha-
25 gische Feldherr Hannibal verletzte diesen Vertrag und zog mit einem gewaltigen Heer von 50 000 Soldaten, 9000 Reitern und 37 afrikanischen Elefanten über die Alpen nach Italien. In der Schlacht von Cannae besiegte er die Römer; 50 000 von 80 000 römischen Soldaten
30 starben. Drei Jahre zog Hannibal unbesiegt durch das Land, griff aber die Stadt Rom nicht direkt an. Der Krieg kostete 100 000 Menschenleben und ließ 400 zerstörte Städte in Italien zurück. Erst als der römische Feldherr Scipio nach Afrika übersetzte und dort die Karthager ent-
35 scheidend schlug, war der Krieg entschieden.
Die Römer richteten neue Provinzen in Spanien ein, erhielten 260 Tonnen Silber als Kriegsbeute und zwangen die Karthager zur Ablieferung fast aller Schiffe. Kriege durfte Karthago nur noch mit Zustimmung Roms führen.

Der dritte Krieg (150–146 v. Chr.): Karthago wird zerstört

Einen ungenehmigten Feldzug der Karthager nahmen die Römer 150 v. Chr. zum Anlass, erneut gegen Karthago zu Felde zu ziehen. Nach dreijähriger Belagerung eroberten
45 sie die Stadt, zerstörten sie völlig und brachten die Bevölkerung als Sklaven nach Rom. Das Land der Karthager wurde zur römischen Provinz Africa.

Wer hatte Interesse an den Kriegen?

Römische Feldherren stammten fast ausschließlich aus
50 reichen Patrizierfamilien. Militärischer Erfolg war eine wichtige Voraussetzung, um als Politiker Karriere zu machen und ein hohes staatliches Amt zu erlangen. Ein öffentlicher Triumphzug in Rom mit der Präsentation der Beute und der Gefangenen war der Höhepunkt im Leben
55 eines Befehlshabers. Daher waren ständig Armeen der römischen Republik in fremden Gebieten unterwegs.

M1

Kriegselefant mit Kampfturm, Abbildung auf einem etruskischen Teller, 3. Jh. v. Chr.

Provinz

Provinzen waren römische Besitzungen, die außerhalb Italiens lagen. Sie wurden von einem römischen Statthalter mit einem kleinen Aufgebot von Soldaten verwaltet. Die ersten Provinzen waren Sizilien und Sardinien; am Ende der Republik unter Caesar waren es 18 Provinzen. Deren Bewohner mussten Abgaben zahlen.

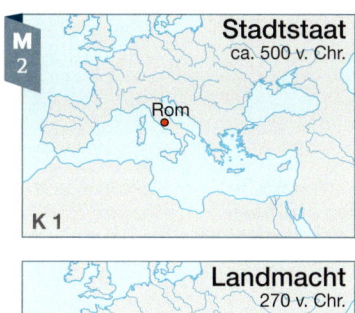

Stadtstaat
ca. 500 v. Chr.

Rom

K 1

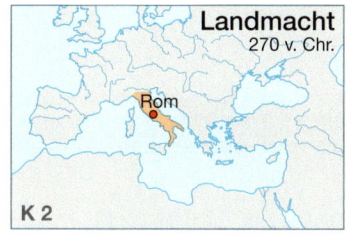

Landmacht
270 v. Chr.

Rom

K 2

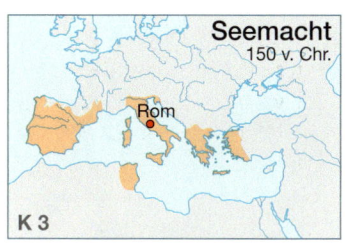

Seemacht
150 v. Chr.

Rom

K 3

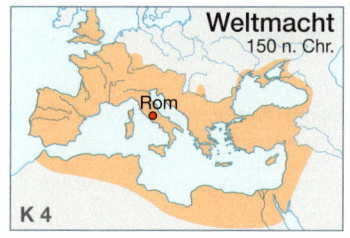

Weltmacht
150 n. Chr.

Rom

K 4

K 5

Rom um 270 v. Chr.
Römisches Reich 44 v. Chr.
Römisches Reich 14 n. Chr.
Römisches Reich im 2. Jh. n. Chr.
Gallia römische Provinz

1000 km

Die Expansion (= Ausdehnung) des Römischen Reichs.
Die Karten 1–4 zeigen die Größe des Reichs zu einem bestimmten Zeitpunkt. Karte 5 gibt die Entwicklung über einen längeren Zeitraum wieder und setzt sich aus den vier Karten links zusammen. Die Karte zeigt die größte Ausdehnung des Römischen Weltreichs unter Kaiser Trajan (117 n. Chr.). Die Provinzen Armenia (114–117 n. Chr.) und Mesopotamia (115–117 n. Chr.) gehörten jedoch nur für kurze Zeit zum Römischen Weltreich.

Imperium Romanum

(von lat. imperare = befehlen). Unter Imperium verstanden die Römer ursprünglich die militärische und zivile Befehlsgewalt der römischen Konsuln und später auch der Verwalter einer Provinz. Allmählich wurde es zur Bezeichnung des römischen Herrschaftsgebiets:

- Bis 272 v. Chr. unterwarfen die Römer ihre Nachbarvölker. Italien stand damit bis zum Fluss Po unter römischer Herrschaft.

- Zwischen 264 und 146 v. Chr. ging es in drei Kriegen gegen die See- und Handelsmacht Karthago im heutigen Tunesien um die Vorherrschaft in Sizilien und Nordafrika.

- Ab dem 3. Jahrhundert v. Chr. eroberten die Römer die reichen Nachfolgestaaten Alexanders des Großen im östlichen Mittelmeerraum. Rom wird zum „Weltreich".

1 **Partnerarbeit:** Wertet den Darstellungstext aus und haltet eure Ergebnisse in einer Tabelle fest:

Rom gegen Karthago	1. Krieg	2. Krieg	3. Krieg
Anlass des Krieges			
Verlauf			
Ergebnisse			

2 Benenne die drei Phasen der Entstehung des Imperium Romanum und ordne ihnen jeweils eine der kleinen Karten zu (Begriffskasten).

Zusatzaufgabe: siehe S. 180

3 **Methode:** Untersuche die Karte M2 (K5) mithilfe der Arbeitsschritte auf S. 99.

4 **Partnerarbeit:**
a) Findet mithilfe von M2 heraus, wann sich das Römische Reich besonders schnell vergrößerte.
b) Diskutiert mögliche Gründe für die schnelle Ausdehnung Roms. Der Darstellungstext nennt einige, aber nicht alle.
c) Nenne mögliche Gründe, warum die römischen Herrscher nicht noch mehr Gebiete gewaltsam eroberten.

Wie behandelten die Römer unterworfene Völker?

Mit der Ausdehnung des Römischen Reichs seit dem 3. Jahrhundert v. Chr. wurde Rom zu einem Weltreich und zu einem Vielvölkerstaat. Die Regierenden standen nun vor der Aufgabe, die neuen Völker in die Gesellschaft einzugliedern, um ihre Herrschaft in den eroberten Gebieten dauerhaft zu sichern.
- *Untersuche, wie die Römer mit den Unterworfenen umgingen.*

Triumphbogen des Septimius Severus auf dem Forum Romanum in Rom zum Sieg der Römer gegen die Parther, 203 n. Chr.

Ein Ausschnitt aus dem Triumphbogen zeigt einen römischen
Soldaten und einen gefangenen Parther, 203 n. Chr.

Die Gallier – erst besiegt, dann integriert
Gallien (in etwa das heutige Frankreich) wurde 58 bis 51 v. Chr. in den gallischen Kriegen von Julius Caesar für Rom erobert. Gallien war reich an Bodenschätzen und Holz – einem an den Küsten Südeuropas knapper wer-
5 denden Rohstoff. Die Eroberung wurde mit großer Härte geführt und über eine Million Menschen fanden den Tod. Der Anführer der Gallier, Vercingetorix, kam als Gefange-
ner nach Rom und wurde nach einem Triumphzug Caesars 46 v. Chr. hingerichtet.
10 Mit der Eingliederung Galliens als römische Provinz erhielten Mitglieder der gallischen Oberschicht das römi-
sche Bürgerrecht*. Ihr Leben unterschied sich nach drei Generationen kaum noch von dem reicher Römer.

Römischer Bürger werden – ein Gewinn?
15 Die Verleihung des römischen Bürgerrechts war für Unterworfene aus allen neuen Gebieten des Reichs ein be-
gehrtes Ziel. Das Bürgerrecht schützte vor Willkür durch römische Beamte und ermöglichte eine gültige Einheirat in andere römische Familien. Wer das Bürgerrecht besaß,
20 durfte ein Testament verfassen und Geschäftsverträge abschließen. Zudem waren Bürger von bestimmten Ge-

meindesteuern befreit und erlangten das Wahlrecht in der Volksversammlung. Römische Bürger durften nicht gefol-
tert oder zur Todesstrafe verurteilt werden.
25 Das Bürgerrecht konnte an einzelne Personen, Städte oder ganze Provinzen verliehen werden. In der Zeit der Republik erhielten als Erste die Verbündeten in Italien das Bürgerrecht, da sie für Rom kämpften. Die Verleihung war uneinheitlich geregelt und oft mit Einschränkungen für
30 die neuen Bürger versehen. Erst 212 n. Chr. erhielten alle frei geborenen Einwohner des Reichs das Bürgerrecht.

Die Parther – unbesiegter Gegner im Osten
Das Reich der Parther war der große Rivale Roms im Vorderen Orient. Gegen sie führten die Römer immer wie-
35 der Kriege. Ein Mitkonsul Caesars, Licinus Crassus, kam 53 v. Chr. bei einem Krieg gegen die Parther ums Leben. Die Mehrzahl seiner Soldaten wurde ebenfalls getötet, und die Römer verloren die wichtigsten militärischen Abzeichen, die Legionsadler. Dies wurde in Rom als
40 schlimme Demütigung empfunden. Im 3. Jahrhundert wurde der römische Kaiser bei einem Feldzug gegen die Nachfolger der Parther, die persischen Sassaniden*, ge-
schlagen. Er geriet in Gefangenschaft und starb dort.

Triumphrelief Schapurs I., König der Sassaniden, in Naksch-e Rostam (Iran), ca. 260 n. Chr. Schapur hält den neben ihm stehenden Valerian zum Zeichen der Gefangennahme am Arm fest.

Aus einer Rede von Kaiser Claudius (48 n. Chr.):

Was wurde denn den Spartanern und Athenern trotz ihrer militärischen Übermacht zum Verhängnis? Sie grenzten die Besiegten aus. Da besaß doch der Gründer unseres Staates, Romulus,
5 mehr Weisheit. Die meisten der besiegten Völker wurden an ein und demselben Tag zuerst als Feinde und dann als Bürger behandelt ...
Wenn man in der Rückschau auf unsere Kriege blickt, dann wurde keiner schneller beendet als
10 der gegen die Gallier. Seitdem herrscht ohne Unterbrechung ein sicherer Frieden. Da die gallischen Oberen mit uns durch gleiche Sitten, Bildung und Heirat verbunden sind, sollen sie doch ihr Gold und ihre Schätze lieber zu uns bringen,
15 als sie für sich zu behalten. Alles, Senatoren, was man heute für uralt hält, ist einmal neu gewesen: Plebejische Beamte folgten patrizischen Beamten, latinische auf die plebejischen, Beamte aus anderen Völkern Italiens auf die latinischen. Auch
20 diese neue Regel wird sich einbürgern.

Tacitus, Annales 11, 24. Zit. nach www.thelatinlibrary.com (20. 5. 2014). Übers. d. Verf.

Der Historiker Uwe Walter schrieb 2012:

Zu den gängigen, aber falschen Auffassungen über das Römische Reich gehört, dieses habe allein oder im Wesentlichen auf den Schwertern und pila (Speeren) seiner Legionen geruht. Wäre
5 dem so gewesen, hätte es keine zwei Generationen lang existiert. Das Geheimnis des römischen Erfolgs bestand vielmehr in der Bereitschaft und Kraft zur Integration[1]. Spannend ist nun, dass die Römer diese Tatsache bereits in ihren Grün-
10 dungsmythos eingeschrieben hatten. Aeneas war ein Flüchtling aus Troja. Und als Romulus daranging, die Stadt Rom zu gründen, mangelte es an Bewohnern. Romulus richtete daher am Rande des Kapitols ein Asyl[2] ein, wo sich Männer
15 einfinden konnten, die nicht nach ihrer Herkunft gefragt werden wollten: Flüchtlinge, Verbannte, Enteignete, vagabundierende Krieger. Zum Selbstverständnis der Römer gehörte es, „Zugereiste" zu sein und nicht schon immer einen
20 Platz besiedelt zu haben. Rom ist ein Ergebnis von Immigration[3] und Integration.

Uwe Walter, Wachstum durch Integration: das Imperium Romanum. Eine Anregung für den Unterricht, in: geschichte für heute 1/2012, S. 44. Bearb. v. Verf.

....
[1] Eingliederung
[2] Zufluchtsort, Notunterkunft
[3] Einwanderung

1 Betrachte M1–M3. Nenne mögliche Erklärungen, warum die Herrscher diese Bauwerke in Auftrag gaben.
2 a) **Methode:** Arbeite mithilfe der Arbeitsschritte „Eine schriftliche Quelle untersuchen" auf S. 67 aus M4 die Argumente heraus, die Kaiser Claudius für eine Eingliederung der gallischen Oberen angibt.
b) Beurteile, welche Absicht der Kaiser damit verfolgt.
3 **Wähle eine Aufgabe aus:**
a) Untersuche M5 mithilfe der Arbeitsschritte „Einen Sachtext lesen und verstehen" auf S. 37.

Tipp: Überlege, welches Ziel die Römer mit der Vergabe des römischen Bürgerrechts an unterworfene Völker verfolgten.
b) Gib M5 in eigenen Worten wieder. Erläutere anschließend, worin der Verfasser das „Geheimnis des römischen Erfolgs" (Z. 6 f.) sah.
4 Verfasse aus der Sicht eines Galliers einen Tagebucheintrag, in dem du beschreibst, wie die Römer mit den besiegten Völkern umgingen.

Warum geriet die römische Republik in die Krise?

In den Krieg zu ziehen war für die römischen Bauern ein selbstverständlicher Teil ihres Lebens. Ein Krieg begann in der Regel im Frühsommer, und nach wenigen Wochen waren die Soldaten wieder zurück bei ihren Familien und auf ihren Feldern – mit dem ausgezahlten Sold und einem Anteil an der Beute. Als Rom begann, Kriege außerhalb Italiens zu führen, blieben die Soldaten jedoch oft Jahre weg oder starben in der Fremde.

- *Welche Auswirkungen hatte die römische Expansion auf die römische Gesellschaft?*
- *Wer profitierte davon und wer gehörte zu den Verlierern?*

Die Reichen werden noch reicher

Durch die Kriege gegen Karthago und die griechischen Staaten kamen Hunderttausende Kriegsgefangene als Beute nach Italien – Männer, Frauen und Kinder. Auf Sklavenmärkten wurden sie als billige Arbeitskräfte ver-
5 kauft. Wohlhabende Römer nutzten ihr Vermögen und pachteten weite Flächen des Staatslandes, kauften Hunderte oder gar Tausende Sklaven und ließen sie auf ihren Landgütern in großem Stil Getreide, Wein, Oliven und Früchte anbauen. Auch die Viehzucht warf hohe Gewin-
10 ne ab. Von der Ausdehnung des Reichs profitierte auch der neue Stand der Ritter. Diese waren nichtadlige Bürger, die durch Handwerk oder durch den Handel von Waren reich wurden. Viele Ritter machten auch als Transport- oder Bauunternehmer Karriere. Mithilfe von
15 Gewinnen aus Kriegen oder durch Steuereinnahmen aus den Provinzen konnten der Staat und reiche Patrizier Aufträge zum Bau von Brücken, Straßen, Wasserleitungen, Villen und Tempeln vergeben.

Aus Bauern werden „Proletarier"

20 Die Last der Kriege trugen vor allem die einfachen Bauern. Wenn sie zu lange von ihren Höfen fernblieben, konnten Frauen und Kinder den Besitz nicht halten. Sie mussten in vielen Fällen ihr Land an Großgrundbesitzer verkaufen und als Tagelöhner arbeiten. Sklaven waren
25 aber noch billiger als Tagelöhner, und so blieb vielen landlosen Familien nur der Umzug in die Städte. Dort versuchten sie mit Gelegenheitsarbeiten ein Auskommen zu finden. Diese Menschen nannte man Proletarier (von proles = Nachkommen), da sie außer vielen Kin-
30 dern nichts besaßen. Ein anderer Begriff für diese neue Unterschicht lautete „plebs".

Die Reformversuche der Gracchen

Im 2. Jahrhundert v. Chr. erzielte das Römische Reich in der Ferne zwar große Gewinne, diese konnten die Armut
35 zu Hause jedoch nicht ausgleichen. Armut, Entvölkerung und der Mangel an Soldaten führten zu einer Staatskrise. Daher suchten führende Patrizier und Plebejer nach einem Ausweg. Der Volkstribun Tiberius Gracchus beantragte 134 v. Chr., dass die Großgrundbesitzer nur noch
40 eine bestimmte Höchstmenge an Land besitzen und pachten dürften. Landlose Bauern sollten aus den frei werdenden Feldern sieben Hektar (das entspricht ungefähr einer Fläche von zehn Fußballfeldern) zur eigenen Bewirtschaftung und etwas Startkapital erhalten. Be-
45 dürftige sollten verbilligt an Getreide kommen. Diese „Ackergesetze" stießen jedoch auf erbitterten Widerstand vieler Senatoren und Ritter. Bei einer Versammlung wurde Tiberius Gracchus von aufgebrachten Senatoren erschlagen. Seinem Bruder Gaius Gracchus gelang
50 es später noch, einige der Reformen durchzusetzen, diese wurden aber nach und nach wieder aufgehoben.

Kleinbauer auf dem Weg in die Stadt, Relief, 1. Jh. n. Chr.

Eine Heeresreform als Mittel gegen die Krise

Der Einfall germanischer Völker nach Italien zeigte die
Verwundbarkeit des Römischen Reichs. Es standen
55 nicht mehr genug Soldaten für die Verteidigung zur
Verfügung. Daher führte Konsul Gaius Marius (158 bis
86 v. Chr.) eine grundlegende Reform der Armee durch.
Diese Reform besagte, dass sich jeder Römer als Legionär
für eine Dauer von 20 Jahren gegen Zahlung eines festen
60 Soldes zum Heer verpflichten konnte. Wer das Ende seiner Dienstzeit erlebte, der erhielt einen Hof mit Ackerland. Durch diese Reform entspannte sich die soziale
Lage in den Städten, da viele landlos gewordene Bauern
Berufssoldaten wurden. Diese neuen Legionäre unter-
65 standen nur noch dem Kommando ihres Feldherrn, dem
sie bald mehr vertrauten als den Entscheidungen der
führenden Politiker im fernen Rom.

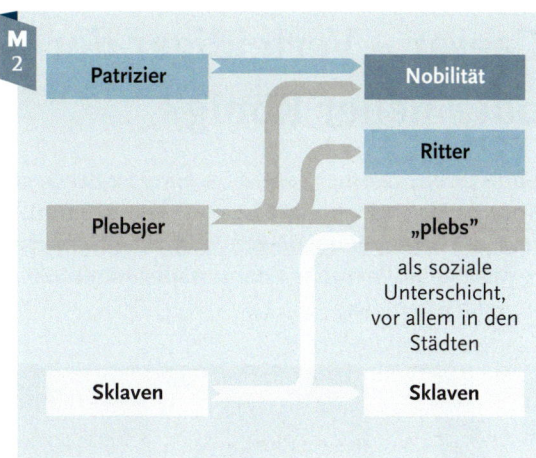

Wandel der römischen Gesellschaft in der Zeit der Republik.
Nobilität = führende patrizische und plebejische Familien, die
unter ihren Vorfahren mindestens einen Konsul hatten

**M3 Tiberius Gracchus berichtete 134 v. Chr. über
die Lage der römischen Soldaten:**

Die wilden Tiere, die in Italien hausen, haben ihre
Höhle. Jedes weiß, wo es sich hinlegen und ver-
kriechen kann. Die Männer aber, die für Rom
kämpfen und sterben, sie haben nichts außer Luft
5 und Licht. Heimatlos und gehetzt irren sie mit
Frau und Kind durch das Land. Die Feldherren
lügen, wenn sie vor der Schlacht die Soldaten auf-
rufen, für ihre Gräber und Heiligtümer gegen den
Feind zu kämpfen. Denn keiner von diesen römi-
10 schen Soldaten besitzt einen Altar, den er vom Vater geerbt hat, und keiner ein Grab, in dem seine
Vorfahren ruhen. Vielmehr kämpfen und sterben
sie für das Luxusleben und den Reichtum von anderen. Herren der Welt werden sie genannt, aber
15 sie besitzen noch nicht einmal ein eigenes Stück
Land.

*Plutarch, Tiberius Gracchus 9. Zit. nach Konrat Ziegler
(Hg.), Große Griechen und Römer, Bd. 3, Zürich/München
(Artemis) 1955. Übers. v. Konrat Ziegler, bearb. v. Verf.*

Das Mosaik zeigt eine öffentliche Getreideverteilung an arme
Stadtbewohner; schon Gaius Gracchus hatte sich um deren Versorgung gekümmert. Römisches Mosaik, 2. Jh. n. Chr.

---

1 **a)** Beschreibe M1.
  b) Erkläre, warum M1 nicht mehr die Wirklichkeit
  abbildete, als es hergestellt wurde (Darstellungstext).
2 Fasse zusammen, wie Tiberius Gracchus in M3 die
  Lage der Soldaten beschreibt.
3 Berichte mithilfe des Darstellungstextes aus der
  Sicht eines Kleinbauern über die Reformen der
  Gracchen.
  Tipp: Nimm M4 zu Hilfe.

4 Erstelle mithilfe des Darstellungstextes und M2
  einen Infokasten über den Stand der Ritter.
  Tipp: Charakterisiere die Personen, die zu diesem
  Stand gehörten.
5 Durch die Heeresreform von Gaius Marius hat sich
  die Lage der armen Leute verbessert. Begründe diese
  Aussage mithilfe des Darstellungstextes.
6 **Partnerarbeit:** Überprüft, welche Gesellschafts- und
  Berufsgruppen von der Ausdehnung des Reichs profitierten und wer Nachteile davon hatte.

Caesar – Verteidiger der Republik oder neuer König?

Gaius Julius Caesar (100–44 v. Chr.) ist der berühmteste Römer, sogar einer unserer Kalendermonate ist nach ihm benannt. Heute bilden sein Leben und sein politisches Handeln den Stoff für zahlreiche Filme und Comics.
- *Welche Rolle spielte Caesar in der römischen Politik und was waren seine politischen Ziele?*

Gaius Julius Caesar grüßt das Volk, Ausschnitt aus dem Spielfilm „Asterix bei den Olympischen Spielen", 2008

Machtkämpfe und Bürgerkrieg

Nach den Reformversuchen der Gracchen im 2. Jahrhundert v. Chr. spaltete sich die politische Führung Roms in zwei Lager: die Popularen* und die Optimaten*. Die Popularen wollten mithilfe der Volksversammlung und der
5 Volkstribunen durch Reformen die soziale Lage der Plebs verbessern. Die Optimaten sperrten sich dagegen. Sie vertraten die Interessen der Großgrundbesitzer und verteidigten die Vorherrschaft des Senats. Nach außen wurde zwar noch die Einheit der Republik vorgetäuscht, in
10 Wirklichkeit wurden aber Beamtenstellen, Senats- und Volksversammlungen immer öfter von Politikern missbraucht, die für sich selbst Macht erlangen wollten und die ihre persönlichen Interessen als die des Staates ausgaben. Die Republik geriet immer mehr ins Wanken, als
15 beide politische Lager sich in Bürgerkriegen bekämpften. Unter dem gemeinsamen Konsulat von Gnaeus Pompeius und Licinius Crassus im Jahre 70 v. Chr. konnten sich die Popularen durchsetzen. Zehn Jahre später gingen die beiden Konsuln ein Bündnis mit Gaius Julius Caesar ein.
20 Im sogenannten Triumvirat* bildeten sie eine Dreierherrschaft, in der sie die Macht im Staat unter sich aufteilten. Sie ließen ihre Abmachungen als Gesetze verkünden und schalteten den Senat weitgehend aus.

Aufstieg und Fall Caesars

25 Zwischen 58 und 51 v. Chr. eroberte Caesar fast ganz Gallien und gewann damit zunehmend politischen Einfluss. Der Krieg kostete über eine Million Menschen das Leben und spülte viel Geld in Caesars Kassen. Mit dem Geld bezahlte er seine immer größer werdende Anhän-
30 gerschar in Rom. Nachdem Licinius Crassus im Krieg gegen die Parther gestorben war, wurde Caesars ehemaliger Verbündeter, Gnaeus Pompeius, zu dessen größtem Rivalen. Pompeius, der für die Rechte des Senats eintrat, wurde von Caesar besiegt. Caesar herrschte nun allein.
35 Da er im Bürgerkrieg milde mit seinen Feinden umging, war er im Volk sehr beliebt. 46 v. Chr. ließ er sich zum Diktator für zehn Jahre und wenig später zum Diktator* auf Lebenszeit ernennen. Außerdem besetzte er alle wichtigen Posten mit eigenen Leuten. In der Öffentlich-
40 keit zeigte er sich wie nach einem Triumphzug mit einem goldenen Lorbeerkranz, bei Staatsbanketten trug er das Purpurgewand des Triumphators. Aufgrund seines Auftretens unterstellten ihm seine Gegner im Senat, dass er die verbotene Monarchie wieder einführen wolle. Am
45 15. März 44 v. Chr. schlossen sich 60 Senatoren gegen Caesar zusammen und ermordeten ihn mit 23 Dolchstichen.

Caesar, römische Silbermünze (Denar), 44 v. Chr. (vor Caesars Tod). Die Umschrift lautet: Caesar Dict(ator) Quart(um) = zum vierten Mal Diktator. Der Kranz aus Gold ist der Schmuck Jupiters (= oberste Gottheit der römischen Religion), Auszeichnung des Triumphators und Herrschaftszeichen des etruskischen Königs. Porträts lebender Personen auf Münzen hat es davor in Rom nicht gegeben.

M 2

M 3

Gaius Julius Caesar (100 v. Chr.–44 v. Chr.), römischer Staatsmann, Feldherr und Autor, Marmorbüste, 1. Jh. v. Chr.

M 4

Will Caesar König werden?

Das folgende Gespräch zwischen Secundus (S) und Tertius (T) spielt in einer Druckerwerkstatt, in der neue Denare mit dem Bildnis von Caesar hergestellt werden (siehe M2). Der Dialog ist erfunden, gibt aber einen Einblick in die Stimmung, die in Rom zu Beginn des Jahres 44 v. Chr. herrschte:

S: Schau dir diesen Caesar an, jetzt ist er größenwahnsinnig geworden: Diktator auf Lebenszeit! Er muss doch wissen, dass der Senat das nicht mitmacht.

5 **T:** Warum denn? In den Senat hat er doch erst neulich seine Gefolgsleute gesetzt.

S: Aber die alten Senatoren wissen doch, dass Konsuln wie andere Beamte nur für ein Jahr gewählt werden dürfen – und nun das: lebenslänglich!

10 **T:** Vielleicht will er damit zeigen, dass er das Prinzip der Annuität nicht mehr für zeitgemäß hält. Denn wie soll auch ein Konsul einen Feldzug gegen unsere Feinde weit im Norden und Osten vorbereiten und durchführen, wenn er nach wenigen Monaten zu-

15 rückkehren muss, weil die Amtszeit zu Ende geht?

S: Hm ...

T: Überlege, was Caesar in acht Jahren in Gallien erreicht hat. Da gibt's jetzt Straßen und blühende Städte!

20 **S:** Gibt es eigentlich noch einen Unterschied zwischen seiner Stellung und der eines Königs?

T: Glaube ich nicht. Vielleicht will er ja tatsächlich ein König werden? Schau dir nur den Goldkranz an. Vielleicht meint er, erst noch einen Sieg erringen zu

25 müssen, damit seine Herrschaft auch voll akzeptiert wird.

S: Man munkelt, er wolle im Osten einen Feldzug gegen die Parther durchführen ...

T: Und wenn er wiederkommt, ordnet er alles neu ...

30 **S:** Meinst du, er würde dann alle Senatoren umbringen und die Alleinherrschaft anstreben?

T: Glaube ich nicht. Es ist doch egal, ob es 300, 600 oder 900 Senatoren gibt – er und seine Berater machen einfach die bessere Politik. Und wenn er einen

35 Feldzug siegreich beendet und mit reicher Beute nach Hause kommt – wer fragt da schon nach?

S: Und wenn man ihn gar nicht erst zu diesem Krieg aufbrechen lässt?

T: Wie willst du ihn daran hindern?

Verfassertext

....

1 Stelle mithilfe des Darstellungstextes gegenüber, welche politischen Ziele die Optimaten und die Popularen hatten. Ordne beiden Seiten die Personengruppen zu, die sich durch sie vertreten fühlten.

2 Beschreibe mithilfe von M4 die politische Stimmung in Rom kurz vor der Ermordung Caesars.

3 **Wähle eine Aufgabe aus:**
   a) Nenne mithilfe des Darstellungstextes Gründe, warum die Senatoren Caesar ermordeten.

Zusatzaufgabe: siehe S. 181

b) Beschreibe die Münze M2 und erkläre einem Nichtrömer, warum sie von einigen Senatoren als Angriff auf die Republik gesehen wurde.

4 **Partnerarbeit:** Entwickelt ein Streitgespräch, in dem ihr die Frage diskutiert, ob Caesar ein Verteidiger der Republik oder ein neuer König war.

5 Findest du die Darstellung Caesars in M1 passend? Begründe deine Meinung.

Webcode: FG642663-143
Gaius Julius Caesar

Augustus errichtet eine neue Ordnung

Augustus ist der bekannteste römische Kaiser der Antike. Er lebte von 63 v. Chr. bis 14 n. Chr. Christen kennen ihn aus der Weihnachtsgeschichte, da er das Reich zur Zeit von Jesu Geburt regierte. Mit Augustus endete die römische Republik, denn er errichtete eine neue Form der Herrschaft, die als Prinzipat bezeichnet wird.

● *Wie veränderte sich die Herrschaft unter Augustus und was waren die Kennzeichen seiner neuen Herrschaftsform?*

Aus Octavian wird Augustus

Nach Caesars Tod 44 v. Chr. kam es erneut zu Macht-kämpfen. Aus ihnen ging Octavian, der Adoptivsohn Caesars, als Sieger hervor. Er hatte die Befehlsgewalt über Caesars Soldaten übernommen und verfolgte nun
5 die Mörder Caesars. Anfangs tötete Octavian seine Geg-ner, dann wurde er vorsichtiger. Sein Ziel war es, seine Macht durch die Unterstützung möglichst vieler Anhän-ger zu festigen. Er wollte seine Gegner davon überzeu-gen, dass er keine Monarchie anstrebte. Deshalb gab
10 Octavian 27 v. Chr. seine außerordentlichen Vollmachten an den Senat und das Volk zurück. Damit hatte er die Republik äußerlich wiederhergestellt. Der Senat verlieh Octavian daraufhin den Ehrennamen Augustus. Dies be-deutete „der Erhabene". Am Ende seiner Herrschaft war
15 aus ihm „Caesar Augustus" geworden. Der Titel „Caesar" ist in viele Sprachen übergegangen, z. B. als „Kaiser" ins Deutsche oder „Zar" ins Russische. Das von Augustus und seinen Nachfolgern regierte Reich wird auch als Kai-serreich bezeichnet. Den Titel „Caesar Augustus" trugen
20 von nun an alle römischen Kaiser.

Der Kaiserkult

Im gesamten Römischen Reich entstand ein Kult um den Kaiser. Augustus ließ sich häufig in Bildern und Skulp-turen, Dichtung und Literatur sowie in der Architektur
25 darstellen. Er ließ Tempel und andere Bauwerke errich-ten und sein Abbild in allen Teilen des Reichs verbreiten. Heute würde man ihn einen „Medienherrscher" nennen. Augustus sah sich als einen Kaiser, der durch den Willen der Götter dazu bestimmt war, die Republik und das
30 Reich zu retten und zu neuer Größe zu führen.

Prinzipat

Augustus bezeichnete sich selbst als „princeps" – den „Ersten im Staat", daher der Name „Prinzipat" für seine Herrschaftsform. In Wirklichkeit herrschte Augustus wie ein König. Er hatte den Oberbefehl über das Heer und die wichtigsten Provinzen, besaß lebenslang die Rechte eines Volkstribuns, leitete alle Senats- und Volksver-sammlungen und war oberster Priester. Auch konnte er selbst seine Nachfolger benennen.

 M 1 *Marmorstandbild des Augustus mit einer Höhe von 2,03 m, 1. Jh. v. Chr. Die Figuren auf dem Brustpanzer zeigen Parther, die den Römern Truppenabzeichen zu-rückgeben, die sie in einem früheren Krieg erbeutet haben. Darüber schweben Himmelsgötter. Die kleine Figur am Fuße könnte der Gott Amor sein. Die Statue ist barfüßig, um die gottähnliche Stellung des Kaisers zu zei-gen. Statuen dieser Art waren im gesamten Römischen Reich zu finden.*

Augustus als Friedensfürst, Schmuck-
anhänger, um 10 n. Chr.:
1 Augustus thront neben der Göttin
Roma; dargestellt als Personen sind
2 das Meer, 3 die Erde und 4 die
Städte des Reichs. 5 Eine Figur
hält Augustus die römische Bür-
gerkrone über das Haupt. 6 Das
Füllhorn rechts ist ein Zeichen
der Fruchtbarkeit. 7 Der erfolg-
reiche Feldherr Tiberius, der
ein Stiefsohn des Augustus
war. 8 Römische Soldaten
errichten ein Siegeszeichen.
9 Besiegte Gegner liegen am
Boden.

M2

M3

Der römische Geschichtsschreiber Sallust (86–35 v. Chr.) über das Römische Reich zur Zeit der Ermordung Caesars:

Das Land hatte zu dieser Zeit fast ein Jahrhundert lang Krisen und Bürgerkriege durchlebt:
Übrigens war das Unwesen der Parteien im Volk und Adel mit all ihren üblen Gewohnheiten ... eine Folge
5 des müßigen[1] Lebens und des Überflusses an allen Gütern ... Denn der Adel begann seine Machtstellung, das Volk seine Freiheit in Willkür[2] ausarten zu lassen, jeder suchte für sich zu nehmen, zu raffen und zu rauben. So wurde alles in zwei Parteien aus-
10 einandergerissen, der Staat aber, der einst beider Gemeingut[3] war, wurde ... zerfleischt, ... das Volk wurde von Kriegsdienst und Armut bedrückt, die Kriegsbeute rissen die Feldherren mit einigen Freunden an sich, ... es entstand allmählich eine Spaltung
15 aller Bürger.

Sallust, Jugurthinischer Krieg 41. Zit. nach Wilhelm Schöne (Hg.), Werke und Schriften, Stuttgart (Heimeran) 1969, S. 203. Übers. v. Wilhelm Schöne.

....

[1] *faul, untätig*
[2] *sich nicht an geltende Gesetze haltend*
[3] *etwas, das der Gemeinschaft gehört*

....

1 **Wähle eine Aufgabe aus:**
   a) Stelle mithilfe des Darstellungstextes fest, wie Augustus seine Macht errang und sicherte.
   b) Erkläre anhand des Darstellungstextes den Begriff „Medienherrscher".
2 Begründe, warum es sich beim Prinzipat um eine neue Form der Herrschaft handelte (Begriffskasten).
3 Beschreibe die Statue M1.
   Tipp: Was soll sie darstellen?

4 Arbeite heraus, wie der Historiker Sallust die römische Gesellschaft zur Zeit von Caesars Ermordung beschrieb.
   Tipp: Finde die Schlüsselbegriffe im Text.
5 Beschreibe das Schmuckstück M2. Finde heraus, welche Eigenschaften Augustus hier zugeschrieben werden.

Zusatzaufgabe: siehe S. 181

Schriftliche Quellen vergleichen

Wer kennt das nicht – zwei Menschen erleben und sehen dasselbe und berichten vollkommen unterschiedlich von dem Ereignis. Wem können wir in einem solchen Fall glauben? Noch schwieriger ist es, wenn das Ereignis, über das berichtet wird, mehrere Hundert oder gar Tausend Jahre zurückliegt. Hier findest du zwei schriftliche Quellen darüber, wie Augustus seine Macht in Rom durchsetzte. Mithilfe der Arbeitsschritte kannst du beide Quellen vergleichen und dir eine eigene Meinung bilden.

Aus dem Tatenbericht des Augustus

Im Jahr 13 n. Chr. verfasste der 76-jährige Augustus einen Tatenbericht („Res gestae"). Darin stellte er sein politisches Lebenswerk dar. Den Bericht ließ er in Stein meißeln und öffentlich aufstellen:

Mit 19 Jahren [44 v. Chr.] habe ich aus privater Initiative und aus eigenen Mitteln ein Heer aufgestellt, mit dem ich dem Staatswesen, das durch die Gewaltherrschaft einer politischen Macht-
5 gruppe unterdrückt wurde, die Freiheit wiedergab. Um dessentwillen hat mich der Senat ... in seine Körperschaft aufgenommen [43 v. Chr.] ... und mir die militärische Befehlsgewalt übertragen. ... Diejenigen, die meinen Vater ermordet haben, trieb
10 ich in die Verbannung und rächte durch gesetzmäßige Gerichtsurteile ihr Verbrechen ... Die Diktatur, die mir ... vom Volk wie auch vom Senat ... angetragen wurde, habe ich zurückgewiesen. Als ... der Senat und das römische Volk einmütig be-
15 antragten, dass ich als Einzelner mit höchster Machtbefugnis zum Wahrer von Gesetz und Sitte ernannt werden soll, habe ich dies ebenso wenig angenommen wie irgendein anderes mir angetragenes Amt, das gegen den Brauch der Vorfahren
20 verstieß.

Res gestae 1ff. Zit. nach Marion Giebel (Hg.), Augustus, Res gestae, Tatenbericht, Stuttgart (Reclam) 2007. Übers. v. Marion Giebel, bearb. v. Verf.

Der Historiker Tacitus über Augustus

Tacitus (um 55–120 n. Chr.) schrieb in seinem Geschichtswerk (Annales = lat. „Jahrbücher") über die Zeit ab Augustus. Darin gibt er die Meinungen von Zeitgenossen über Augustus wieder:

Dagegen sagten nun die anderen: die Anhänglichkeit gegen seinen Vater und die allgemeine Lage habe er bloß zum Vorwande genommen. Im Grunde sei es Herrschsucht gewesen, wenn
5 er als junger Mensch ohne Amt die Veteranen[1] durch freigebige Spenden an sich zog, ein Heer aufstellte, die Legionen des Konsuls bestach ... Er habe vom Senat das Konsulat erzwungen und das Heer ... gegen den Staat geführt ... Dann ist
10 allerdings Friede geworden, aber ein blutiger: Lollius und Varus sind geschlagen worden, in Rom sind Varro, Egnatius und Jullus hingerichtet worden ... Für die Götterverehrung hat er keinen Raum mehr gelassen: Er wollte selber Tempel
15 haben und von ... Priestern als Gott angebetet werden. Er hat auch Tiberius nicht aus Liebe ... zu seinem Nachfolger bestimmt; nein, er hat dessen anmaßende und grausame Natur wohl erkannt und darauf gerechnet, dass der Vergleich
20 mit einem solchen Scheusal seinem Ruhm zugute kommen werde.

Tacitus, Annalen 1, 9f. Zit. nach August Horneffer (Hg.), Tacitus, Annalen, Stuttgart (Kröner) 1957. Übers. v. August Horneffer, bearb. v. Verf.

....

[1] ehemalige Kriegsteilnehmer

Tipp: Wörter, die du nicht verstehst, kannst du im Lexikon dieses Buches nachlesen. Solltest du das Wort dort nicht finden, schlägst du in einem Wörterbuch nach.

Römisches Schreibwerkzeug, 1. Jh. n. Chr.

Arbeitsschritte „Schriftliche Quellen vergleichen"

Ersten Eindruck festhalten	Lösungshinweise zu M1 und M2
1. Wie ist dein Eindruck nach dem ersten Lesen?	• *Quelle … stellt Augustus eher positiv/negativ dar …*

Informationen zu Autoren und Entstehungszeit herausarbeiten	
2. Wann sind die Texte geschrieben worden? 3. Wie groß ist der zeitliche Abstand zwischen Ereignis und Bericht? 4. Waren die Autoren Augenzeugen? Wenn nicht: Wen geben sie als Informanten an?	*Finde Informationen zur Quelle und zum Verfasser:* • *Augustus schreibt rückblickend über sich selbst. Er hat möglicherweise folgende Absicht …* • *Tacitus' Text ist fast 100 Jahre später entstanden. Seine Informationen hat er von …*

Inhalt der Textquellen zusammenfassen und vergleichen	
5. Gib die Hauptaussagen und Schlüsselbegriffe der Texte wieder und vergleiche beide im nächsten Schritt. 6. Welche Informationen stimmen überein? 7. Gibt es Einzelheiten, die nicht in den Texten erscheinen bzw. unterschiedlich genau oder ausführlich wiedergegeben werden? 8. Was wird berichtet, ist es logisch oder enthält es Unstimmigkeiten? 9. Ist ein Urteil oder eine Meinung des Verfassers zu erkennen?	*Folgende Inhaltspunkte könntest du bei diesen Texten vergleichen:* • *Augustus stellt sein eigenes Heer auf, weil …* • *Gegenüber seinen Feinden verhält er sich …* • *Nach seinem Sieg war die Macht des Kaisers …* • *Der Religion gegenüber …*

Weitere Informationen sammeln	
10. Ziehe weitere Informationen hinzu, z. B. aus Sachbüchern, dem Schulbuch oder dem Internet.	• *Auf den Seiten 144/145 findest du weitere Informationen darüber, wie Augustus regierte.*

Ergebnisse darstellen und beurteilen	
11. Vergleiche die Notizen aus den einzelnen Arbeitsschritten miteinander. Formuliere eine eigene Meinung.	• *Die Quellen unterscheiden sich (nicht) in folgenden Punkten …* • *Die Quelle ist in meinen Augen (nicht) glaubwürdig, weil …*

1 Lege eine Tabelle an, mit deren Hilfe du die beiden Texte vergleichen kannst. Gliedere die Tabelle nach den Arbeitsschritten, die du oben siehst.

2 Untersuche die Quellen M1 und M2 mithilfe der Arbeitsschritte. Ergänze die Lösungshinweise und trage deine Ergebnisse in die Tabelle ein.
Tipp: Du kannst die Tabelle auch um eigene Fragen erweitern.

Arbeitsschritte	M1	M2

3 **Partnerarbeit:**
a) Vergleiche deine Ergebnisse mit den Ergebnissen deines Partners.
b) Begründet, warum die Quellen sich so stark unterscheiden, und entscheidet, welche Quelle ihr als sicher belegt, oder als unklar bezeichnen würdet.
Tipp: Nimm S. 81 zu Hilfe.
c) Formuliert eine Regel für den Umgang mit Textquellen. Was ist wichtig und worauf müsst ihr achten?

Rom – ein Reich des Friedens?

Mit Augustus begann für das Römische Reich nach Bürgerkriegen und den Kriegen in den Provinzen eine Zeit des Friedens. Diesen ließ der Kaiser in Bildern und Texten verkünden.
- *Mit welchen Mitteln sicherte der Kaiser den Frieden nach innen und nach außen?*
- *War Rom wirklich ein friedliches Reich?*

Das Römische Reich zur Zeit des Augustus

Das Heer – Grundlage von Herrschaft und Frieden
Nach der unerbittlichen Verfolgung und Ermordung von Tausenden seiner Gegner war die Macht von Augustus gefestigt. Diese Macht beruhte auf einem von Caesar ge-
5   erbten erheblichen Privatvermögen und auf der dem Kaiser treu ergebenen Armee. Mit Augustus endeten die Eroberungen. In der Politik beteiligte Augustus die Senatoren und einflussreichen Römer an seiner Macht. Es gab Provinzen, die dem Kaiser gehörten, und Provinzen, de-
ren Einnahmen dem Senat zustanden. Angehörige der
10 Führungsschicht durften als Statthalter* die Provinzen verwalten und die Steuern eintreiben lassen.
An den Rändern des Reichs sicherten viele Legionen be-
drohte Grenzen. Jede Legion umfasste 6000 Mann. Das Heer wuchs bis zum 2. Jahrhundert n. Chr. auf 250 000

15 Soldaten an. Die Legionäre waren römische Bürger, die freiwillig in der Armee dienten. Sie erhielten einen festen Sold und am Ende der 20-jährigen Dienstzeit ein Stück Land oder eine hohe Belohnung. Unterstützt wurde das römische Heer durch Hilfstruppen aus nichtrömischen
20 Bewohnern der eroberten Provinzen. Zusammen sicher-
ten sie die „Pax Romana", wie man die Friedenszeit unter Augustus bezeichnet.

Brot und Spiele
Die Unterstützung der kleinen Leute errangen Augustus
25 und seine Nachfolger mit kostenloser Getreideausgabe für Bedürftige sowie mit dem Ausbau einer regelrechten „Unterhaltungsindustrie". In früheren Zeiten waren Feste und Spiele Veranstaltungen zur Verehrung der Götter

gewesen. Unter Augustus und seinen Nachfolgern dienten Feste und Spiele aber in erster Linie dazu, die Gunst
der Massen zu erhalten. Daher wurde erwartet, dass die
Kaiser bei bedeutenden Veranstaltungen persönlich an-
wesend waren. Der Eintritt war für die Besucher frei.
Sehr beliebt war das Theater. Dort kamen vor allem grie-
chische Stücke zur Aufführung (siehe S. 114/115). Bei
Ausdruckstanz, Dichtkunst und Pantomimen kämpften
Männer und Frauen um verlockende Prämien.
Besonders begehrt war ein Platz bei den Gladiatoren-
kämpfen in den großen Amphitheatern, darunter das im
Jahre 80 n. Chr. fertiggestellte Kolosseum für 55 000
Zuschauer. Die meisten Gladiatoren waren Kriegsgefan-
gene oder verurteilte Verbrecher, die in den Arenen* um

Leben und Tod kämpften. Sie konnten – ähnlich wie heutige Spitzensportler – berühmt werden und hatten regel-
rechte Fanclubs. Bei den Tierhatzen wurden Tiere wie
Bären und Stiere, Tiger und Löwen aufeinander losgelas-
sen, die sich zur Begeisterung des Publikums gegenseitig
zerfleischten. Auch viele zum Tode Verurteilte wurden
zu wilden Tieren in die Arena geschickt. Im "Circus
Maximus" verfolgten bis zu 250 000 Zuschauer die
spektakulären Wagenrennen, und auf einem künstlichen See wurden Seeschlachten nachgestellt. Bei den
Sportveranstaltungen missfiel aber zahlreichen Römern,
dass die Athleten nach griechischem Vorbild weiter
nackt boxten, rannten und rangen – Augustus verbot
deshalb Frauen das Zuschauen.

**Augustus schilderte in seinem Tatenbericht
die Eroberung des Reichs (13 n. Chr.):**

Das Gebiet aller Provinzen des römischen Volkes,
die Volksstämme zu Nachbarn haben, die nicht
unserem Befehl gehorchten, habe ich vergrößert.
Die Provinzen Galliens und Spaniens, ebenso
Germanien habe ich befriedet, ein Gebiet, das der
Ozean von Gades (= Straße von Gibraltar) bis
zur Mündung der Elbe umschließt. Die Alpen ließ
ich von der Gegend, die der Adria zunächst liegt,
bis zum Tyrrhenischen Meer befrieden, wobei mit
keinem Volk widerrechtlich Krieg geführt wurde.
Meine Flotte fuhr von der Mündung des Rheins
über den Ozean in östliche Richtung bis zum
Land der Kimbern. Dorthin war zu Wasser und
zu Lande bis zu diesem Zeitpunkt noch kein Römer gekommen.

*Res gestae 26. Zit. nach Marion Giebel (Hg.), Augustus,
Res gestae, Tatenbericht, Stuttgart (Reclam) 2007.
Übers. v. Marion Giebel, bearb. v. Verf.*

**Der griechische Geschichtsschreiber und
römische Konsul Cassius Dio (um 163 bis um
235 n. Chr.) schrieb in seiner "Römischen
Geschichte":**

Zur gleichen Zeit wurden auch viele Kriege ausge-
fochten: Seeräuber überfielen zahlreiche Gebiete,
sodass Sardinien einige Jahre lang nicht einmal
einen Senator als Statthalter hatte, sondern Soldaten und Befehlshabern aus dem Ritterstand[1]
anvertraut werden musste. Außerdem empörten
sich nicht wenige Städte, was zur Folge hatte,
dass zwei Jahre lang die gleichen Beamten ihre
Stelle in den Provinzen bekleideten.

*Cassius Dio 55, 28, 1.–2. Zit. nach Otto Veh (Hg.), Cassius
Dio, Römische Geschichte, Bd. 4, Bücher 51–60, Zürich/
München (Artemis) 1986, S. 235f. Übers. v. Otto Veh,
bearb. v. Verf.*

[1] *nichtadlige Bürger, die durch Handel und Handwerk
reich wurden (siehe S. 140)*

---

1 Nimm die Weltkarte im vorderen Umschlag zu Hilfe
und nenne die Staaten, die heute in den Gebieten
des ehemaligen Römischen Reichs liegen (M1).

2 Beschreibe mithilfe des Darstellungstextes, wie
Augustus den Frieden nach außen und nach innen
sicherte.

3 In M2 wird zweimal das Wort "befrieden" verwendet. Erkläre, was Augustus damit meinte und welche
Maßnahmen er ergriffen hat, um zu "befrieden".

4 Liste die Probleme auf, die der Verfasser von M3 für
das Römische Reich unter Augustus nennt.

5 **Wähle eine Aufgabe aus:**
a) Erläutere den Begriff "Brot und Spiele".
Tipp: Warum waren Feste und Spiele wichtig für die
Machtsicherung der Kaiser?
b) Verfasse aus der Sicht eines Römers einen Brief,
in dem du einer Verwandten von der Teilnahme an
einer Großveranstaltung in Rom berichtest.

6 Der römische Historiker Tacitus (um 55–120 n. Chr.)
schrieb über Augustus, dass dieser einen "blutigen
Frieden" eingeführt habe. Nimm Stellung zu dieser
Aussage.

Zusatzaufgabe: siehe S. 181

Webcode: FG642663-149
Film: Das Kolosseum

Wohnen im antiken Rom

Vor 2000 Jahren war Rom die größte Stadt der Welt. Unablässig strömten Menschen aus allen Teilen des Reichs in die Hauptstadt, um sich dort eine Zukunft aufzubauen. Rom verfügte über gepflasterte Straßen, beheizbare Badeanlagen (Thermen) sowie unterirdische Kanäle, die Abfall und Fäkalien in den Tiber leiteten. Die meisten Bewohner Roms wohnten in Mietshäusern (lat. insulae). Reiche Römer lebten in prächtigen Häusern, während die Ärmsten auf der Straße hausten.
*   *Erforsche auf dieser Seite das Leben in einer „insula".*

Steckbrief der Stadt Rom

- im 1. Jahrhundert eine Million Einwohner (davon 400 000 Sklavinnen und Sklaven)
- Menschen aus allen Völkern und Kulturen des Reichs
- religiöse Vielfalt: über 50 unterschiedliche Religionen und Kulte
- Herrschaftssitz des Kaisers mit seinen Beamten
- Alltagssprachen in Rom neben Latein: Griechisch, Aramäisch, Punisch
- steinerne Amphitheater für Aufführungen aller Art
- Circus Maximus für Wagenrennen
- nicht immer ausreichende Wasserversorgung
- keine öffentlichen Transportmittel
- wegen der engen Gassen Versorgung der Stadt nur nachts

1 = Ein Straßenhändler; 2 = Ein Hausaltar für die Hausgötter der Familie; 3 = Sklavinnen servieren das Essen; 4 = Müllentsorgung; 5 = Ein Maurer repariert das Gebäude. Einsturzgefährdete Mauern werden mit Balken abgestützt; 6 = Unter dem Dach wohnen sehr arme Menschen; 7 = Eine Straße aus gestampftem Lehm. In ihrer Mitte fließt Schmutzwasser ab; 8 = Öllampen; 9 = Ein Barbier schneidet das Haar und rasiert; 10 = Ein Brunnen, in den Mehrfamilienhäusern gibt es kein fließendes Wasser; 11 = Kohlebecken beheizen die Zimmer; 12 = Ein Korbflechter; 13 = In der Bäckerei gibt es neben Brot auch eine Art Pizza kaufen; 14 = Vorratskammer für Lebensmittel; 15 = Die Latrinen. Für die Benutzung der öffentlichen Toiletten muss man bezahlen; 16 = In den mittleren Stockwerken wohnen wohlhabendere Menschen

M1 *Römisches Mietshaus, Rekonstruktionszeichnung, 2006. Über die Wohnbedingungen gibt es unterschiedliche zeitgenössische Berichte. Die einen loben die mehrgeschossigen Wohnungen der insulae, andere warnen vor Verfall, Einsturz- und Feuergefahr. In den Wohnungen gab es wegen der Brandgefahr keinen Herd; die Bewohner versorgten sich oft in öffentlichen Garküchen mit warmem Essen.*

1 **Vorschlag für eine Gruppenarbeit:**
   Teilt euch in vier Gruppen ein und gestaltet mithilfe von M1 und des Steckbriefs der Stadt Rom eine der fünf vorgeschlagenen Situationen. Stellt anschließend eure Ergebnisse vor.
   I Wohnungsanzeige: Der Hausbesitzer preist seine Wohnungen zur Vermietung an.
   II Reportage: Ein Berichterstatter für den Senat schreibt über das Leben in einer insula.
   III Gutachten: Architekten bewerten das Gebäude hinsichtlich seiner Sicherheit.
   IV Liste mit Forderungen: Die Mieter einer insula wollen ihre Wohnsituation verbessern.

2 Beschreibe das Leben in der antiken Großstadt Rom mit eigenen Worten. Hättest du dich dort gerne niedergelassen? Begründe deine Antwort.

3 Ein heutiger Historiker bezeichnet das Leben in Rom vor 2000 Jahren als „Wunder und Alptraum zugleich". Erläutere diese Einschätzung.

4 **Partnerarbeit:** Stellt Anforderungen auf, die ihr an eure Wohnung stellen würdet. Prüft diese Anforderungen an einer römischen Insula.

Zusatzaufgabe: siehe S. 182

Webcode: FG642663-151
Wohnen in Rom

Frauen der römischen Oberschicht – reich und mächtig?

Frauen der römischen Oberschicht erlangten durch ihre Familien oftmals großen Reichtum und Einfluss.

- *Untersuche das Leben der Frauen der römischen Oberschicht und deren Stellung in der römischen Gesellschaft.*

Römisches Hochzeitsritual, Marmorrelief, 2. Jh. n. Chr.

Porträt eines römischen Mädchens, Fresko, 1. Jh. n. Chr.

Ein Leben in Abhängigkeit?

Das Leben vieler Frauen der römischen Oberschicht war von dem Willen der Eltern bestimmt. Denn diese verheirateten ihre Töchter früh – manchmal schon im Alter von zwölf Jahren – mit jungen Männern aus wohlhabenden
5 und politisch wichtigen Familien. Als Ehefrau und Mutter erzogen sie die Kinder und standen einem großen Haushalt vor. Trotz ihrer Verantwortung für die „familia" hatten Frauen nicht die gleichen Rechte wie Männer.
Ihre Situation verbesserte sich aber zum Ende der Repu-
10 blik und in der Kaiserzeit: Sie wurden selbstständiger und in rechtlichen und finanziellen Dingen unabhängiger von ihren männlichen Verwandten. Beispielsweise wurde das Erbe zu gleichen Teilen mit den Brüdern aufgeteilt. Auch die Ehe wandelte sich: War die Frau mit ihrem Vermögen
15 dem Ehemann lange vollständig untergeordnet gewesen, herrschte gegen Ende der Republik meistens Gütertrennung. Das bedeutete, dass die Frau im Falle einer Trennung ihr Vermögen behielt. Die Römerinnen zeigten ihren Reichtum durch teure Kleidung, wertvolle Sklaven
20 und kostbaren Schmuck. Ihre Männer versuchten ihrerseits, ihr eigenes Ansehen durch den Glanz ihrer Frauen zu steigern.

Das gesellschaftliche Ansehen von Frauen der römischen Oberschicht

25 Frauen aus der Oberschicht waren oftmals hochgebildet. Es gab Musikerinnen, Sportlerinnen oder Ärztinnen. Zwar hatte es schon im antiken Griechenland Dichterinnen gegeben, in Rom traten Frauen auch als Rednerinnen öffentlich auf. Anders als in Athen hatten römische
30 Frauen mehr Möglichkeiten, am öffentlichen Leben teilzuhaben. Sie verfolgten die Angelegenheiten des Staates mit großem Interesse. Zwar durften sie keine Ämter innehaben oder an Wahlen teilnehmen, aber sie konnten zum Beispiel Gesuche beim römischen Senat einreichen
35 oder traten als Vermittlerinnen bei politischen Konflikten auf. Viele Frauen aus wichtigen Familien genossen in der Gesellschaft ein hohes Ansehen, was vor allem in Bauwerken oder Standbildern zum Ausdruck kommt, mit denen sie geehrt wurden.

Büste und Münze mit Abbild der Gemahlin des Augustus, Livia Drusilla (58 v. Chr. bis 29 n. Chr.)

Aus der Grabrede eines unbekannten Mannes für seine Ehefrau (1. Jh. v. Chr.):

Ehen von so langer Dauer, die durch den Tod beendet, nicht durch Scheidung getrennt werden, sind selten. Ward es uns doch beschieden, dass unsere Ehe ohne jede Trübung bis zum 41. Jahr
5 fortdauerte ... Was soll ich deine häuslichen Tugenden preisen, deine Keuschheit, deine Folgsamkeit, dein freundliches und umgängliches Wesen, deine Beständigkeit in häuslichen Arbeiten, deine Frömmigkeit, frei von allem Aberglauben, deine
10 Bescheidenheit im Schmuck, die Einfachheit im Auftreten? Wozu soll ich reden von der Zuneigung zu den Deinen, deiner liebevollen Gesinnung gegenüber der ganzen Familie? ... Wir haben uns so die Pflichten geteilt, dass ich die Betreuung deines
15 Vermögens übernahm und du über dem meinen wachtest ... Als ich vor politischer Verfolgung fliehen musste, warst du es, die mir mit Hilfe deines Schmuckes die meisten Mittel dazu verschaffte.

Laudatio Turiae, CIL VII 1527. Zit. nach Marcel Durry (Hg.), Éloge funèbre d'une matrone Romaine, Paris (Les Belles Lettres) 1950. Übers. v. Walter Arend. Zit. nach: Geschichte in Quellen: Altertum, bearb. von Walter Arend. Bayerischer Schulbuch-Verlag, München, 4. Aufl. 1989, S. 593.

Der römische Geschichtsschreiber Livius (59 v. Chr.–17 n. Chr.) überlieferte eine Rede des Volkstribuns Valerius:

Öffentliche Auftritte von römischen Frauen gehören zu den Ruhmestaten unserer Geschichte. Haben sich die Frauen nicht tapfer dazwischen geworfen, als Römer und Sabiner sich mitten in
5 Rom eine Schlacht lieferten? Sind sie nicht hinausgezogen vor die Stadt und haben die feindlichen Volsker ... zum Abzug bewogen? Und als die Gallier Rom erobert hatten, gaben die Frauen einmütig all ihren Schmuck, um das Lösegeld
10 aufzubringen ... Sollen die Männer Purpurgewänder tragen, sollen fremde Frauen in Rom mit dem Wagen fahren dürfen und unsere Frauen nicht? Sie wollen ja gar keine Rechtlosigkeit – ihr sollt durchaus eure Stellung in der Familie behalten,
15 aber ihr solltet auch die Interessen der Frauen vertreten, sie nicht in Abhängigkeit halten und lieber Väter und Ehegatten heißen wollen als Herren. Je stärker ihr seid, desto maßvoller müsst ihr eure Macht ausüben.

Titus Livius. Zit. nach Hans-Jürgen Hillen (Hg.), Römische Geschichte, Buch XXXI–XXXIV, München (Heimeran) 1978. Übers. von Hans-Jürgen Hillen, bearb. v. Verf.

1 **Wähle eine Aufgabe aus:**
   a) Betrachte M1 und M2. Sammle Adjektive, die die Frauen auf den Abbildungen beschreiben.
   b) Beschreibe mithilfe des Darstellungstextes das Leben der Frauen der römischen Oberschicht.
2 **Methode:** Untersuche M4 mithilfe der Arbeitsschritte „Eine schriftliche Quelle untersuchen" auf S. 67. Achte besonders auf die Absicht und die Zuverlässigkeit der Aussagen.

Webcode: FG642663-153
Frauen der römischen Oberschicht

3 Lies M5 und gib mit eigenen Worten wieder, wie Valerius die Auftritte von Frauen in der Öffentlichkeit beurteilt.
4 **Kurzvortrag:** Recherchiere mithilfe des Internets und M3 wesentliche Informationen zu Livia Drusilla, der Gemahlin des Kaisers Augustus. Sie gilt als eine der einflussreichsten römischen Frauen. Erkläre dabei auch, ob Frauen der römischen Oberschicht reich und mächtig waren.
   Tipp: Warum wurde Livia Drusilla auf Münzen und auf einer Büste abgebildet? Nimm auch S. 188 zu Hilfe.

Wie lebten Sklaven im Römischen Reich?

Menschen als Handelsware und als Sache, die nach Belieben getötet, misshandelt, verkauft oder verschenkt werden kann? Menschen ohne Rechte? Was uns heute unvorstellbar erscheint, war in allen antiken Kulturen und in vielen Teilen der Welt noch bis ins 19. Jahrhundert verbreitet. Im Römischen Reich bestand etwa ein Drittel der Bevölkerung aus Sklaven.

- *Wähle ein Material aus (A, B oder C) und bearbeite es mithilfe der Aufgaben.*

Aufgabe für alle:
Sklaven als Lehrer oder Ärzte? Diskutiert, ob das aus eurer Sicht keinen Widerspruch darstellt.

Sklaverei im antiken Rom

Jeder gewonnene Krieg der Römer führte Tausende oder gar Zehntausende von Besiegten in die Sklaverei. Auch Seeräuber beteiligten sich an der lohnenden Jagd auf Menschen, die auf Sklavenmärkten verkauft wurden.
5 Viele Sklaven wurden schon unfrei, als Kinder von Sklaven, im Römischen Reich geboren.
Die Sklaverei war im antiken Rom eine wichtige Säule der Wirtschaft. Im 2. Jahrhundert beruhten die guten Erträge der römischen Landwirtschaft vor allem auf der
10 massenhaften Ausbeutung der Arbeitskraft von Sklaven, die auf den Olivenhainen oder den Weinbergen arbeiteten. Sklaven aus Griechenland oder dem östlichen Mittelmeerraum hatten aus ihrer Heimat oft sehr gute Kenntnisse und Fertigkeiten mitgebracht. Deshalb
15 konnten sie auch als Lehrer oder Arzt arbeiten.
Mancher vornehme Römer besaß mehr Sklaven als nötig. Da war es oft vorteilhafter, sie freizulassen. Wenn Sklaven freigelassen wurden, gelang es vielen von ihnen, als Bäcker, Schneider oder Kaufmann zu Wohlstand
20 zu kommen. In der Kaiserzeit lagen Teile von Handel, Handwerk, Theater, das Gesundheitswesen und Teile der Staatsverwaltung Roms in den Händen von freigelassenen Sklaven. Im Römischen Reich kam es immer wieder zu Sklavenaufständen. Der bekannteste ist der des Spar-
25 tacus (73–71 v. Chr.).

Ein Sklavenjunge in einer römischen Küche, vermutlich in Pompeji, römisches Mosaik, undatiert

Der römische Geschichtsschreiber Plutarch (um 46–um 120 n. Chr.) über den römischen Politiker Cato (234–149 v. Chr.):

Cato hielt eine große Menge Sklaven, die er aus den Kriegsgefangenen kaufte, am liebsten solche, die noch klein waren und sich wie junge Hunde oder Fohlen nach seiner Art bilden und ziehen lie-
5 ßen ... Wenn er seinen Freunden und Amtsgenossen ein Gastmahl gab, ließ er gleich nach dem Essen die Sklaven, die beim Auftragen oder Zubereiten der Speisen nachlässig gewesen waren, auspeitschen. Diejenigen, die ein todeswürdiges
10 Verbrechen begangen zu haben schienen, ließ er dann, wenn sie von sämtlichen Sklaven in einem Gericht für schuldig befunden worden waren, hinrichten.

Plutarch, Marcus Cato der Ältere, 21. Zit. nach Konrat Ziegler (Hg.), Große Griechen und Römer, Bd. 1, München (Artemis) 1954. Übers. v. Konrat Ziegler, bearb. v. Verf.

1 Beschreibe das Leben von Sklaven, wie es in M1 und M2 dargestellt wird.

2 Lies M2 und gib mit eigenen Worten wieder, welche Haltung Cato gegenüber seinen Sklaven einnimmt.

B

Sklavenmarkt im alten Rom, Zeichnung, 20. Jahrhundert. Die Sklaven wurden auf großen Märkten verkauft. Der größte dieser Märkte war in der griechischen Hafenstadt Delos. An manchen Tagen wurden dort bis zu 10 000 Menschen verkauft. Für jeden Sklaven wurde ein Kaufvertrag abgeschlossen, in dem unter anderem die Qualität der Sklaven garantiert und der Kaufpreis festgehalten wurde.

Halsband eines Sklaven und seine Besitzmarke, undatiert. Auf der Marke steht: „Halte mich, damit ich nicht fliehe, und gib mich meinem Herrn zurück."

1 Stelle mithilfe von M3 dar, welche Bedeutung Sklavenmärkte für das Leben der Sklaven hatten.
2 Beurteile die Auswirkungen eines solchen Halsbandes (M4) auf das Leben eines Sklaven.

C

Einige Sklaven wurden als Gladiatoren eingesetzt. Sie kämpften in den Amphitheatern gegen andere Sklaven oder wilde Tiere. Bei großen Spielen kämpften sie dabei um ihr Leben, manchmal aber auch um ihre Freiheit. Römisches Mosaik, 4. Jh. n. Chr.

1 Beschreibe das Leben von Sklaven, wie es in M5 und M6 dargestellt wird.
2 Erläutere die Bedeutung, die Sklaven für ihre Besitzer und die Öffentlichkeit hatten.

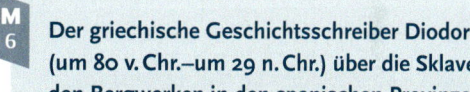

Der griechische Geschichtsschreiber Diodorus (um 80 v. Chr.–um 29 n. Chr.) über die Sklaven in den Bergwerken in den spanischen Provinzen:
Die mit der Arbeit in den Bergwerken beschäftigten Sklaven liefern ihren Herren unglaublich hohe Einkünfte, sie selbst aber, die in den Gruben unter der Erde ihre Körper Tag und Nacht aufreiben
5 müssen, sterben in großer Zahl unter dem außerordentlich harten Einsatz; denn ihnen wird bei ihrer Tätigkeit keine Erholung oder Pause gewährt, sie müssen vielmehr unter den Schlägen ihrer Aufseher, die sie zwingen, ihre fürchterliche Lage
10 zu ertragen, auf solch elende Weise ihr Leben opfern, wobei freilich einige dank ihrer Körperkraft und Seelenstärke im Stande sind, derartige Strapazen über einen langen Zeitraum hin auszuhalten. Der Tod ist jedenfalls wegen der Größe ihrer
15 Leiden ersehnenswerter als das Leben.
Diodor, Griechische Weltgeschichte V 36, 3–4, 38. Zit. nach Otto Veh (Hg.), Diodoros, Griechische Weltgeschichte, Stuttgart (Hiersemann) 1993. Übers. v. Otto Veh.

Die Wasserversorgung – eine technische Herausforderung

Wasser war in der Antike wie heute ein lebensnotwendiges Gut. Es wurde vor allem in den Städten benötigt. Römische Ingenieure und Bauleute entwickelten ein Kanalnetz, in dem das Wasser aus den Bergen in die Städte geleitet wurde. Vielleicht hast du schon einmal ein römisches Aquädukt gesehen? In Europa, Nordafrika und im Vorderen Orient finden sich noch viele davon.
• Wie funktionierte die Wasserversorgung über große Entfernungen?

M 1

Aquäduktbrücke Pont du Gard bei Nîmes in Südfrankreich, Foto 2007. Das Bauwerk stammt aus dem 1. Jh. n. Chr. und ist 49 Meter hoch.

Aquädukte – eine technische Meisterleistung

Für den steigenden Wasserbedarf in den Städten bauten römische Ingenieure neue Fernwasserleitungen. Diese überwanden auf großen brückenartigen Bauwerken, den Aquädukten*, Täler und Flussläufe. Die Leitungen waren
5 meist überdacht, damit das Wasser nicht verschmutzte. Mathematiker berechneten exakt das erforderliche Gefälle, dadurch lief immer genug Wasser durch die Leitungen. Im 1. Jahrhundert n. Chr. entstanden allein rund um Rom 13 Fernleitungen von 17 bis 91 Kilometern Länge.
10 Bei voller Auslastung der Fernleitungen flossen täglich 700 Millionen Liter Wasser in die Hauptstadt.

Thermen

aus dem Griechischen: „warme Bäder". Römerinnen und Römer besuchten regelmäßig öffentliche Badehäuser. Neben dem Zweck der Körperreinigung erfüllten diese Einrichtungen auch eine gesellschaftliche Funktion: Hier traf man sich und tauschte sich aus. Mit der Erfindung der Fußbodenheizung am Ende des 1. Jh. n. Chr. wurden in Rom und den Provinzen mehrere Hundert Thermen errichtet, meist nach der gleichen Bauweise.

Wie wurde das Wasser verteilt?

Das ankommende Wasser wurde in „castella", großen Wasserreservoirs, gespeichert. Von dort gelangte es über
15 unterirdisch verlegte Blei- und Tonrohre an die 1300 öffentlichen Brunnen. Elf Brunnen waren dem Kaiser vorbehalten. Hinzu kam der enorme Wasserbedarf der rund 900 Badehäuser der Stadt. Die Entsorgung des Brauchwassers erfolgte über einen riesigen unterirdischen Ab-
20 wasserkanal, die „Cloaca Maxima", die in den Tiber führte. Über einen Wasseranschluss im Haus verfügte knapp die Hälfte der Hauptstadtbewohner. In Mietshäusern jedoch, in denen viele römische Familien lebten, war er selten. In der Regel erhielten nur Angehörige der Ober-
25 schicht, z. B. Senatoren und Ritter, Genehmigungen für einen solchen Anschluss. Ein Privatmann ohne Vermögen hatte kaum Chancen, einen Wasseranschluss zu erhalten, weil die Zuleitungen von den Verteilerstellen zum Haus selbst bezahlt werden mussten. Wer Wasser
30 verschmutzte, musste mit hohen Geldstrafen rechnen.

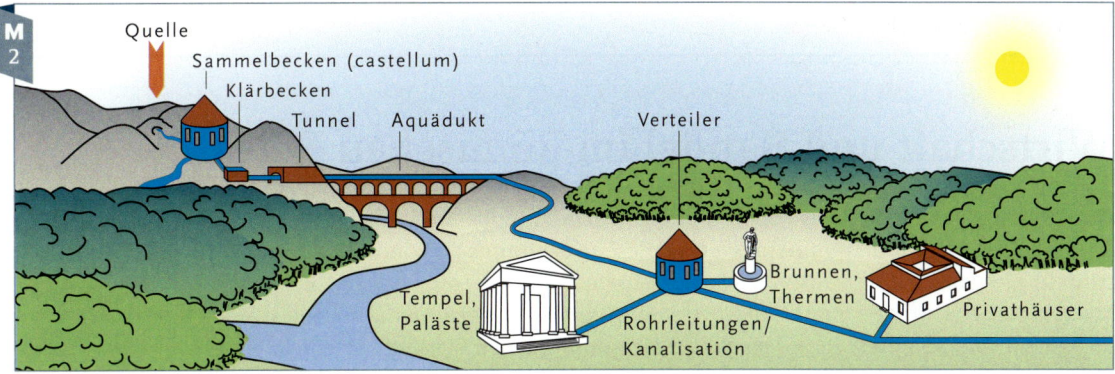

Römische Wasserversorgung, Zeichnung, 2014

Thermen mit öffentlicher Toilettenanlage in der römischen Stadt Cambodunum (heutiges Kempten), Foto, 2014

M4

Der Historiker Helmuth Schneider schrieb 1985:
Da große Mietshäuser nicht an die Kanalisation angeschlossen waren, gab es in den Wohnungen der Armen keine Toiletten; ... üblicherweise wurde der Topf nachts aus dem Fenster entleert, die
5 Fußgänger mussten sehen, dass sie von den Fäkalien nicht beschmutzt wurden ... Tagsüber konnte die Bevölkerung auch die mit der cloaca[1] verbundenen öffentlichen Latrinen[2] benutzen, die mehrere Sitze nebeneinander aufwiesen; es gab
10 keine Trennwände.

Helmuth Schneider, Cloaca Maxima, in: Journal für Geschichte, Weinheim (Beltz) Juli/August 1985, S. 17. Bearb. v. Verf.

[1] *Abwasserkanal*
[2] *Toiletten*

Asterix urteilt über die römische Ingenieurskunst, Comic, 1970

Webcode: FG642663-157
Aquädukte

1 **Partnerarbeit:** Notiert, wozu wir heute Wasser brauchen. Verfasst eine Mind-Map.
2 Erkläre mithilfe des Darstellungstextes und M2, wie die Römer die Wasserversorgung ihrer Städte sicherten.
3 Beschreibe mithilfe von M1 und M2 die Funktionsweise eines Aquäduktes. Worauf musste der Architekt besonders achten?

4 **Wähle eine Aufgabe aus:**
a) Fasse zusammen, was der Historiker (M4) über Toiletten im alten Rom sagt.
Tipp: Nimm M3 zu Hilfe.
b) Betrachte M5. Verfasse ein Antwortschreiben auf die Aussage von Asterix.
c) Beurteile mithilfe von M4 und M5, ob Rom eine fortschrittliche Stadt war.

Wirtschaft und Handel im Römischen Reich

Dank gut ausgebauter Fernstraßen und einer bedeutenden Handelsflotte konnten im Römischen Reich Erzeugnisse über große Entfernungen gehandelt und getauscht werden. Mithilfe einer Wirtschaftskarte kannst du die Lage der Rohstoffvorkommen, wichtige Produktionsstätten bestimmter Güter und die Handelswege zu Wasser und zu Lande im Römischen Reich untersuchen.

- *Wie wurde Wirtschaft und Handel im großen Römischen Reich möglich?*
- *Welche Erzeugnisse und Waren wurden getauscht?*

Wirtschaft und Handel im Römischen Reich im 2. Jahrhundert n. Chr.

Umschlagplatz Rom

Unter Augustus entwickelte sich Rom zu einer Millionenstadt. Um die Bevölkerung zu ernähren, mussten riesige Mengen Lebensmittel herangeschafft werden. Diese wurden vorwiegend auf den von Sklaven bewirt-

5 schafteten Gütern der Großgrundbesitzer produziert. Ein besonderes Ereignis für die Einwohner Roms war das Eintreffen der ersten Getreideschiffe aus Ägypten im Frühling. Zwar waren die römischen Lastschiffe größer als die griechischen und verfügten über einen zweiten

10 Mast, doch das offene Meer abseits der Küsten wurde nur zwischen Mitte April und Mitte Oktober befahren. Von Rom nach Alexandria dauerte die Schiffsreise bei bestem Wind neun Tage. In umgekehrter Richtung muss-

ten die schwer beladenen Schiffe gegen den Wind kreu-

15 zen und benötigten rund drei Wochen. Das typische Transportgefäß dieser Zeit war die Amphore, in der beispielsweise Getreide oder Öl transportiert wurden. Aus heutiger Sicht scheinen viele Handelswege des Römischen

20 Reichs große Umwege zu sein. Das hängt damit zusammen, dass der Transport zur See und auf Flüssen billiger und schneller war als auf dem Landweg. Nach Rom kamen hochwertige Waren aus aller

25 Welt. Die Hauptstadt wurde reich durch die Ausfuhr kostbarer Waren aus Italien in alle Provinzen des Reichs.

Römische Amphoren, 79 n. Chr., gefunden in einem Gebäude in Herculaneum

Arbeiten an Verkehrswegen in der Römerzeit, Rekonstruktionszeichnung

....

1 Werte die Karte M1 mithilfe der Arbeitsschritte S. 99 aus. Übertrage die Arbeitsschritte der linken Spalte der Tabelle in dein Heft und ergänze die Antworten.

   Tipp: Folgende Formulierungen könnten dir helfen: „Die Überschrift lautet ...", „Die Karte gibt Auskunft über die Wirtschaft und den Handel im Römischen Reich im ...", „Die Symbole stehen für ...", „Die Rohstoffe und Erzeugnisse wie ... werden für ... benötigt ...", „Es wurde mit ... gehandelt ..."

2 Miss auf der Karte M1 mithilfe des Maßstabes, welche Wegstrecken die Waren ungefähr zurücklegen mussten:

   a) Du transportierst Gold aus Londinium nach Rom,

   b) Du transportierst Sklaven aus Memphis nach Rom,

   c) Du transportierst Elfenbein aus Tingis nach Rom,

   d) Du transportierst Pferde und Vieh aus Antiochia nach Rom.

3 Wähle eine Aufgabe aus:

   a) Benenne mithilfe von M1 die wichtigsten Handelswaren und liste ihre Herkunftsländer auf.

   b) Nimm die Weltkarte im vorderen Innenumschlag zu Hilfe und nenne anhand von M1 die heutigen Namen der Länder, mit denen Rom Handel trieb.

4 Erkläre anhand von M3, warum das Straßennetz wichtig für den Handel ist.

5 Vergleiche mithilfe von M3 und M4 die Bauweise von römischen Straßen mit heutigen Straßen. Welche Probleme könnten römische Händler beim Transport durch diese Bauweise gehabt haben?

6 Oftmals wird gesagt, dass eine Zeit des Friedens den Aufschwung des Handels ermöglicht. Nenne Argumente für diese Behauptung.

Die Via Appia, die älteste gepflasterte römische Fernstraße in Italien, Foto, 2002

Webcode: FG642663-159
Römische Wirtschaft

Römer und Germanen: Die Varus-Schlacht

Unter Kaiser Augustus waren die germanischen Gebiete links des Rheins fest in römischer Hand. Mit dem Ziel, das Reich noch weiter auszudehnen, überquerten die Römer mehrmals den Fluss. Dabei stießen sie auf erheblichen Widerstand der ansässigen germanischen Stämme, die sich nicht den Römern unterordnen wollten. Im Jahre 9 n. Chr. wurde dem Römischen Reich in der sogenannten Varus-Schlacht schließlich eine vernichtende Niederlage beigebracht.

- *Warum lehnten sich die germanischen Stämme gegen die Römer auf?*
- *Wie wird heute an die Varus-Schlacht erinnert?*

Die Römer besetzen Germanien

Im Zuge des Gallischen Krieges (siehe S. 138) erreichten die Römer den Rhein. Sie unterwarfen die dort ansässigen germanischen Stämme. Die Grenzübertritte der Römer führten immer wieder zu kriegerischen Auseinan-
5 dersetzungen zwischen germanischen Stämmen und den Römern. Rechts des Rheins konnten die Römer durch äußerste Brutalität die germanischen Stämme zeitweise unterwerfen und bis zur Elbe vordringen. Jedoch konnten sie diese Gebiete ohne Bündnisse mit den Germanen-
10 stämmen nicht lange halten. Auch konnten die germanischen Stämme keinen gemeinsamen Aufstand gegen die Römer organisieren, da sie untereinander keine Einheit bildeten. Vermutlich bezeichneten auch nur die Römer die Bevölkerung der rechtsrheinischen Gebiete als „Ger-
15 manen". Sie selbst verstanden sich als Angehörige ihrer jeweiligen Stammesgemeinschaft, wie z. B. der Brukterern oder der Cheruskern.

7 n. Chr. kam der Römer Publius Quintilius Varus als Heerführer in die Region. Er mischte sich in Angelegen-
20 heiten germanischer Stämme ein, die darauf Abgaben zahlen und sich in allen Belangen den Römern unterordnen mussten. Dies führte abermals zu einer wachsenden Unzufriedenheit bei den Germanen.

Arminius – ein Germane in römischen Diensten

25 Im Gefolge von Varus wurde auch Arminius, Sohn eines germanischen Cheruskerfürsten, nach Germanien versetzt. Er stand als Germane in römischen Diensten, was damals nichts Ungewöhnliches war. Viele Germanen unterstützten die Römer als Hilfstruppen. Arminius mach-
30 te im römischen Militär regelrecht Karriere, denn er wurde vermutlich sogar in den Stand eines römischen Ritters erhoben und erhielt das römische Bürgerrecht. Trotzdem wandte er sich gegen die Römer und konnte zahlreiche germanische Stämme zum Kampf gegen Rom
35 gewinnen. Die genauen Gründe für seinen Seitenwechsel sind unklar.

Die Varus-Schlacht

Im Jahr 9 n. Chr. befand sich Varus mit drei Legionen im rechtsrheinischen Gebiet. Unter dem Vorwand eines
40 angeblichen Aufstandes wurden die Legionen des Varus unter der Führung von Arminius in eine Falle gelockt. Als die 15 000 Legionäre durch schwer passierbares Gebiet marschierten, wurden sie von den germanischen Kämpfern angegriffen. Die Schlacht soll vier Tage gedau-
45 ert haben, ehe die römischen Truppen endgültig vernichtet wurden. Varus beging danach Selbstmord. Arminius soll in den Folgejahren angeblich versucht haben, sich zum germanischen König erheben zu lassen. Dies stieß auf Widerstand, weshalb auch er ermordet wurde.
50 Nach der Schlacht führten die Römer weitere Unternehmungen in Germanien durch, die ebenfalls mit Niederlagen endeten. Daraufhin sollten nur noch die Grenzen der bestehenden Provinzen gesichert werden. Daher verstärkten die Römer die militärische Präsenz und be-
55 festigten die Grenze (siehe S. 162/163).

Die „Schlacht im Teutoburger Wald"?

Lange Zeit wurde davon ausgegangen, dass sich die Schlacht im Teutoburger Wald in Ostwestfalen abgespielt hätte. Mittlerweile gilt es durch archäologische Funde
60 als sicher belegt, dass die Schlacht in Kalkriese bei Bramsche stattfand. Deshalb sprechen Wissenschaftler nur noch von der Varus-Schlacht.

Publius Quinilius Varus
(um 47 v. Chr.–9 n. Chr.)
Varus wurde als Sohn eines Quaestors geboren, der einem patrizischen Adelsgeschlecht entstammte. Unter Kaiser Augustus bekleidete er zahlreiche Ämter, in denen er sich sowohl militärisch als auch politisch qualifizieren konnte. So wurde er Statthalter in der Provinz Africa.

Webcode: FG642663-160
Die Varus-Schlacht

Das Gedenken an die Varus-Schlacht

Der Sieg der Germanen unter Arminius geriet für Jahr-
65 hunderte ins Vergessen. Erst als im 14./15. Jahrhundert
antike Schriften wiederentdeckt wurden, stieß man wieder auf die Geschichte der Varus-Schlacht. Auf dem Gebiet des alten Germaniens entwickelte sich daraufhin ein
Heldenmythos* um den siegreichen Arminius. Da der
70 Name Arminius aber nicht deutsch klang, soll ihm der
Name „Hermann" gegeben worden sein. Die „Hermanns-
gestalt" entwickelte sich in der Folge zum deutschen

Idol. Viele Menschen im 19. Jahrhundert sahen in ihm
den „Befreier Germaniens", der versucht habe, die Ger-
75 manen zu vereinen. Archäologische Funde belegen zwar
sicher, dass neben Cheruskern auch weitere germanische
Stämme an der Schlacht teilnahmen. Dies ist vermutlich
aber kein Beweis dafür, dass Arminius ein Heer aller germanischen Stämme anführte.
80 Die Erinnerung an Arminius gipfelte darin, dass 1875 bei
Detmold im Teutoburger Wald das „Hermannsdenkmal"
eingeweiht wurde.

Der römische Historiker Sueton über die Folgen der Niederlage, ca. 120 n. Chr.:
Die [Niederlage] des Varus bedeutete durch die Niedermetzelung dreier Legionen samt Führer, Unterfeldherren und sämtlichen Hilfstruppen fast den Untergang des Reiches. Auf die Nachricht
5 hiervon ließ Augustus alle Stadtteile militärisch besetzen, um keine Unruhen aufkommen zu las-
sen ... Zugleich gelobte er ... große Spiele, wenn die Lage des Staates eine Wendung zum Besseren erfahren hätte ... Ja, es heißt, seine Verzweif-
10 lung sei so groß gewesen, daß er ... oft seinen Kopf mit dem Ausruf gegen die Tür stieß: „Quintilius Varus, gib die Legionen wieder!" Den Jah-
restag der Niederlage soll er stets als Klage- und Trauertag begangen haben.
Sueton, Augustus 23. In: Sueton, Cäsarenleben. Hrsg. u. erl. von Max Heinemann. Kröner Verlag, Stuttgart, 4. Auflage 1951.

Der deutsche Historiker Reinhard Wolters beurteilt 2012 auf der Grundlage verschiedener Quellen die Folgen der Niederlage für das Römische Reich:
Aus römischer Perspektive war die Niederlage des Varus kein Einschnitt: Die drei verlorenen Le-
gionen wurden sofort ersetzt, dazu zwei weitere neu aufgestellt, so dass am Rhein nun insgesamt
5 acht Legionen ... standen. Nach Sicherung der Rheingrenze operierten die römischen Truppen zwischen 10 und 13 n. Chr. wieder rechts des Stroms. Militärstützpunkte wurden neu angelegt und Straßen befestigt.
*Reinhard Wolters, Die Schlacht im Teutoburger Wald. Varus, Arminius und das römische Germanien, in: 2000 Jahre Varusschlacht, Geschichte – Archäologie – Legen-
den, hg. v. Ernst Baltrusch u. a., Berlin/Boston (de Gruy-
ter) 2012, S. 13.*

Das Her-
mannsdenkmal bei Detmold, Foto, 2014

1 Untersuche das Verhältnis von Römern und Germanen (Darstellungstext).
2 Nenne mithilfe des Darstellungstextes Ursachen für den Ausbruch der Varus-Schlacht.
3 Arbeite Gemeinsamkeiten und Unterschiede zu Arminius und Varus heraus (Darstellungstext und Personenkasten).
Tipp: Lege dazu eine Tabelle an.
4 a) Beurteile mithilfe von M1 und M2 die Auswirkungen der Niederlage für das Römische Reich.
b) Erkläre, wie die Unterschiede zustande kommen.
Tipp: Unterscheide zwischen Quelle und Darstellung.
5 **Wähle eine Aufgabe aus:**
a) Begründe, warum Arminius im 19. Jahrhundert ein Denkmal gesetzt wurde (Darstellungstext und M3).
b) Nimm Stellung: „Arminius wird als Befreier Germaniens gesehen."
Tipp: Berücksichtige, was sicher belegt ist und was nicht.

Der Limes – eine undurchdringbare Grenze?

Webcode: FG642663-162
Handel am Limes

In Deutschland gibt es viele Überreste, die an die Römer erinnern. Dazu zählt der Limes, eine Grenzbefestigung, die als Reaktion auf die Niederlage in der Varus-Schlacht von den Römern erbaut wurde. Er bildete künftig die Grenze zwischen dem Römischen Reich und den von den germanischen Völkern beherrschten Gebieten. Trotz der vielen militärischen Konflikte kam es am Limes zwischen Römern und Germanen zu einem regen Warenhandel.

- *Welche Produkte wurden gehandelt und welche Seite profitierte davon?*
- *Welche Auswirkungen hatte die römische Herrschaft im Grenzgebiet?*

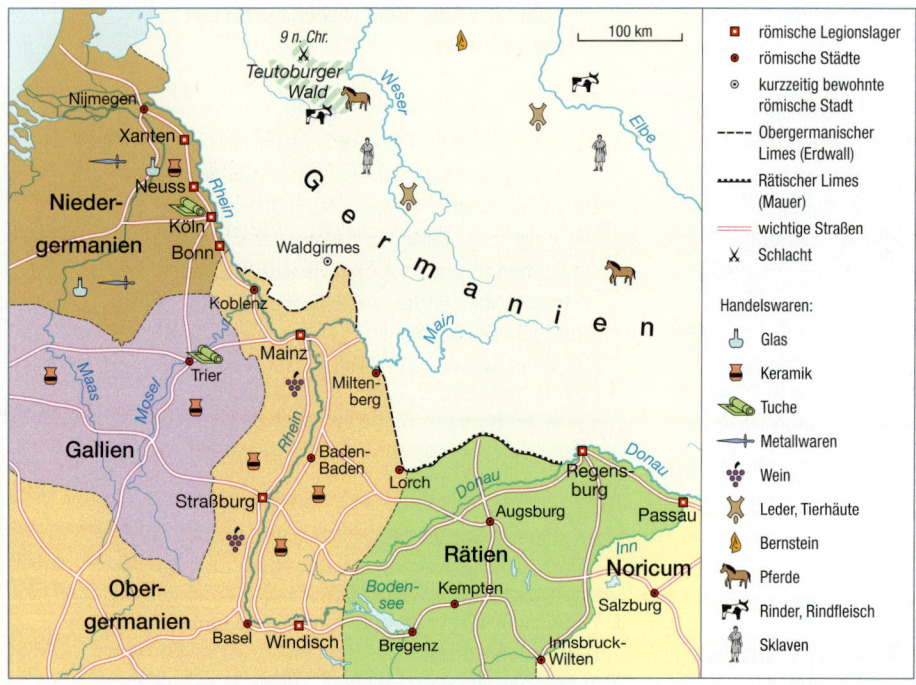

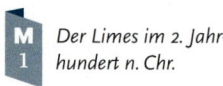 Der Limes im 2. Jahrhundert n. Chr.

Romanisierung

Romanisierung bedeutet wörtlich „römisch machen". Allgemein ist damit die Übertragung römischer Lebensformen auf die besiegten Völker gemeint, z. B. Bauweise, Lebensgewohnheiten, Straßenbau, römisches Recht, lateinische Sprache, römische Götter.

Der Limes – Grenze zur Sicherung des Friedens?

Der Limes wurde von den Römern zum Schutz der eroberten Gebiete gebaut. Seine Wachtürme bildeten eine wirksame „Alarmanlage" gegen regelmäßige Überfälle von Germanen auf die wirtschaftlich reicheren römi-
5 schen Gebiete. Anfangs bestand der Limes nur aus einem geflochtenen Zaun, kleinen Erdbefestigungen und hölzernen Signaltürmen. Im Laufe des 2. Jahrhunderts wurde er aber immer stärker befestigt. Seine Gesamtlänge betrug 550 Kilometer.
10 Es ist sicher belegt, dass der Limes trotz der militärischen Auseinandersetzungen Handel und Verkehr nicht behindert hat. Im Gegenteil: Römer und Germanen trieben an den Grenzstationen und nahe gelegenen Märkten einen

regen Warenhandel, von dem beide Seiten profitierten.
15 Die in den Grenzregionen stationierten römischen Legionäre waren bei ihrer Versorgung auf germanische Produkte angewiesen. Die wichtigste Energiequelle, das Holz, bezogen die Römer ebenso aus Germanien wie Eisen oder auch Blei, aus denen sie ihre Kanäle bauten. Bei
20 den Germanen waren Keramik, Schmuck oder Wein sehr begehrt. Sie lernten außerdem neue Techniken wie den Hausbau aus Stein und neue Lebensmittel kennen. Mit den Römern kamen auch Gurken, Sellerie, Kirschen und Pfirsiche erstmals ins heutige Deutschland. Da die Ger-
25 manen dafür keine Bezeichnung kannten, übernahmen sie die römischen Begriffe.

Warenhandel zwischen Germanen und Römern am Limes, Rekonstruktionszeichnung, 2016

Legionäre – nicht nur Soldaten

Am Limes waren bis zu 30 000 Soldaten in rund 120 Stützpunkten stationiert. Sie legten Festungsanlagen,
30 Kasernen, Straßen und Kanäle an und mussten auch Äcker in der Nähe des Lagers bewirtschaften. Einige hatten Spezialwissen und wurden als Architekt, Arzt oder als Schmied eingesetzt. Ein anderer Teil diente als eine Art Polizei zur Sicherung nach innen.
35 Am Ende der Dienstzeit ließen sich viele Soldaten mit ihren Familien als „Veteranen" in der Nähe der Festungen nieder. Sie trugen dazu bei, dass sich die römische Lebensweise in den Grenzgebieten unter den Germanen immer stärker verbreitete. Die Menschen übernahmen
40 sie auch deshalb, weil Steinhäuser, Wasserleitungen und Heizung einen bequemeren Alltag ermöglichten. Die Anpassung an die römische Kultur nennen wir Romanisierung. Die Spuren sind bis heute sichtbar, denn die Römer prägen das Leben in großen Teilen Europas (siehe
45 S. 168/169).

Römischer Legionär mit Marschgepäck, Rekonstruktionszeichnung. Das Gepäck wog etwa 48 Kilogramm und bestand unter anderem aus Grundnahrungsmitteln, die für ein bis drei Tage reichen mussten, sowie aus Trinkwasser in Feldflaschen. Ergänzend zu den Lebensmitteln trug der Legionär: A Wurflanzen; B Helm; C Kurzschwert; D Schild; E Spaten; F Zeltplane/Ersatzkleidung; G Sichel; H Spitzhacke; I „Tornister" mit Löffel, Messer, Reparaturwerkzeug; J Koch- und Essgeschirr. Außerdem trug er meist noch private Kleinteile wie Kamm, Rasiermesser, Schreibzeug und Amulette.

1 Beschreibe die Lage, Ausdehnung und den Zweck des Limes (M1 und Darstellungstext).
2 **Geschichte darstellen:** Beschreibe mithilfe der Materialien (M1–M3) den Handel zwischen Römern und Germanen am Limes.
   Tipp: Welche Waren wurden gehandelt? Welche Seite profitierte davon?
3 Schreibe aus der Sicht eines Legionärs, der am Limes stationiert ist, einen Brief an seine Familie in Rom, in dem du dessen Ausrüstung und Alltag beschreibst (Darstellungstext, M3).
4 Erkläre die Auswirkungen der römischen Herrschaft auf die eroberten Gebiete (Darstellungstext, Begriffskasten).

Juden gegen Römer

Nach der Überlieferung der Bibel war Abraham der Urvater der Juden, Christen und Muslime. Er stammte aus dem heutigen Irak. Seine Nachfahren sollen wegen einer Dürre ins reiche Ägypten gezogen sein. Die Juden siedelten zur Zeit der römischen Republik in der Landschaft Judäa, die seit 63 v. Chr. römische Provinz war. Hier befand sich auch ihr religiöses Zentrum: der Tempel in Jerusalem.

- *Im 1. und 2. Jahrhundert kam es zu mehreren Kriegen zwischen Juden und Römern. Welche Ursachen und welche Folgen hatten sie?*

M 1

Die „Klagemauer" in Jerusalem ist ein heiliger Ort für Juden aus aller Welt. Sie ist eine Grundmauer des von den Römern zerstörten jüdischen Tempels. Darüber, auf dem Tempelberg, steht die Moschee Qubbat as-Sachra aus dem 7. Jahrhundert (genannt „Felsendom"), in der Muslime die Himmelfahrt des Propheten Mohammed verehren. Foto, 2008*

Den Römern gehorchen?

Julius Caesar hatte während seiner Feldzüge im Osten des Reichs den Juden und ihrer Religion großen Respekt entgegengebracht. Unter römischer Herrschaft waren die Juden vom Militärdienst befreit. Seit der Herrschaft
5 von Kaiser Augustus bezahlten die römischen Kaiser selbst für die Opfer, die ihnen zu Ehren im Tempel von Jerusalem dargebracht wurden. Zahlreiche Römerinnen und Römer bekannten sich zum Gott der Juden. Unter König Herodes, dem römischen Statthalter in der Pro-
10 vinz Judäa, entstanden viele neue Städte. Doch Ruhe und Frieden kehrten nicht ein, da Teile der jüdischen Bevölkerung den römischen Herren jeden Gehorsam verweigerten. Nach jüdischem Glauben schuldete man nur Gott Gehorsam. Kaiser Augustus unterstellte des-
15 halb Judäa der direkten römischen Herrschaft und führte eine Volkszählung zur Festsetzung der Steuerzahlungen an Rom durch, wogegen sich heftiger Widerstand erhob. Die jüdische Oberschicht hatte kein Interesse an einem Konflikt mit den Römern, doch viele radikale
20 Gruppen riefen zum Kampf gegen die Besatzungsmacht

auf. Zugleich zogen viele jüdische Wanderprediger durch das Land und warben für eine neue Gesellschaft: Unter ihnen war auch Jesus von Nazaret.

Kriege zwischen Juden und Römern

25 Andersgläubigen war das Betreten des jüdischen Tempels, in dem ein siebenarmiger Leuchter (Menora) und ein Altar aufgestellt waren, streng verboten. Als im Mai 66 n. Chr. römische Soldaten mit Spott und Beleidigungen in den Tempel von Jerusalem eindrangen, kam es zu ge-
30 waltsamen Aufständen. In dem darauffolgenden Krieg starben über eine Million Juden und Tausende römischer Soldaten. Im August 70 fiel die Stadt Jerusalem, und der jüdische Tempel wurde von Römern zerstört. Juden mussten von nun an eine besondere Steuer für den Jupi-
35 tertempel in Rom bezahlen. Viele Juden flohen daraufhin aus dem Gebiet um Jerusalem und begannen, ein Leben in der sogenannten Diaspora* (gr. „Zerstreuung") zu führen. In diesem Zusammenhang entstanden in zahlreichen Mittelmeerländern und Europa jüdische Gemeinden.
40 Auch ins Reich der Perser wanderten Juden aus.

Unter Kaiser Trajan brachen 116 n. Chr. erneut Revolten der Juden in Zypern, Kyrene und Alexandria gegen die Besteuerung Roms aus. Die Aufstände endeten mit der Unterwerfung der dortigen jüdischen Gemeinden durch
45 die Römer.

Als Kaiser Hadrian aus Jerusalem eine Stadt mit zahlreichen Tempeln für viele Götter machen wollte, kam es 132–135 n. Chr. zu einem letzten jüdisch-römischen Krieg. Unter ihrem Anführer Bar Kochba („Sohn eines
50 Sterns") gelang den Juden für kurze Zeit die Wiederherstellung der Unabhängigkeit. Wieder verloren Hunderttausende ihr Leben. Kaiser Hadrian setzte seine Pläne schließlich durch: Juden durften Jerusalem bei Androhung der Todesstrafe nicht mehr betreten. Judäa wurde
55 umbenannt in Syria Palaestina. Für die Überlebenden begann die Zeit des Exils*. Sie siedelten sich in den Städten rund ums Mittelmeer, im Perserreich, auf der Arabischen Halbinsel und später in Westeuropa an. Immer wieder mussten sie Ausgrenzung und Verfolgung erlei-
60 den. Der moderne Staat Israel entstand erst im 20. Jahrhundert.

Römische Soldaten tragen die Menora aus dem Tempel von Jerusalem. Relief auf dem Triumphbogen, der 81 n. Chr. zu Ehren des Kaisers Titus in Rom errichtet wurde, Foto, 1981

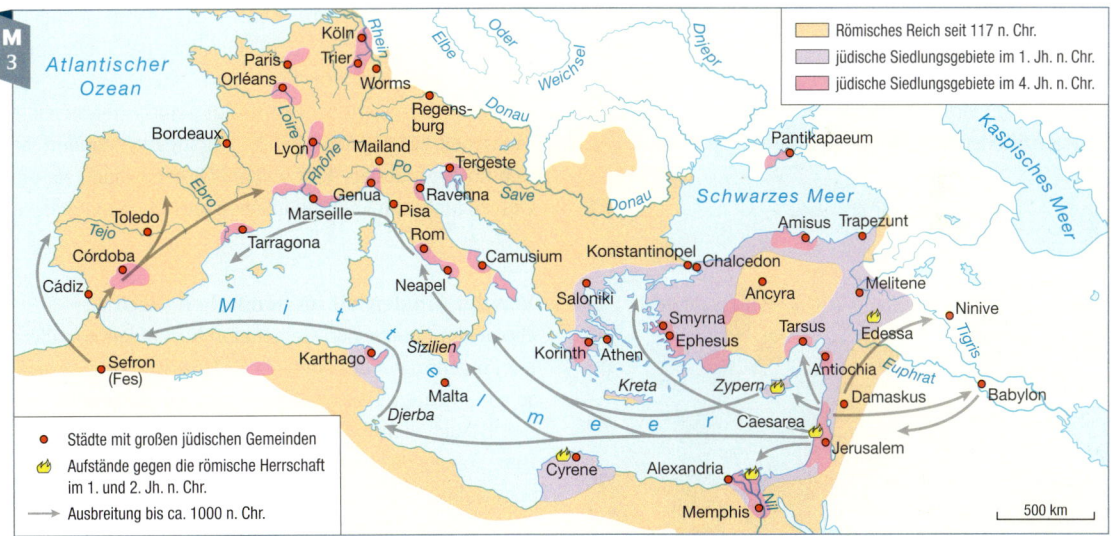

Jüdische Diaspora in der Antike vom 1. bis 4. Jahrhundert

....

1 Werte den Darstellungstext aus und vergleiche die Kriege zwischen Römern und Juden in einer Tabelle.

Krieg	66–70		
Anlass			
Folgen			

2 Beschreibe M2 und erkläre, welche Bedeutung der erbeutete Gegenstand für die Juden hatte.
   Tipp: Nimm den Darstellungstext Z. 24–40 zu Hilfe.
3 a) Finde in der Karte M3 die Regionen, in denen sich Juden nach der Vertreibung aus Judäa ansiedelten.

b) Erkläre auf dieser Grundlage und mithilfe des Darstellungstextes den Begriff „Diaspora".
4 Der britische Historiker R. L. Fox sieht in den jüdisch-römischen Kriegen die „extremste Form der Romanisierung".
   a) Wiederhole von S. 162 die Bedeutung des Begriffs Romanisierung.
   b) Bewerte die Aussage des Historikers: Finde mindestens ein Argument dafür und eines dagegen.

Webcode: FG642663-165
Diaspora

Die Ausbreitung des Christentums im Römischen Reich

Die Römer unterwarfen viele Völker, die andere Gottheiten verehrten als sie selbst. In Judäa trafen sie nicht nur auf das Judentum, sondern auch auf die ersten Christen. Wie die Juden glaubten auch die Christen an nur einen Gott (griech. Monotheismus).
- *Warum verbreitete sich die christliche Religion, und warum nahm sie bald eine bevorzugte Stellung im Römischen Reich ein?*

Die Entstehung der christlichen Religion

In der römischen Provinz Judäa lebte zur Zeit der Kaiser Augustus (30 v. Chr.–14 n. Chr.) und Tiberius (14 n. Chr. bis 37 n. Chr.) der Jude Jesus von Nazaret. Als Wanderprediger forderte er die Menschen zur Nächstenliebe auf
5 und weckte in ihnen die Hoffnung auf das kommende Reich Gottes. Für seine Anhänger war er der von den Juden erwartete, von Gott gesandte Messias (hebräisch: der Gesalbte). Der griechische Ausdruck heißt Christos. Daher bezeichneten die Römer die Anhänger dieser
10 jüdischen Sekte nach Jesu Tod als „Christen". Jesus geriet mit seiner Botschaft in Konflikt mit den jüdischen Schriftgelehrten und den Priestern in Jerusalem. Sie sahen in ihm einen Aufrührer und eine Gefahr für den sozialen Frieden. Deshalb klagten sie ihn um ca. 30 n. Chr.

15 beim römischen Provinzstatthalter Pontius Pilatus an. Dieser verurteilte Jesus zum Tod am Kreuz. Wahrscheinlich sah Pilatus in Jesus auch einen der vielen Widersacher gegen die römische Herrschaft in Judäa.

Apostel verbreiten die christlichen Ideen

20 Trotz der anfänglich wenigen Anhänger verbreitete sich die „frohe Botschaft" Jesu (griechisch: Evangelium) dank der Apostel (Sendboten) im östlichen Mittelmeerraum und bis in die Hauptstadt Rom. Die bekanntesten Apostel sind Petrus und Paulus. Sie waren gebildete
25 Juden, sprachen neben dem im Alltag gebräuchlichen Aramäischen auch Griechisch und Latein. Paulus war römischer Bürger und gewann auf seinen Reisen viele Menschen für die neue Lehre. Anfangs verstanden sie sich noch als Juden. Erst allmählich empfanden sie die
30 Unterschiede zum herkömmlichen jüdischen Glauben zu groß.

Von der Minderheit im Römischen Reich …

Die neuen christlichen Gemeinden bestanden vor allem aus Angehörigen der städtischen Unterschichten, römi-
35 schen Soldaten, Frauen und einigen wohlhabenden Römern. Auch viele Sklaven bekannten sich zum Christentum. Solange sie die öffentliche Ordnung nicht störten, waren die Gemeinden im Römerreich geduldet. Da die Christen das Kaiseropfer ablehnen, gerieten sie aber
40 immer wieder unter Verdacht. Was taten sie, wenn sie sich zu Gebet und Gottesdienst in Privathäusern trafen? Als 64 n. Chr. in Rom ein verheerender Brand wütete, unterstellte Kaiser Nero den Christen Brandstiftung und ließ viele von ihnen hinrichten. Dabei sollen auch die
45 Apostel Petrus und Paulus als Märtyrer* gestorben sein. Am vermuteten Grab des Apostels Paulus wurde eine Kirche errichtet, die mehrfach zerstört und umgebaut heute als „Petersdom" zum Zentrum der katholischen Christenheit geworden ist. Auch im 2. und 3. Jahrhun-
50 dert kam es vereinzelt zu Christenverfolgungen.

Christus als guter Hirte, römische Wandmalerei aus einer unterirdischen Begräbnisstätte (Katakombe), 3. Jh. n. Chr.

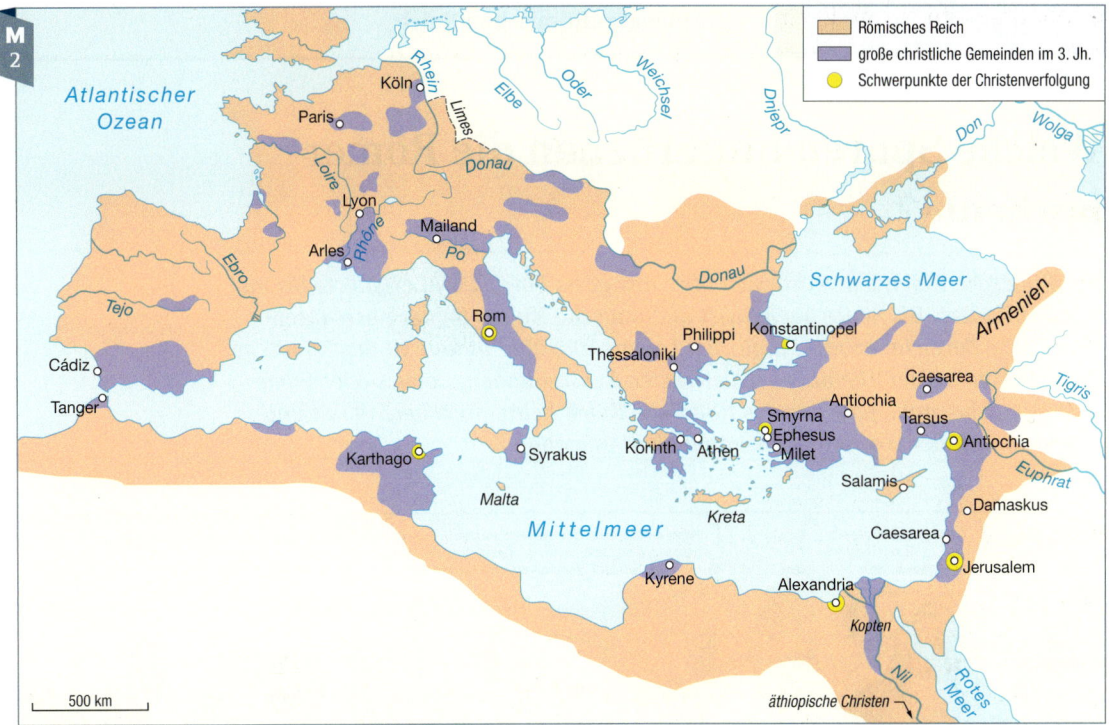

Die Ausbreitung des Christentums im 3. Jahrhundert

Christogramm ☧

Münze des Kaisers Konstantin, 315 n. Chr. Auf dem Schild ist die römische Wölfin abgebildet; im Helm zeigt eine runde Scheibe das sogenannte Christogramm. Die griechischen Buchstaben X (CH) und P (R) sind die Anfangsbuchstaben von Christus.

... zur Staatsreligion

Die entscheidende Wende für die Christen kam mit Kaiser Konstantin. Er erkannte 313 das Christentum als gleichberechtigte Religion an. Eine christliche Legende
55 erzählt, dass Konstantin vor einer Schlacht gegen seinen Rivalen Maxentius im Traum ermahnt worden sei, mit dem Christuszeichen auf Fahnen und Schilden in die Schlacht zu ziehen. Nach seinem Sieg sicherte Konstantin allen Christen die freie Religionsausübung zu. Er be-
60 stimmte den Sonntag zum Ruhetag, unterstützte finanziell den Bau von Kirchen, verbot die Kreuzigung und gab Christen hohe Ämter in seiner Verwaltung. Erst auf dem Sterbebett ließ er sich taufen. Mit der konstantinischen Wende* wurde die Verbindung von römischem
65 Staat und Christentum immer enger. Kaiser Theodosius I. (379–395) machte das Christentum 380 n. Chr. zur alleinigen Religion (Staatsreligion*). Unter der nun einsetzenden Verfolgung von Nichtchristen litten beson-
70 ders die Juden, von denen die meisten ins Reich der Perser und in die Handelsstädte der Arabischen Halbinsel auswanderten. Eine einheitliche christliche Kirche hat es nie gegeben. Der Gottesdienst wurde im Westen in lateinischer und im Osten in griechischer oder aramäischer Sprache gehalten.

1 **a)** Arbeite aus dem Darstellungstext die wesentlichen Informationen zur Entwicklung und Ausbreitung des Christentums im Römischen Reich heraus.
b) Erkläre, wieso sich das Bild in M1 in einer unterirdischen Begräbnisstätte befunden hat. Halte deine Ergebnisse in einer Mind-Map fest:

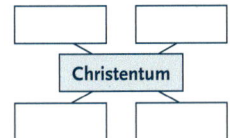

2 Benenne mithilfe von M2 diejenigen heutigen Länder, in denen sich das Christentum im 3. Jh. n. Chr. verbreitet hatte.
3 Erläutere den Begriff „konstantinische Wende" (Darstellungstext Z. 51 ff.).
4 **Partnerarbeit:** Diskutiert, was die Christen aus Sicht der Römer „verdächtig" machte. Findet ein Beispiel dafür, dass es solche Verdächtigungen auch heute noch gibt.

Zusatzaufgabe: siehe S. 182

Welche Spuren hinterließen die Römer bis heute?

Das Römische Reich erstreckte sich über fast ganz Europa und existierte bis ins 5. Jahrhundert. Bis heute beeinflusst die römische Kultur immer noch unterschiedliche Bereiche unseres täglichen Lebens. Darüber hinaus ist das Römische Reich immer wieder Thema verschiedenster Ausstellungen, Comics oder Filme.
- *Untersuche, inwiefern uns das Römische Reich heute noch beeinflusst und wie wir mit der römischen Vergangenheit umgehen.*

„Asterix als Legionär" – Diente die Berufsarmee der Römer zur Romanisierung der „Fremden"?

Römische Fremd- und Lehnwörter

Die Römer prägen bis heute insbesondere mit ihrer Sprache und Schrift das Leben in großen Teilen Europas. Dieses Schulbuch ist in lateinischen Buchstaben gedruckt, und einige von euch lernen eine aus dem Latein abgelei-
5 tete „romanische" Sprache wie Französisch, Spanisch oder Italienisch. Viele moderne Wörter stammen aus dem Lateinischen. Du erkennst sie daran, dass ihre Aussprache und Schreibweise dem lateinischen Begriff sehr ähneln. Solche Wörter nennen wir Lehnwörter.
10 Daneben gibt es Fremdwörter in lateinischer Sprache, die wir bis heute verwenden. Oftmals hat sich nur deren Schreibweise geändert, z.B. Argument (argumentum) oder Transport (transportare). Besonders häufig sind solche Fremdwörter in der Biologie oder Medizin zu finden.

Rechnen nach dem Dezimalsystem
15 Das Dezimalsystem steht für ein Zahlensystem, das auf der Zahl 10 basiert. Es wird als Zehnersystem bezeichnet, weil beim Zehnfachen einer Zahl eine neue Stelle hinzukommt, zum Beispiel 10 x 10 = 100. Über die Araber
20 kam es nach Europa. Im Gegensatz zu heute benutzten die Römer Buchstaben als Zahlzeichen. Dies waren die sieben lateinischen Buchstaben I (= 1), V (= 5), X (= 10),
L (= 50), C (= 100), D (= 500) und M (= 1000). Noch heute finden sich diese Zahlzeichen an alten Gebäuden
25 oder Denkmälern. Da das schriftliche Rechnen mit römischen Zahlen kompliziert war, nutzten die Römer dazu ein Rechenbrett, einen sog. „Abakus". Er bestand aus sieben dezimalen Spalten, deren Wert sich immer verzehnfachte (Millionen, Hunderttausender, Zehntausen-
30 der, Tausender, Hunderter, Zehner, Einer) sowie einer Spalte für Zwölftel. Durch das Verschieben von kleinen Steinen konnten Händler mithilfe des Abakus einfache Berechnungen durchführen. Heute rechnen wir immer noch in Dezimalschritten, so entspricht zum Beispiel ein
35 Dezimeter zehn Zentimeter, oder ein Zentimeter zehn Millimeter.

Römische Handwerke
Einige Handwerksberufe wurden bereits von den Römern ausgeübt. Manche waren schon so weit ausgebil-
40 det, dass sie sich bis heute kaum weiterentwickelt haben und kein entscheidender Fortschritt in der Tätigkeit festgestellt werden kann, zum Beispiel bei der Glasherstellung oder in der Goldschmiedekunst.

Lateinische Wörter in der deutschen Sprache

Bildbeschriftungen: tegula, villa, fenestra, porta, cellarium, moneta, saccus, plastrum, strata, murus, vinum

Umgang mit römisch-germanischer Geschichte

45 Alle zwei Jahre am Ostersonntag erleben über 10 000 Menschen am Ort der Varus-Schlacht im Museum Kalkriese ein Spektakel der besonderen Art. Ein riesiges und imposantes Feuerwerk wird entzündet und taucht den Abendhimmel in bunte Farben. Anlass ist immer der 50 Auftakt zu einer neuen Sonderausstellung.

Im Jahr 2008 war das Vorgeschehen der Varus-Schlacht Thema des „Osterleuchtens". Es wurden Szenen aus Germanien und der Aufmarsch der Römer dargestellt. Neben dem Feuerwerk wurden den ganzen Tag hinweg 55 Programmpunkte angeboten, die sich am Thema der Ausstellung orientierten. So wurde die Schlacht nachgestellt, wobei sich Schauspieler als Germanen oder Römer verkleideten. Passend zum Feuerwerk wurde eine eigens komponierte Musik abgespielt.

„Osterleuchten" im Museum Kalkriese, Foto, 2008. Bei der halbstündigen Licht-Show wurden 1450 Effekte gezündet.

1 Nenne mithilfe des Darstellungstextes Bereiche, in denen wir heute noch Spuren der römischen Kultur finden.
2 Beurteile, ob der Comic-Zeichner (M1) beim Zeichnen der römischen Legionäre an alles gedacht hat. Worauf würdest du ihn aufmerksam machen?
Tipp: Vergleiche mit der Zeichnung des Legionärs auf S. 163.
3 **Partnerarbeit:** In M2 sind lateinische Begriffe abgebildet, die wir im Deutschen als Lehnwörter verwenden. Übersetzt sie.
4 Bewerte mithilfe von M3 und dem Darstellungstext, ob der heutige Umgang mit der Varus-Schlacht angemessen ist.
5 **Recherche:** Suche im Internet nach weiteren Spuren aus römischer Zeit, die uns im Alltag begegnen.
6 Vergleiche die griechischen und die römischen Einflüsse auf unseren heutigen Alltag. Lege dazu eine Tabelle an.
Tipp: Nimm S. 118–120 zu Hilfe.

| 1000 v. Chr. | 900 v. Chr. | 800 v. Chr. | 700 v. Chr. | 600 v. Chr. | 500 v. Chr. | 400 v. Chr. | 300 v. Chr. |

1000 v. Chr. Sabiner und Latiner siedeln auf dem späteren Gebiet der Stadt Rom

753 v. Chr. Gründung der Stadt Rom der Sage nach

510–27 v. Chr. Zeitalter der römischen Republik

um 494–287 v. Chr. Ständekämpfe zwischen Plebejern und Patriziern

264–146 v. Chr. Kriege gegen Karthago und Expansion des Römischen Reichs im Mittelmeerraum

Leben im Römischen Reich

Die Frühzeit Roms

Die Sage zur Entstehung Roms legt die Gründung der Stadt auf das Jahr 753 v. Chr. fest. Archäologen haben herausgefunden, dass es auf dem Gebiet der späteren Stadt Rom bereits um 1000 v. Chr. erste Siedlungen gab.
5 Später wanderten die Etrusker an den Fluss Tiber, errichteten dort eine Königsherrschaft und bauten das Dorf zur Stadt aus.

Mit der Vertreibung des letzten etruskischen Königs wurde Rom um 510 v. Chr. eine Republik, die von adligen
10 Patrizierfamilien regiert wurde. Fast alle Römer der Frühzeit waren Bauern, die sparsam lebten und jeden Luxus ablehnten. Die Plebejer konnten in den Ständekämpfen (ca. 494–287 v. Chr.) politische Mitspracherechte erringen. Da die Patrizier zahlreiche Kriege führten,
15 ten, waren sie auf die Plebejer als Soldaten angewiesen.

Ausbreitung im Mittelmeerraum

Rom gewann durch zahlreiche Kriege die Vorherrschaft in Italien bis zum Fluss Po im Norden. Die Kriege gegen die Nachbarn und die Ständekämpfe veränderten die
20 altrömische Gesellschaft. Es entstand eine neue Oberschicht aus patrizischen und reichen plebejischen Familien. Diese Familien bestimmten über den Senat, die Entscheidungen der Magistrate und der Volksversammlungen. Durch die drei Kriege gegen Karthago erlangten
25 die Römer im 3. und 2. Jahrhundert v. Chr. die Herrschaft über das westliche Mittelmeer. Die Insel Sizilien wurde zur ersten Provinz des Römischen Reichs. Während des 1. Jahrhunderts v. Chr. dehnte Rom seine Herrschaft auch über den östlichen Mittelmeerraum aus (Expan-
30 sion) und brachte reiche Gebiete wie Ägypten unter seine Kontrolle. Daher spricht man auch vom römischen Weltreich. Seine größte Ausdehnung hatte das Weltreich 117 n. Chr. unter Kaiser Trajan erreicht.

Krise und Ende der römischen Republik

35 Der Aufstieg Roms zur Weltmacht hatte tiefgreifende Folgen für die römische Gesellschaft. Die langen Kriege machten die römischen Kleinbauern zu landlosen Bettlern und Tagelöhnern. Die Oberschicht wurde durch Beute und Abgaben aus den eroberten Gebieten immer
40 reicher. Durch die Eroberungen strömten Hunderttausende Kriegsgefangene als Sklaven nach Italien. Dort wurden sie von Großgrundbesitzern als billige Arbeitskräfte auf ihren Landgütern eingesetzt. Sklaven verdrängten die Tagelöhner, die nun in die Städte abwan-
45 derten und dort die neue Unterschicht (plebs) bildeten. Weil die Zahl der Kleinbauern abnahm, fehlten Soldaten. Die militärische Stärke Roms sank.

Mehrere Politiker versuchten, die Krise zu lösen: der Reformer Tiberius Gracchus, der Heerführer Marius und
50 der Diktator Caesar. Die politische Führungsschicht Roms spaltete sich in die zwei Lager der Popularen aufseiten der Volksversammlung und der Volkstribunen sowie in die Partei der Optimaten, die den Senat stützten

200 v. Chr. | 100 v. Chr. | Christi Geburt | 100 n. Chr. | 200 n. Chr. | 300 n. Chr. | 400 n. Chr. | 500 n. Chr.

133–27 v. Chr. Krise der römischen Republik, beginnt mit den Reformen der Gracchen; Optimaten und Popularen stehen sich gegenüber

44 v. Chr. Caesar wird ermordet

27 v. Chr.–14 n. Chr. Prinzipat unter Augustus und Beginn der römischen Kaiserzeit

9 n. Chr. Varus-Schlacht, der Cherusker Arminius besiegt drei römische Legionen; Ende der römischen Expansion nach Germanien

1. und 2. Jh. n. Chr. Kriege zwischen Römern und Juden

2. Jh. n. Chr. größte Ausdehnung des Römischen Reichs unter Kaiser Trajan

313 n. Chr. Kaiser Konstantin sichert den Christen freie Religionsausübung zu („konstantinische Wende")

380 n. Chr. Christentum wird Staatsreligion im Römischen Reich

und alle Reformen ablehnten. Bürgerkriege und Miss-
55 wirtschaft erschütterten das Land. Unter dem Vorwurf, Caesar strebe eine Monarchie an, wurde er 44. v. Chr. von Senatoren ermordet. Die Nachfolge trat sein Adoptivsohn Octavian an, der spätere Kaiser Augustus.

Die römische Kaiserzeit

60 Unter Augustus nahm die Zeit der römischen Kaiser ihren Anfang. Mit ihm begann auch eine Friedenszeit von fast 200 Jahren, die „Pax Romana". In dieser Zeit entstand ein zusammenhängendes Reich mit 40 Provinzen. Die Kaiser regierten das Reich mit seinen zahlreichen
65 Völkern und Sprachen von der Millionenstadt Rom aus. Ziel war es, den Frieden nach innen und nach außen zu sichern. Nichtrömische Bürger und Sklaven konnten ihren Status im Laufe der Zeit verbessern, z. B. durch Dienst in der Armee oder Freilassung aus dem Sklaven-
70 verhältnis. Die Sicherung der Reichsgrenzen lag in den Händen eines großen Berufsheeres. Durch Grenzlegionen und den Bau zahlreicher Provinzstädte fanden römische Rechtsauffassungen, die lateinische Sprache, römische Lebensart und Technik im gesamten Reich
75 Verbreitung. Dieser Prozess der Romanisierung gilt vor allem für den westlichen Teil des Reichs; im östlichen Mittelmeerraum blieben die griechische Sprache und Lebensart erhalten.

Die römische Antike ist heute noch durch Bauwerke,
80 z. B. Amphitheater, Thermen und Aquädukte, an vielen Orten sichtbar. Das kulturelle, wissenschaftliche und architektonische Erbe Roms ist bis in unsere Zeit wirksam.

Rom und die Religionen

Durch die Expansion kamen die Römer immer wieder in
85 Konflikte zu anderen Religionen. Dabei ging es nicht vorrangig darum, die Menschen zum römischen Glauben zu bekehren, sondern darum, dass sie sich den römischen Herrschern unterordneten. Im 1. und 2. Jahrhundert n. Chr. kam es zu Kriegen mit den Juden. Als 70
90 n. Chr. der jüdische Tempel von Jerusalem zerstört wurde, begann die Diaspora. Viele Juden siedelten sich im Mittelmeerraum und anderen Teilen Europas neu an.

Auch das entstandene Christentum wurde nicht sofort bekämpft. Als die Christen aber Opfer zu Ehren der Kai-
95 ser verweigerten, wurden sie verfolgt. Den Christenverfolgungen des 2. und 3. Jahrhunderts fielen zahlreiche Menschen zum Opfer. Erst Kaiser Konstantin legte 313 den Grundstein dafür, dass das Christentum im Jahr 380 Staatsreligion werden konnte.

100 ### Römische Kultur in unserem Leben

Spuren der Römer begegnen uns in Form von römischen Fremd- und Lehnwörtern. Viele Wörter aus dem Alltag haben ihren Ursprung aus dem Lateinischen. In der Wissenschaft werden oft lateinische Begriffe als Fremdwör-
105 ter verwendet. Das Dezimalsystem, das von den Römern zur einfacheren Rechnung genutzt wurde, verwenden wir heute noch. Viele Handwerke haben sich seit der Römerzeit nicht nennenswert weiterentwickelt.

In diesem Kapitel konntest du folgende Kompetenzen erwerben:

- das Zusammenleben verschiedener Kulturen im Römischen Reich beschreiben, untersuchen und beurteilen
- ein eingegrenztes Thema zum Leben im Römischen Reich bearbeiten und darüber eine Darstellung verfassen

- zum gegenwärtigen Umgang mit römischer und germanischer Geschichte ein Urteil bilden
- **Methode:** Schaubilder verstehen
- **Methode:** Schriftliche Quellen vergleichen

Folgende Begriffe hast du kennengelernt:

- Augustus
- Staatsreligion
- römische Expansion
- Diaspora
- Kaiserzeit
- Limes
- Varus-Schlacht
- römische Republik
- Caesar
- Christentenverfolgung

1 Die oben stehenden Begriffe sind etwas durcheinander geraten. Ordne sie in eine historisch richtige Reihenfolge.

Tipp: Nutze zur Hilfe die Zeitleiste auf der vorherigen Doppelseite.

M 1

Sprachenmix:

Auf einer strata bedeckt mit plastrum nähert sich ein germanischer Händler auf seinem carrus dem römischen Gutshof. Seine Waren hat er sorgfältig verpackt in cista, saccus und corbis. Umgeben
5 war der Gutshof von einer murus. Durch die geöffnete porta gelangte er in den Innenhof. Jetzt stand er vor der villa, die mit roten tegulae gedeckt war. In der villa gab es eine camera und ein geheiztes Zimmer. An der Wand hing ein specu-
10 lum. Jedes Zimmer hatte ein großes fenestra. Im cellarium befand sich die riesige pressa, mit deren Hilfe vinum und mustum hergestellt wurden. Für seine Waren, Felle und Bernstein, erhielt der germanische Händler Obst und Gemüse und
15 andere Waren. Einige Waren ließ er sich auch in römischer moneta bezahlen.

M 2

Grenzübertritt am Limes, Modell im Limesmuseum Aalen. Das Modell zeigt germanische Händler, die einen Grenzposten am Limes überqueren, um im römischen Germanien ihre Waren zu verkaufen. Um die Grenze überqueren zu dürfen, mussten sie bei den Legionären eine Zollgebühr bezahlen.

Rund 15 000 Playmobil-Legionäre stellten im Rahmen der Ausstellung „Imperium" im Jahr 2009 im Römermuseum Haltern die drei Legionen des Varus dar, die bei der Varus-Schlacht von den Germanen vernichtend geschlagen wurden. Foto, 2009

Der römische Geschichtsschreiber Cassius Dio (ca. 164–229 n. Chr.) über das Verhältnis zwischen Römern und Germanen:

Die römischen Soldaten bezogen [in Germanien] ihre Winterquartiere. Städte wurden gegründet, und die Barbaren[1] passten sich der römischen Lebensweise an, besuchten die Märkte und hiel-
5 ten friedliche Zusammenkünfte ab. Freilich hatten sie auch nicht die Sitten ihrer Väter, ... ihre unabhängige Lebensweise und die Macht ihrer Waffen vergessen. Solange sie allmählich und behutsam umlernten, fiel ihnen der Wechsel der Lebenswei-
10 se nicht schwer – sie fühlten die Veränderung nicht einmal. Als aber Quinctilius Varus den Oberbefehl über Germanien übernahm und sie zu rasch umformen wollte, indem er ihnen wie Unterworfenen Vorschriften machte und insbe-
15 sondere von ihnen wie von Untertanen Steuern eintrieb, da hatte ihre Geduld ein Ende.

Cassius Dio 56,18ff. Zit. nach Otto Veh, Cassius Dio, Römische Geschichte, Zürich (Artemis) 1986, o. S. Übers. v. Otto Veh, bearb. v. Verf.

....

[1] *gemeint sind die Germanen*

Methoden- und Interpretationskompetenz

1 Untersuche M4 mithilfe der Arbeitsschritte „Eine schriftliche Quelle untersuchen" auf S. 67.

2 Beurteile das Verhältnis zwischen Römern und Germanen (M2 und M4).
Tipp: Nimm auch S. 160–163 zu Hilfe.

3 Untersuche die Herrschaft des Augustus mithilfe des Schaubildes S. 181.
Tipp: Nimm die Arbeitsschritte „Schaubilder verstehen" auf S. 135 zu Hilfe.

Geschichte darstellen (narrative Kompetenz)

4 Entwirf für eine Führung durch ein Museum einen Audioguide, der den Besuchern anhand des Modells M2 den Handel am Limes erläutert. Nimm dazu die S. 162/163 zu Hilfe.

5 Bereite einen Vortrag zum Thema „Erziehung eines römischen Jungen" vor (siehe S. 188). Nutze dazu die S. 130/131.

6 Erstelle ein Quiz zum Thema Rom. Entwickle dafür zehn Fragen mit jeweils vier Antwortmöglichkeiten. Spielt anschließend in der Klasse gegeneinander.
Tipp: Nutze auch die Begriffe im Kasten auf S. 172.

Geschichte heute (geschichtskulturelle Kompetenz)

7 Im Text M1 findest du einige lateinische Wörter, die im Deutschen als Lehnwörter vorkommen. Schreibe sie heraus und übersetze ins Deutsche, z. B. strata – Straße, plastrum – Pflaster usw.

8 Beschreibe mithilfe von M3 und S. 169, wie die Varus-Schlacht in der Gegenwart dargestellt wird.

Zusatzaufgaben

Kapitel 1: Fachpraktikum: Gegenständliche Quellen untersuchen

zu S. 18/19:

Puppenstube, hergestellt um 1900

Unterrichtsszene; Relief auf einem römischen Grabpfeiler, Ende 2. Jh. n. Chr., gefunden im 19. Jahrhundert in Neumagen an der Mosel

1 Ordne M1 und M2 den Arten von Quellen von S. 19 zu und begründe deine Entscheidung.

zu S. 24/25:

M1

Zufallsfund Getreidemühle:
Am 1. März 2013 kam die Jungsteinzeitexpertin Andrea Zeeb-Lanz auch nach Altrip, um einen jungsteinzeitlichen Fund zu besichtigen.
Der Hobbyhistoriker Wolfgang Schneider (71) hatte
5 beim Jäger Franz Kraus einen vermutlich jungsteinzeitlichen Mahlstein gesehen ...

Franz Kraus, der schon seit Jahrzehnten Mammutzähne, römische Münzen und sonst allerlei Funde aus längst vergangenen Zeiten zusammengetragen
10 hat, war sofort bereit, den Mahlstein der Wissenschaft zur Verfügung zu stellen. Dies ist übrigens seit 1978 in Rheinland-Pfalz auch Pflicht ...
Nun konnte ein weiteres Mosaiksteinchen einer jungsteinzeitlichen Besiedlung um Altrip vermerkt werden, in: Wochenzeitung „Durchblick", Speyer, 15. 3. 2013. Bearb. v. Verf.

1 Erkläre, welche Arbeitsschritte der Archäologie in M1 dargestellt sind.

2 Das Landesamt für Archäologie in Sachsen-Anhalt sucht einen neuen Archäologen. Verfasse unter Berücksichtigung der Informationen der S. 24/25 eine Stellenausschreibung.

Kapitel 2: Das Leben der Menschen in frühgeschichtlicher Zeit

zu S. 38/39:

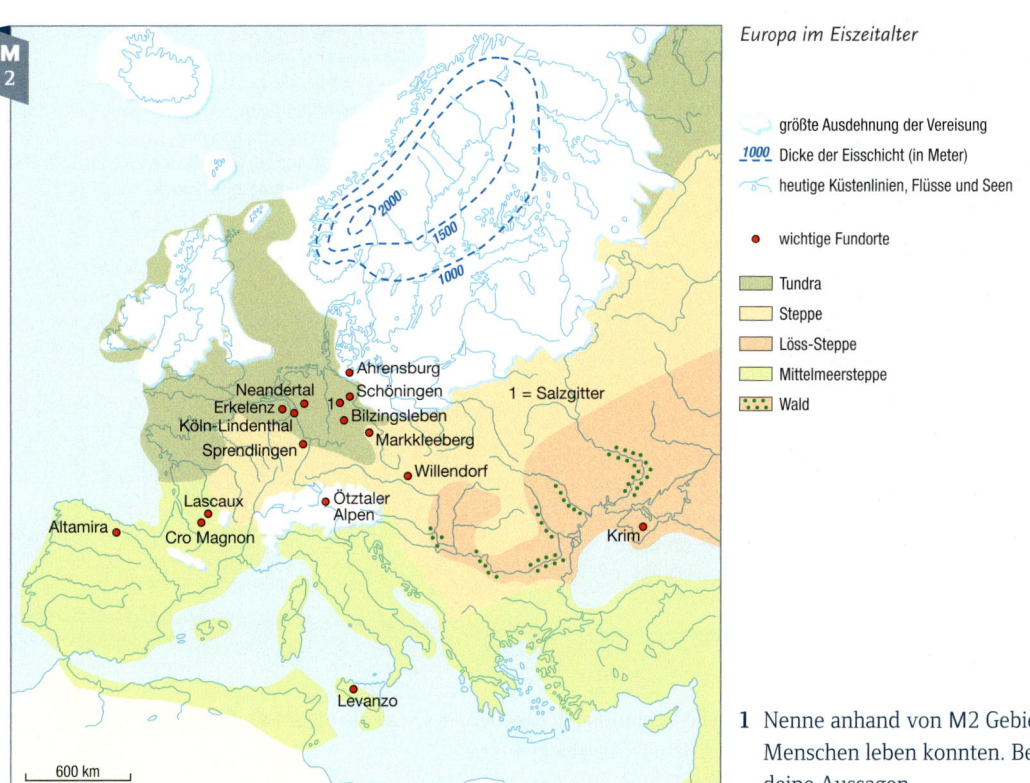

Europa im Eiszeitalter

- größte Ausdehnung der Vereisung
- **1000** Dicke der Eisschicht (in Meter)
- heutige Küstenlinien, Flüsse und Seen
- ● wichtige Fundorte
- Tundra
- Steppe
- Löss-Steppe
- Mittelmeersteppe
- Wald

M2

Ahrensburg
Neandertal
Erkelenz
Köln-Lindenthal
Sprendlingen
Schöningen
1
Bilzingsleben
Markkleeberg
Willendorf
1 = Salzgitter
Lascaux
Ötztaler Alpen
Altamira
Cro Magnon
Krim
Levanzo

600 km

1 Nenne anhand von M2 Gebiete, wo Menschen leben konnten. Begründe deine Aussagen.

Kapitel 3: Leben in der ägyptischen Hochkultur

....

zu S. 58/59:

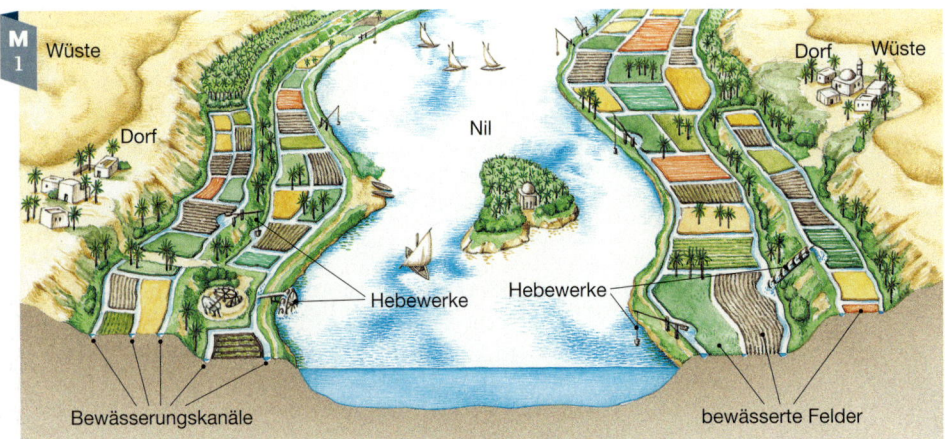

Querschnitt durch das Niltal, Rekonstruktionszeichnung

1 Beschreibe das Bewässerungssystem im Alten Ägypten mithilfe der Abbildung M1.

....

zu S. 64/65:

Bemalte Holzfigur aus dem Grab des Schreibers Hunefer, ca. 1275 v. Chr. Sie stellt die Göttin Osiris als Mumie dar. Auf dem Kopf trägt sie eine gefiederte Krone, die mit einer Sonnenscheibe geschmückt ist. In der Hand hält sie ein Zepter und einen Dreschflegel. Dies sind Symbole, die sie als Herrscherin des Jenseits darstellen. Die Figur ist hohl und enthält eine Papyrusrolle, auf der Grabtexte eingeschrieben wurden. Die Hieroglypheninschrift auf der Vorderseite des Körpers ruft Osiris und den Gott Anubis, die gebeten werden, dem Verstorbenen Hunefer uneingeschränkten Zugang zum Reich der Toten zu gewähren.

1 Stelle Vermutungen darüber an, wieso die Figur M2 dem Grab des Hunefer beigelegt wurde.
Tipp: Gibt es einen Zusammenhang zum Totengericht?

zu S. 70/71 und S. 76/77:

Hatschepsut – der „weibliche Pharao"

- Ihr Name bedeutete „die Edelste unter den Frauen".
- Sie regierte nach dem Tod ihres Mannes von 1490 bis 1468 v. Chr. stellvertretend für den noch minderjährigen Stiefsohn.
- Statt die Herrschergewalt weiterzugeben, als der Stiefsohn volljährig wurde, ließ sie sich zum „weiblichen Pharao" krönen. Den Begriff „Pharaonin" gab es nicht.
- Hatschepsut genoss hohes Ansehen beim Volk: Während ihrer Regierungszeit gab es keinen Krieg.
- Sie förderte Landwirtschaft und Handel und ließ Erkundungsreisen durchführen. So kamen kostbare Öle, Weihrauch, Gold und Elfenbein nach Ägypten.
- Nach ihrem Tod wurde ihr Stiefsohn doch noch König: Unter seiner Herrschaft wurden fast alle Statuen der Königin zerstört und ihr Name und ihr Bildnis in den steinernen Inschriften ausgemeißelt.

Die Königin Hatschepsut äußert sich in einer Tempelinschrift über sich selbst:

Ich bin wie ein wilder Stier mit spitzen Hörnern. Ich bin ein Falke, der über Land fliegt, der sich auf der Erde niederlässt und seine Grenzen festigt. Ich bin ein Schakal mit schnellem Schritt, der in
5 einem Augenblick durch das ganze Land laufen kann. Ich bin ein wütendes Krokodil, das mit Gewalt zupackt, das ganz sicher zupackt und dem keiner entkommen kann. Ich bin ein verborgenes Krokodil, ich bin ein heimtückisches Krokodil, das
10 den Schatten sucht und das sich im Weideland versteckt hält.

Zit. nach Manfred Clauss, Das Alte Ägypten, Berlin (Fest) 2001, S. 197.

Statue der Hatschepsut aus der Frühzeit ihrer Herrschaft. Sie trägt ein gestreiftes Königskopftuch.

Statue der Hatschepsut aus der Spätzeit ihrer Herrschaft. Sie trägt die Herrschaftszeichen eines Pharao: einen künstlichen Bart, ein gestreiftes Königskopftuch und einen Stirnreif mit einer aufgerichteten Kobra.

1 Beschreibe, wie sich Hatschepsut in M1 selbst darstellt.
2 Darf Hatschepsut Königin bleiben, oder muss sie die Herrschergewalt bei Volljährigkeit ihres Sohnes an diesen abgeben? Beantworte diese Frage und begründe deine Entscheidung.
3 Vergleiche M2 und M3 und erläutere den Unterschied zwischen beiden Statuen.

zu S. 84/85:

1 **Internetrecherche:** Finde heraus, wie Jean-François Champollion die Entzifferung der Hieroglyphen gelungen ist (siehe Arbeitsschritte S. 82).

2 **Internetrecherche:** Finde heraus, wie die Ägypter Papyrus hergestellt haben, und berichte in der Klasse (siehe Arbeitsschritte S. 82).

Kapitel 4: Leben in der Polis Athen

zu S. 102/103:

M1

Ein junger Mann, der in den Krieg zieht, bringt den Göttern ein „Trankopfer" dar: Er verschüttet etwas Flüssigkeit (z. B. Milch, Wein, Honig) auf einem „heiligen" Gegenstand oder einfach auf dem Boden; rechts vermutlich der Vater. Attische Vasenmalerei, um 500 v. Chr.

1 Verfasse Sprech- oder Gedankenblasentexte für die abgebildeten Personen (M1).

zu S. 104/105:

1 **Rechercheauftrag:** Informiere dich über folgende antike Sieger und stelle sie vor:
   a) der Faustkämpfer Theagenes von Thasos;
   b) der Läufer Leonidas von Rhodos.

2 Im 1. Jahr der 89. Olympiade stellte der Bildhauer Phidias seine Gold-Elfenbein-Statue des Zeus fertig. Berechne das Datum in unserer heutigen Zeitrechnung: Ausgangspunkt ist das Jahr 776 v. Chr. (= 1. Jahr der Olympiade).

zu S. 108/109:

Aus einer Rede des Perikles über die Merkmale der Demokratie um 430 v. Chr.
Die Rede wurde durch den griechischen Histori-ker Thukydides übermittelt, der von 464 bis ca. 396 v. Chr. lebte:
Wir leben in einer Staatsform, die die Einrichtun-gen anderer nicht nachahmt. Wir sind eher ein Vor-bild für andere. Der Name dieser Staatsform lautet Volksherrschaft [Demokratie], weil wir uns nicht auf
5 eine Minderheit, sondern eine Mehrheit im Volke stützen. Alle genießen vor den Gesetzen gleiches Recht ... Allein die persönliche Tüchtigkeit verleiht im öffentlichen Leben Vorteile. Ein freier Geist herrscht in unserem Staatsleben ... Im persönlichen
10 Umgang verkehren wir unbeschwert untereinander, und im öffentlichen Leben vermeiden wir aus Pflicht-gefühl Verstöße gegen das Recht und die guten Sit-ten. Wir gehorchen der jeweiligen Führung und den Gesetzen, vor allem den Gesetzen zum Schutz der
15 Verfolgten. Für die Erholung des Geistes ist gesorgt durch Wettspiele und Feste über das ganze Jahr ... Mit einem Wort sage ich: unsere Stadt ist im ganzen die hohe Schule Griechenlands.
Thukydides, Peloponnesischer Krieg 2,37 ff. Zit. nach Wolf-gang Schadewaldt: Die Geschichtsschreibung des Thukydides: Ein Versuch. Weidmannsche Buchhandlung, Berlin 1929.

1 Solon oder Kleisthenes? Schon die Athener stritten, wer als „Vater" der Demokratie gelten darf. Notiere Argumente für jeden der beiden.

2 Erkläre anhand von M1, was nach Perikles eine Demokratie kennzeichnet.

3 Beurteile, ob die von Perikles genannten Merkmale auch heute noch eine Demokratie ausmachen.

zu S. 110/111:

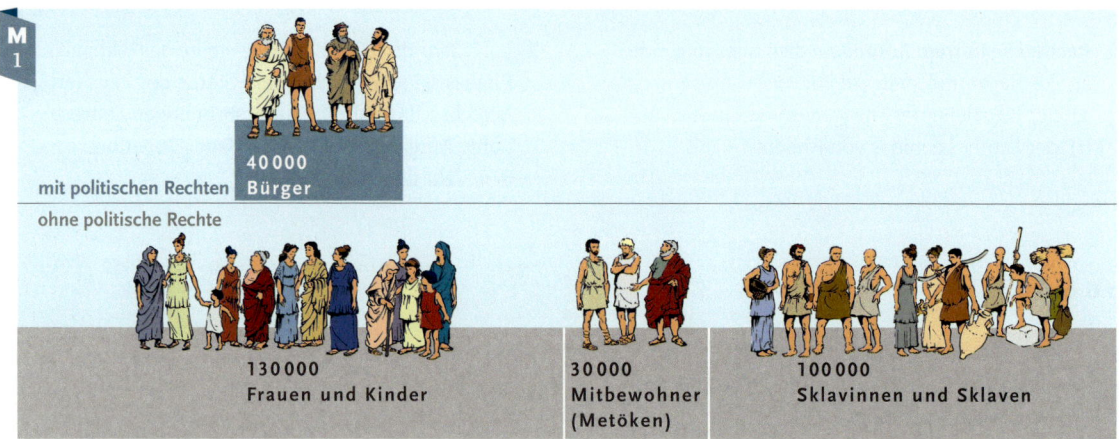

| mit politischen Rechten | **40 000 Bürger** |

ohne politische Rechte

| **130 000 Frauen und Kinder** | **30 000 Mitbewohner (Metöken)** | **100 000 Sklavinnen und Sklaven** |

Die Gesellschaft der Polis Athen um 430 v. Chr.

1 Beschreibe den Aufbau der Gesellschaft der Polis Athen mithilfe von M1.
2 Der griechische Geschichtsschreiber Herodot urteilte nach seiner Reise durch Ägypten, wo er Frauen Handel treiben und Männer zu Hause weben gese-hen hatte, die Welt stehe auf dem Kopf. Erkläre, was er damit meinte.
3 Beschreibe M3 auf S. 111. Nimm Stellung zu der Art der Darstellung.

Kapitel 5: Leben im Römischen Reich

zu S. 136/137:

Kann ein Krieg „gerecht" sein?
Der römische Politiker Cicero äußerte sich im 1. Jh. n. Chr. zu ungerechten und gerechten Kriegen:
Das sind ungerechte Kriege, die ohne Grund unternommen worden sind. Denn nur dann kann ein Krieg als gerecht gelten, wenn es sich darum handelt, Rache an den Feinden zu nehmen oder
5 diese abzuwehren ... Ein Krieg gilt nur dann als gerecht, wenn er vorher angekündigt und erklärt wurde und wenn er zur Wiedergutmachung geführt wird ...
Cicero, Über den Staat, 3. Buch, Kap. 23. Übers. v. Verf.

Aus einem Jugendlexikon (1996):
Krieg ist die mit Waffengewalt ausgetragene Auseinandersetzung zwischen Staaten und Völkern ... Die Frage nach der ... Berechtigung des Krieges beschäftigt die Menschen seit Jahrtausenden.
5 Nach der Satzung der Vereinten Nationen (UNO)[1] ist ein Krieg nur noch erlaubt als Mittel der Selbstverteidigung oder als Maßnahme der UNO, den Frieden aufrechtzuerhalten oder wiederherzustellen.
Der Jugend-Brockhaus, Bd. 2, Leipzig/Mannheim (Brockhaus) 1996, S. 175f.

[1] *Die UNO ist eine Vereinigung zur Sicherung des Friedens auf der Welt. Sie wurde 1945 gegründet und umfasst 193 Staaten (Stand: 2015).*

1 Erläutere, wie Cicero gerechte und ungerechte Kriege unterscheidet (M2).
2 Stelle mithilfe von M3 fest, wie Krieg in unserer Zeit beschrieben wird.
3 Überprüfe, ob die Kriege gegen Karthago von den Vereinten Nationen gutgeheißen werden würden (M3).

zu S. 142/143:

1 Erstelle einen Personenkasten über Gaius Julius Caesar. Nimm die Informationen aus dem Darstellungstext auf S. 140 und S. 141, M3 zu Hilfe.

zu S. 144/145:

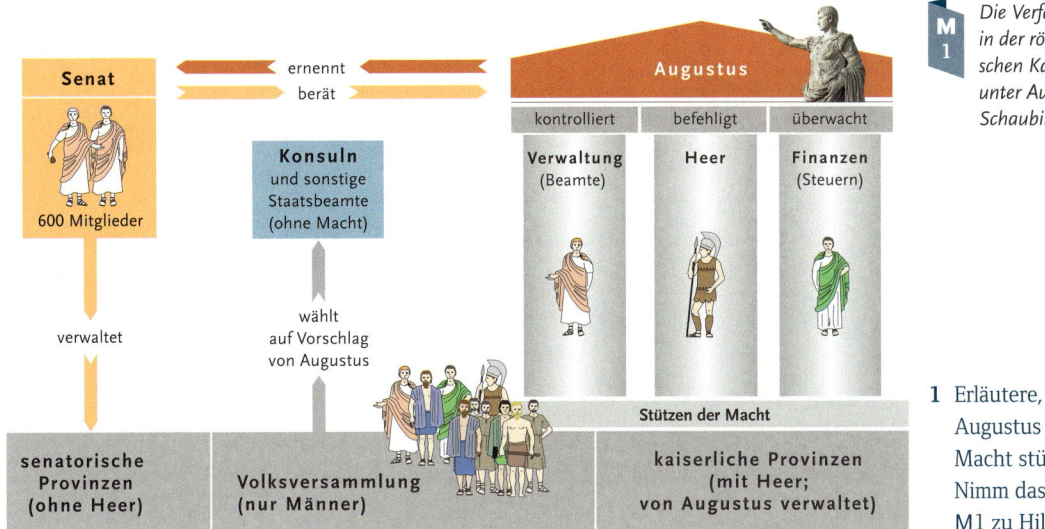

 Die Verfassung in der römischen Kaiserzeit unter Augustus, Schaubild

1 Erläutere, worauf Augustus seine Macht stützte. Nimm das Schaubild M1 zu Hilfe.

zu S. 148/149:

M2 **Strabo (63 v. Chr.–20 n. Chr.), ein Grieche, der zur Zeit des Kaisers Augustus in Rom lebte, schrieb:**
In Rom gibt es gepflasterte Straßen, Wasserleitungen und unterirdische Gräben, durch welche der Unrat aus der Stadt in den Tiber geleitet wird ... Rom besitzt ferner zahlreiche herrliche Bauwerke.
5 Viele davon stehen auf dem Marsfeld. Dieser Platz ist so groß, dass Wagenrennen und Pferdesport betrieben werden können, während sich gleichzeitig eine gewaltige Menge an Menschen im Ball- und Reifenspiel und im Ringen üben kann. Ferner gibt es
10 viele Theater, breite Straßen, prächtige Tempel, herrliche Wohngebäude und Paläste. Kommt man auf den alten Markt und sieht die prächtigen Bauten, die Tempel, Säulengänge und Wohngebäude, dann kann man leicht alles vergessen, was es sonst so gibt. So
15 schön ist Rom.

Strabon, 5, 3, S. 8 ff. Zit. nach Walter Arend, Geschichte in Quellen, Bd. 1, 2. Aufl., München (bsv) 1975, S. 594 f. Übers. v. Albert Forbiger, bearb. v. Verf.

1 Erläutere mithilfe von M2, wie der Grieche Strabo die Stadt Rom zur Zeit des Kaisers Augustus beschrieb.

2 Erkläre die Aussage Z. 11–15.

zu S. 150/151:

M1   *Wohnhaus (villa) einer Adelsfamilie in Pompeji, Zeichnung, 1999*

1 Arbeite aus M1 Informationen über die Lebensverhältnisse der reichen Menschen im antiken Rom heraus.

2 Vergleiche das Leben in einer römischen Villa mit den Wohnverhältnissen in einem Mietshaus (insula).

zu S. 166/167:

1 Recherchiere im Internet zu einer der christlichen Kirchen in Armenien, Äthiopien oder Ägypten („Kopten").
   Stelle deine Ergebnisse in der Klasse vor.

Lösungshilfen zu den Seiten „Wissen und Kompetenzen prüfen"

Kapitel 1: Fachpraktikum: Gegenständliche Quellen untersuchen (S. 28/29):

– Zum Kasten auf S. 28: Lösungshilfen siehe S. 18/19, 20/21 und 24/25.

1 Durch die Interpretation von gegenständlichen Quellen kann man Aussagen zum Leben der Menschen früherer Zeiten treffen, z. B. zu deren Lebensweisen, zu deren Alltag oder auch zum technischen Fortschritt der Menschen jener Zeit.

2 Eine gegenständliche Quelle überliefert keine umfassenden Aussagen zu einem vergangenen Ereignis. Durch die Interpretation des Gegenstandes können zwar einige Informationen über die Zeit, aus der er stammt, gewonnen werden. Wenn aber ein bestimmtes Ereignis aus der Vergangenheit untersucht und dargestellt werden soll, ist man auf weitere Quellen, wie z. B. Schriftstücke oder Bilder, angewiesen. Erst wenn diese ausgewertet und verglichen wurden, können weitere Aussagen getroffen werden (z. B. Wer war an dem Ereignis beteiligt? Wann und warum geschah es? Wie kam es dazu? Wer verfolgte welche Interessen?)

3 **a)** M1: „Endspielball der Fußball-Weltmeisterschaft 1954, Foto, 2015", M2: „Blick in eine mittelalterliche Küche, Malerei um 1500"; M3: „Römische Glaswaren aus dem 1. Jh. n. Chr., gefunden in Trier, Foto, 2001"
   b) Gegenständliche Quelle: M1, M3, Bildquelle: M2, schriftliche Quelle: M5

4 Neuzeit: M1, Mittelalter: M2, Antike: M3

5 falsch: d (richtig: Zeitmessung war für die Menschen schon immer von großer Bedeutung, z. B. für die Aussaat; früheste Versuche der Zeitmessung durch Naturbeobachtungen), e (richtig: Informationen von Eltern und Großeltern oder aus Geschichtsbüchern werden bei der Erforschung von Familiengeschichte benötigt);
   richtig: a, b, c, f

6 Tipp: Beachtet die Darstellungen der Zeit auf S. 12/13 und 20.

7 individuelle Lösungen; zum Sinn der Erforschung von Quellen siehe S. 24/25

Kapitel 2: Das Leben der Menschen in frühgeschichtlicher Zeit (S. 52/53):

– Zum Kasten auf S. 52: Höhlenmalerei: Altsteinzeit; Frühmensch: 2 Millionen bis ca. 40 000 v. Chr.; Homo sapiens sapiens: entstand vor rund 200 000 Jahren; Wildbeuter: Altsteinzeit; Neolithische Revolution: Jungsteinzeit; Himmelsscheibe von Nebra: Bronzezeit (ca. 3600 Jahre alt); Altsteinzeit: bis ca. 9000 v. Chr.; Jungsteinzeit: bis ca. 2200 v. Chr.; Metallzeit: zwischen 2200 und ca. 800 v. Chr.

1 M2: Rekonstruktionszeichnung, da aus der heutigen Zeit. Sie stellt dar, wie etwas in der Vergangenheit gewesen sein könnte, und gibt die Sichtweise des Zeichners wieder. In der Realität hat diese Szene vermutlich niemals so stattgefunden.

2 M2 gibt nur die Sicht des Zeichners wieder. Es gibt keine Quellen oder Bilder, die von solch einer Szene berichten. Der Rekonstruktionszeichner wollte mit diesem Bild die Techniken und Werkzeuge der Altsteinzeit darstellen und hat diese in einer ausgedachten Szene abgebildet.

3 M3: Darstellung: Ein Historiker aus der heutigen Zeit berichtet nach Auswertung von Quellen über das Leben in der Jungsteinzeit; M4: gegenständliche Quelle: Gegenstand aus der Bronzezeit.

4 Arbeitsschritte S. 37:
   1. Ersten Überblick verschaffen:
   Der Historiker Yuval Noah Harari schreibt über das Leben der Menschen in der Jungsteinzeit. Harari behauptet, dass der Übergang zur Landwirtschaft in der Jungsteinzeit kein großer Sprung in der Menschheitsgeschichte war.
   2. Fragen stellen:
   – in der Jungsteinzeit wurden die Menschen sesshaft; Jäger (Wildbeuter) und Sammler, sesshafte Bauern; Alt- und Jungsteinzeit
   – Bauern in der Jungsteinzeit hielten Schafe und bauten Weizen an; ihr Alltag war härter und weniger befriedigend als der ihrer Vorfahren; Jäger (Wildbeuter) und Sammler ernährten sich gesünder und arbeiteten weniger als die Bauern der Jungsteinzeit
   – Offene Frage: Was erfahren wir über die Frauen in der Steinzeit?

3. Schlüsselwörter klären:
Fortschritt und Intelligenz, entbehrungsreiches Leben (Wörterbuch)
4. Textaufbau erfassen:
– Harari kritisiert die Auffassung, der Übergang zur Landwirtschaft sei ein „Sprung für die Menschheit" gewesen (Z. 1–9).
– Alltag in der Jungsteinzeit war härter und weniger befriedigend als in der Altsteinzeit (Z. 10 ff.)
– Jäger (Wildbeuter) und Sammler hatten ein besseres Leben (Z. 12 ff.)

5 Nach Fund von Ötzi und dessen Ausrüstung Übergabe an das Römisch-Germanische Zentralmuseum in Mainz (Deutschland) zur Lagerung und Restaurierung; Dokumentation des Zustandes der Gegenstände und Entnahme von Proben zur Bestimmung von Art und Alter der Materialien; Reinigung der Funde mit destilliertem Wasser; Maßnahmen zur Konservierung: Rückfettung von Leder und Fell; durch Gefriertrocknung wurde Feuchtigkeit entzogen, beiliegende Hölzer wurden langsam getrocknet; Wissenschaftler fügten verschiedene Kleidungsteile aneinander und konnten so die einzelnen Bekleidungsstücke rekonstruieren.

6 1 j, 2 f, 3 i, 4 k, 5 a, 6 c, 7 h, 8 d, 9 e, 10 g, 11 a

7 **a)** Händler, Höhle, Dorf, Salz, Wildbeuter, Nebra, sesshaft, Homo sapiens, Siedlung, Feuer, Bronze, Mumie, Eisen, Ötzi
b) individuelle Lösungen

8 Individuelle Lösung nach den Arbeitsschritten „Einen Sachtext verfassen", S. 50. Mögliche Leitfrage: Wie lebten die Frühmenschen in der Jungsteinzeit? Mögliche Unterfragen zur Beantwortung der Leitfrage: Wann und wo lebten die Frühmenschen in der Jungsteinzeit? Wie ernährten sie sich? Wie lebten sie zusammen? Welche Werkzeuge hatten sie?

9 Mögliche Vorteile: Kopie der Scheibe: Das Original kann auf einer Reise nicht beschädigt, aber dennoch interessierten Menschen an verschiedenen Orten zugänglich gemacht werden; mögliche Nachteile: Menschen möchten lieber die originale Himmelsscheibe betrachten.

10 Mögliche Lösung: Den Besuchern sollte es nicht erlaubt werden, die Himmelsscheibe zu berühren, denn dann besteht die Gefahr, dass sie beschädigt wird. Die gegenständliche Quelle aus der Bronzezeit sollte geschützt werden.

Kapitel 3: Leben in der ägyptischen Hochkultur (S. 88/89):
– Zum Kasten auf S. 88: das Alte Ägypten erfüllte viele Merkmale einer Hochkultur: Staat mit zentraler Verwaltung (Pharao an der Spitze); Arbeitsteilung; Anfänge von Wissenschaft und Technik (z. B. Feldvermessung und Geräte zur Landwirtschaft); eigene Schrift (Hieroglyphen, Schreiber); Kalender; Architektur (Pyramiden); Vorratssicherung; (polytheistische) Religion.

1 Arbeitsschritte „Eine Bildquelle auswerten", S. 63:
1–4. Dargestellt sind fünf Personen (nur Männer). Es handelt sich um fünf Maurer. Bekleidet sind sie mit einem kurzen Lendenschurz. Sie tragen keine Oberbekleidung. Die Männer haben keine Haare. Neben den Männern sind noch Gegenstände, wie Steinblöcke, Eimer oder Werkzeuge, zu sehen. Die Maurer befinden sich auf einer Baustelle.
5–6. Die Wandmalerei zeigt eine Szene von einer „Baustelle". Die Arbeiter scheinen die Mauern des Tempels zu errichten, eine engere Verbindung zwischen den Personen wird nicht deutlich. Die dunkle Hautfarbe der abgebildeten Personen lässt darauf schließen, dass sie während ihrer Arbeit oft dem Sonnenlicht ausgesetzt waren. Es muss eine harte körperliche Arbeit gewesen sein, denn die Männer transportieren ganze Steinblöcke.
7–8. Das Bild stammt aus dem Grab des Rekhmere und wurde zwischen 1543 und 1282 v. Chr. angefertigt. Der Künstler ist unbekannt.

2 Arbeitsschritte „Eine schriftliche Quelle untersuchen", S. 67:
1. Zum Beispiel: Warum schreiben die Arbeiter einen Beschwerdebrief an den Wesir?
3. Der Autor ist unbekannt, es muss jedoch einer der Arbeiter gewesen sein.
4. um 1150 v. Chr. in Ägypten
5. Ausschnitt aus einem Beschwerdebrief
6. Der Brief war an den Wesir Ta gerichtet.
7. Schatzhaus (Z. 5), Magazin (Z. 5)
8. 1) Schilderung der persönlichen Situation
2) Schilderung der Situation der Arbeiter
3) Bitte an den Herrn, mehr Nahrung zur Verfügung zu stellen
9. Warum haben die Arbeiter keine Nahrung erhalten?

10. Die Arbeiter arbeiten an den Gräbern der Königskinder und haben zu wenig Nahrung erhalten. Sie müssen hungern und bitten den Wesir, ihnen mehr Nahrung bereitzustellen.

11. Der Autor möchte auf die schlechte Lage der Arbeiter hinweisen.

12. Da nur Schreiber auch wirklich schreiben konnten, ist es unwahrscheinlich, dass ein Arbeiter den Brief verfasst hat. Vermutlich haben sie sich bei einem Schreiber beschwert, der den Brief für sie geschrieben hat. Die Aussagen selbst scheinen zuverlässig zu sein.

13. individuelle Lösung

3 1. Bild: Anubis: Führt Hunefer zur Waage; 2. Bild: Horus: Führt den Verstorbenen zur Urteilsverkündung vor den Thron des Osiris; 3. Bild: Thot: Schreibt das Ergebnis der Prüfung durch die Waage auf.

4 sicher belegt – Informationen oder Aussagen, die durch mehrere Quellen belegt sind; unklar – Informationen, zu denen keine Aussagen getroffen werden können, die sich durch Quellen belegen lassen; vermutlich – Informationen, die nicht direkt in Quellen zu finden sind, aber aus dem Zusammenhang erschlossen werden können; teilweise belegt – Informationen, die nur in einzelnen Quellen zu finden sind oder angedeutet werden

5 Aussage 1: Ja, weil in beiden Quellen zutreffend – könnte aber auch mit „sicher belegt" gekennzeichnet werden; Aussage 2: nein, weil es nur in einer Quelle erwähnt wird – teilweise belegt; Aussage 3: ja, weil es keinen Anhaltspunkt in beiden Quellen gibt; Aussage 4: ja, weil es aus dem Zusammenhang von M1 zu entnehmen ist

6 **a)** Mögliche Lösung: Fares traf sich zu Beginn seines Arbeitstages mit den anderen Arbeitern. Vom Hauptaufseher erfuhren sie, dass der Pharao den Bau einer Pyramide befohlen hat. Erst jetzt konnte Fares mit der Arbeit beginnen. Sein Arbeitsalltag war hart, denn die Pyramiden wurden mit einfachen Werkzeugen errichtet. Deshalb waren für den Bau sehr viele Arbeiter erforderlich. Fares arbeitete täglich acht bis zehn Stunden. Als Arbeiter verdiente er vermutlich 5,5 Sack Getreide und zehn bis elf Deben. Seine Mitarbeit am Bau der Pyramiden war vermutlich verpflichtend. Nachdem Fares und die anderen Arbeiter am Morgen mit der Arbeit begonnen hatten, mussten sie wegen der Mittagshitze schon bald wieder eine Pause einlegen. Nach der längeren Mittagspause kehrten die Ar-

beiter auf die Baustelle zurück und arbeiteten weiter. Nach Feierabend kehrte Fares in eine eigens für die Arbeiter angelegte Siedlung nahe der Pyramidenbaustelle zurück.
b) sicher belegt: lange Arbeitszeiten und Pausen wegen der Mittagshitze, harter Arbeitsalltag wegen einfacher Werkzeuge, der Pharao beauftragt den Bau der Pyramide

7 **a)** Mögliche Ratschläge: Es darf nichts angefasst werden; es darf nichts mitgenommen werden; es darf nicht gegessen und getrunken werden; es dürfen maximal 20 Menschen gleichzeitig im Tempel sein; es darf nicht mit Blitz fotografiert werden.
b) Das Nichteinhalten der Ratschläge würde die Überreste zerstören und somit verhindern, dass nachfolgende Generationen die Leistungen der ägyptischen Hochkultur bewundern können.

Kapitel 4: Leben in der Polis Athen (S.122/123)

– Zum Kasten auf S. 122: z. B. Orakel: nach Glauben der Griechen waren die Götter für Glück und Unglück „zuständig". Mittels eines Orakelspruchs durch eine Priesterin wurden die Götter bei wichtigen Entscheidungen um Rat gefragt; Olympische Spiele: religiöser Zusammenhang – die Olympischen Spiele wurden zu Ehren des Gottes Zeus alle vier Jahre abgehalten. Sie waren für die Griechen so wichtig, dass sie sie zur Grundlage ihres Kalenders machten; Theater: z.B.: Dionysos-Theater: ältestes Theater Griechenlands. Athen gilt als Geburtsstätte des Theaters.

1 Arbeitsschritte „Eine schriftliche Quelle untersuchen", S. 67:

1. Zum Beispiel: Was waren die Merkmale der attischen Demokratie um 430 v.Chr.?
3. der griechische Historiker Thukydides
4. um 430 v.Chr.
5. Ausschnitt aus einer Rede des Perikles, die von Thukydides überliefert wurde
6. Vermutung: Thukydides möchte der Nachwelt Kenntnisse über Perikles überliefern
7. hier z.B. Staatsordnung, Z. 1
8. 1) unsere Staatsordnung; 2) gleiches Recht für alle; 3) Zusammenfassung
9. Warum erklärt Perikles die Vorzüge der Demokratie und den Vorbildcharakter Athens?
10. Perikles wollte zweifelnde Bürger davon überzeugen, dass die Demokratie die beste Regierungsform ist. Der Staat wird von der Mehrheit der Bürger getragen, alle haben die

gleichen Rechte und jeder kann unabhängig von seinem Amt zu Ansehen kommen, wenn er tüchtig ist.

11. Thukydides wollte das Wirken Perikles' herausstellen und seine Bewunderung für ihn ausdrücken.

12. Thukydides berichtet im Wortlaut über eine Rede von Perikles. Er lebte in der Zeit des Perikles, daher ist der zeitliche Abstand zum Geschehen nicht sehr groß. Allerdings scheint er sehr aus seiner Perspektive heraus zu urteilen.

13. individuelle Lösung

2 **a)** Xenophon begründet die Rollenverteilung zwischen Frau und Mann damit, dass der Körper des Mannes von Natur aus für die Arbeit draußen und der Körper der Frau von Natur aus für die Arbeit im Haushalt und für die Kindeserziehung geschaffen sei.

b) Diese Rollenverteilung ist heute nicht mehr zeitgemäß. Heute teilen sich Männer und Frauen in der Regel die Hausarbeit. Es gibt immer mehr Frauen, die als typische „Männerberufe" geltende Tätigkeiten ausüben. Heute teilen sich Männer und Frauen die Kindeserziehung. Es ist nicht mehr nur die Frau dafür zuständig.

3 1 e; 2 a; 3 g; 4 f; 5 b; 6 c; 7 g; 8 d

4 individuelle Lösung

5 mögliche Themen: Athen als Geburtsstätte des Theaters, Dionysostheater mit jährlichen Festspielen; Philosophie: Athen als Wirkungsstätte berühmter Philosophen, die Schulen begründeten: Sokrates, Platon, Aristoteles; Kunst: z. B. Reliefbild der Göttin Athene; mögliche Verhaltensregeln: sorgsamer und vorsichtiger Umgang mit den antiken Stätten, nichts zerstören, nichts beschmutzen und keinen Müll hinterlassen, Hinweisschilder beachten.

6

Sport: Olympische Spiele

Theater: Tragödie, Komödie

Das griechische Erbe

Politik: Herrschaftsform, Monarchie, Aristokratie, Demokratie

Wissenschaft: Mathematik, Philosophie

Kunst: Tempel, Skulpturen, Vasenmalerei

7 Mögliche Lösung: Die attische Demokratie gilt bis heute als Geburtsstätte unserer heutigen Demokratie. Im Vergleich zur Gegenwart erscheint jedoch Einiges an der attischen Demokratie fremd: z. B. die Auslosung der Beamten oder die Verbannung fähiger Politiker durch das Scherbengericht. Auch der jährliche Wechsel in den Ämtern überrascht. Der Ausschluss von Frauen, Sklaven und Fremden erscheint uns heute als ungerecht. Die athenischen Bürger nahmen viele Unbequemlichkeiten auf sich, um in der Volksversammlung abzustimmen. Allein durch die Größe der Bundesrepublik ist eine solche direkte Form der Demokratie nicht umsetzbar. Bürger der Bundesrepublik wählen Volksvertreter, sogenannte Abgeordnete, die politische Entscheidungen für das Volk treffen.

Kapitel 5: Leben im Römischen Reich (S. 172/173):

– Zum Kasten auf S. 172: römische Republik; römische Expansion; Caesar; Augustus; Kaiserzeit; Varus-Schlacht; Limes; Diaspora; Christenverfolgungen; Staatsreligion

1 Arbeitsschritte „Eine schriftliche Quelle untersuchen", S. 67:

1. Wie war das Verhältnis zwischen Römern und Germanen?

3. der römische Geschichtsschreiber Cassius Dio

4. zwischen 164–229 n. Chr., vermutlich in Rom

5. Ausschnitt aus dem historischen Werk „Römische Geschichte"

6. vermutlich an die Nachwelt

7. Sitten

8. Einzug der Römer, Übernahme ihrer Lebensweise, Römer wollen Germanen Vorschriften machen, Widerstand der Germanen

9. Warum übernahmen die Germanen die römische Lebensweise?

10. Die Germanen übernahmen unbewusst langsam die römische Lebensweise. Wenn die Römer keinen Druck auf sie ausübten, lebten sie friedlich zusammen. Als die Römer aber begannen, ihnen Vorschriften zu machen und Steuern einzutreiben, gab es Widerstand.

11. Cassius Dio möchte der Nachwelt über das Verhältnis zwischen Römern und Germanen berichten.

12. Cassius Dio schreibt fast 200 Jahre nach den Geschehnissen (um 9 n. Chr.). Er war daher nicht persönlich dabei. Seine Quellen sind unklar.

13. individuelle Lösung

2   Mögliche Lösung: Obwohl Römer und Germanen oft in Konflikt gerieten, übernahmen die Germanen immer mehr die römische Lebensweise. Des Weiteren trieben sie trotz der kriegerischen Auseinandersetzungen einen regen Handel untereinander, von dem beide Seiten profitierten.

3   Arbeitsschritte S. 135:

Zu 1: z. B. senatorische Provinzen, kaiserliche Provinzen, Konsuln. Zu 2–3: Das Schaubild ist von oben nach unten zu lesen, weil Augustus und der Senat im Zentrum der Macht stehen. Von ihnen geht die Herrschaft aus. Es gab den Senat und die Volksversammlung; zu den Ämtern zählten die Konsuln und sonstige Staatsbeamte, Verwaltungsbeamte und Senatoren. Zu 4–6: Senatoren wurden von Augustus ernannt, im Gegenzug berieten sie ihn. Sie verwalteten die senatorischen Provinzen. Dort waren keine Truppen stationiert. Die Volksversammlung wählte die Konsuln und sonstige Staatsbeamte (ohne Macht) auf Vorschlag von Augustus. Er ernannte die Senatoren, kontrollierte die Verwaltung, befehligte das Heer und überwachte die Finanzen. Er verwaltete die kaiserlichen Provinzen, in denen das Heer stationiert war. Augustus steht im Schaubild oben, weil er die Stützen der Macht innehatte: Dies waren die Verwaltung, das Heer und die Finanzen. Auch befehligte nur er alleine das Heer. Die Senatoren verwalteten zwar die senatorischen Provinzen, sie hatten faktisch aber, ebenso wie die anderen Beamten, keine Macht. Zur Volksversammlung zählten nur die römischen Männer. Frauen, Kinder, Sklavinnen und Sklaven hatten keine politischen Rechte.

4   Mögliche Lösung: Der Limes war nicht nur eine militärische Grenze, sondern auch ein Ort des Handels zwischen Römern und Germanen. Händler trieben an den Grenzstationen und den nahe gelegenen Märkten einen regen Warenhandel, von dem beide Seiten profitierten. Die Römer bezogen z. B. Holz, Eisen oder auch Blei aus Germanien. Die Germanen kauften von den Römern Keramik, Schmuck oder Wein. Um Handel treiben zu dürfen, mussten die Germanen jedoch eine Zollgebühr bei den Legionären zahlen.

5   individuelle Lösung

6   Mögliche Fragen: Wann wurde Rom der Sage nach gegründet? Was bedeutet „Prinzipat"? Wer war Caesar? Wie gingen die Römer mit anderen Religionen um? Was bedeutet Diaspora? Welche Funktion hatte der Limes? Welche Aufgaben hatte der Senat? Welche Stellung hatte der „pater familias" in der römischen „familia" inne? Wann ging das Weströmische Reich unter? Wann wurde das Christentum Staatsreligion?

7   strata = Straße, plastrum = Pflaster, carrus = Wagen, cista = Kiste, saccus = Sack, corbis = Korb, murus = Mauer, porta = Pforte, villa = Haus, tegulae = Ziegel, camera = Kammer, speculum = Spiegel, fenestra = Fenster, cellarium = Keller, pressa = Presse, vinum = Wein, mustum = Most (Saft), prunum = Pflaume, persicum = Pfirsich, radix = Radieschen, oleum = Öl, caseus = Käse, moneta = Geld

8   Das Museum Kalkriese erinnert beim „Osterleuchten" alle zwei Jahre an die Varus-Schlacht. Im Jahr 2008 war z. B. das Vorgeschehen der Varus-Schlacht Thema des „Osterleuchtens". Es wurden Szenen aus Germanien und der Aufmarsch der Römer dargestellt. Im Römermuseum Haltern wurde mithilfe von Spielfiguren der Firma Playmobil an die Varus-Schlacht erinnert. 15 000 Spielfiguren stellten die drei Legionen des Varus dar, die bei der Schlacht von den Germanen geschlagen wurden.

Unterrichtsmethoden

Die Kugellager-Methode

- Bei der Durchführung sitzt oder stellt ihr euch paarweise in einem Innen- und einem Außenkreis gegenüber.
- In einem vorher festgelegten Zeitrahmen tauscht ihr euch mit eurem Gegenüber über ein vorher festgelegtes Thema aus.

- Auf ein vereinbartes Zeichen der Lehrkraft dreht sich der Innenkreis im Uhrzeigersinn zwei Plätze weiter. Dort findet der Austausch mit dem neuen Partner statt.
- Für einen erneuten Partnerwechsel dreht sich auf das Signal der Lehrkraft der Außenkreis gegen den Uhrzeigersinn zwei Plätze weiter.

- Nach mehreren Runden könnt ihr eure Ergebnisse gemeinsam auswerten.

Tipp: Schafft genug Platz, sodass ihr einen gewissen Abstand zu den anderen Paaren habt. Dafür könnt ihr Tische und Stühle an den Rand schieben oder vielleicht auf den Schulhof gehen.

Einen Kurzvortrag halten

- Vorbereitung: Sammle und ordne alle Informationen zu deinem Thema in einer Mindmap.
- Entwickle eine Gliederung für deinen Vortrag: Lege zu jedem Hauptpunkt eine Karteikarte mit den wichtigsten Informationen an und nummeriere die Karteikarten in einer sinnvollen Reihenfolge.
- Überlege dir einen interessanten Einstieg und Schluss für deinen Vortrag.
- Versuche, möglichst frei vorzutragen. Sprich laut, deutlich und nicht zu schnell.

- Schau dein Publikum an. So siehst du auch, wenn es Zwischenfragen gibt.
- Unterstütze deinen Vortrag durch Anschauungsmaterial (Bilder, Grafiken, Gegenstände).

Ein gutes Lernplakat gestalten

- Verwende für das Plakat mindestens die Größe DIN A2, besser DIN A1 (= 8 DIN A4-Blätter).
- Beschränke dich auf die wesentlichen Informationen.
- Die Informationen auf dem Plakat müssen sachlich stimmen (z. B. richtige Jahreszahlen).
- Das Thema des Plakats muss deutlich zu lesen sein.

- Schreibe in Stichpunkten oder in kurzen Sätzen.
- Unterstreiche Schlüsselbegriffe oder rahme sie ein.
- Verwende für die Schrift einen schwarzen oder dunkelblauen Stift. Andere Farben eignen sich für Pfeile, Linien oder Hervorhebungen.
- Achte auf die Lesbarkeit der Schrift (Größe und Ordnung). Du kannst Hilfslinien mit Bleistift zeichnen und später wegradieren.
- Gliedere deine Informationen durch unterschiedliche Schriftgrößen. Verwende Ordnungszahlen, wenn du eine bestimmte Reihenfolge darstellen möchtest.

4 Ein Rollenspiel durchführen

- **Ausgangslage festhalten:** Fertigt eine Situationskarte und mehrere Rollenkarten an. *Situationskarte:* kurze Beschreibung, welche Situation nachgespielt werden soll. Welche Probleme sind zu lösen? *Rollenkarte:* Je eine für die dargestellten Personen und für die Beobachter. Auf den Karten sind Tätigkeit, Eigenschaften, Verhalten und die Ziele der Personen notiert.

- **Rollen verteilen:** Vorgaben der Rollenkarten beachten, eigene Vorstellungen dürfen aber auch eingebracht werden.
- **Spiel vorbereiten:** Die Spielerinnen und Spieler heften sich ein Schild mit ihrer Rollenkennzeichnung an. Sie besprechen die Situation (Situationskarte) und die Rollen (Rollenkarten) untereinander.
- **Spiel durchführen:** Spielbeobachter machen sich während des Spiels Notizen zu den einzelnen Rollen.
- **Spiel auswerten:** Die Beobachter bewerten das Spiel und begründen ihre Meinung. Wurden die Rollen glaubhaft gespielt? Welche Argumente wurden genannt? Passten sie in die Situation und die Zeit? Was war gut, was könnte verbessert werden?

5 Ein Standbild entwickeln

In einem Standbild stellt ihr eine bestimmte Handlung oder eine Szene aus einem Bild nach. Dafür benötigt ihr: *einen oder mehrere Standbildbauer, einen oder mehrere Darsteller, Zuschauer.*

- Der Standbildbauer formt durch Anweisungen und Vormachen das Standbild. Er/sie gibt dabei möglichst viele Einzelheiten vor, z. B. Körperhaltung, Gesichtsmimik, Gestik der Hände. Die Darsteller verhalten sich hierbei wie „lebendige Puppen" und folgen, ohne zu sprechen, den Anweisungen.
- Es ist auch möglich, dass jede Rolle doppelt besetzt wird: Ein Darsteller nimmt die Position einer bestimmten Person ein, der andere steht dahinter und sagt laut, was diese Person in dieser Situation vielleicht denkt.

- Die Zuschauer beurteilen im Anschluss das Standbild und können Veränderungen vorschlagen.
- Zum Abschluss berichten die Darsteller über ihre Wahrnehmung.

Tipp: Entwickelt mehrere Standbilder zu dem gleichen Thema, dann wird es noch interessanter, und ihr könnt im Anschluss die verschiedenen Blickwinkel miteinander vergleichen.

Lexikon

Im Lexikon werden Fremdwörter, historische Begriffe und Ereignisse erläutert, die in den Texten dieses Buches vorkommen und mit einem * versehen sind. Die Fachbegriffe, die auf den Themenseiten erklärt werden, haben einen Verweis auf die entsprechende Seite.

A

Adel, bestimmte Personen in einer Gesellschaft, die besondere Rechte genießen. Sie gehören meist schon durch Geburt den herrschenden oder besonders einflussreichen Familien an.

Agora, Versammlungsort, Marktplatz einer → Polis. In Athen versammelten sich die Bürger seit der Zeit des Kleisthenes nicht mehr auf der Agora, sondern aus Platzgründen auf der Pnyx.

Akropolis (griech. = die Hochstadt, Oberstadt), Bezeichnung für die Burganlage in griechischen Städten, in der sich häufig auch der Tempel der Stadtgottheit befand.

Altsteinzeit, auch Paläolithikum (griech. palaios = alt, lithos = Stein), die älteste und längste Epoche in der Geschichte der Menschen. Sie begann vor etwa zwei Millionen Jahren in Afrika und ging mit der letzten Eiszeit in Europa um 9000 v. Chr. zu Ende. Benannt wurde diese Epoche nach dem bevorzugten Werkstoff Stein.

Ambrosia, Speise der Götter in der griechischen Sage.

Amme, eine Frau, die ein fremdes Kind stillt und betreut.

Amphitheater, große → Arena, in der u. a. Gladiatorenkämpfe stattfanden.

Antike, Zeitabschnitt nach der schriftlichen Vor- und Frühgeschichte; beginnend mit den frühen Hochkulturen um 3000 v. Chr., endend mit dem Zerfall des Weströmischen Reichs, ca. 500 n. Chr. Die Zeit der klassischen Antike beginnt mit Griechenland um ca. 1000 v. Chr. und endet um 500 n. Chr.

Apostel, Anhänger von Jesus Christus, die das Christentum nach dessen Tod verbreiteten.

Aquädukt, eine römische Wasserleitung, bei der das Wasser über eine oft mehrgeschossige Bogenbrücke in natürlichem Gefälle dem Ziel zugeleitet wird.

Arbeitsteilung, vor allem durch das Anlegen von Vorräten für die Versorgung der Bevölkerung war es im Alten Ägypten möglich, dass nicht mehr alle Menschen in der Landwirtschaft und Viehzucht arbeiten mussten. Die Menschen konnten sich auf bestimmte Aufgaben bzw. Berufe spezialisieren.

Archäologie (griech. Altertumskunde), Wissenschaft, die sich mit Überresten aus Ausgrabungen beschäftigt. Da wir erst seit etwa 5000 Jahren schriftliche Quellen haben, umfasst der Forschungszeitraum für die Archäologie den größten Teil der menschlichen Geschichte. In der Archäologie werden die Forschungserkenntnisse auch mithilfe naturwissenschaftlicher Methoden und moderner Technik gewonnen.

Arena, Kampfplatz oder Sportplatz. Heute wird ein Fußballstadion oft als Arena bezeichnet.

Areopag (griech. „der Areshügel"), Bezeichnung für einen Hügel nahe der Akropolis in Athen und für den sich dort versammelnden Rat, der ursprünglich den König beriet. Während der Aristokratie leitete der Areopag alle Staatsgeschäfte und war das höchste Gericht. Mit der Einführung der Demokratie und des Volksgerichts verlor der Areopag an Einfluss und behielt nur noch die Entscheidung bei Mord. Noch heute heißt der höchste Gerichtshof in Athen so.

Aristokratie, nach dem griechischen Wort aristoi (= die Besten) und kratein (= herrschen) Bezeichnung dafür, dass die Herrschaft in einem Staat von einer adligen Oberschicht ausgeübt wird.

B

Berufsheer, die Streitmacht eines Staates. Die Mitglieder eines Berufsheeres üben ihre Tätigkeit hauptberuflich aus.

Bewässerungssystem, bestehend aus Deichen, Dämmen und Bewässerungskanälen, schützt es Siedlungen vor Hochwasser. Mit einfachen Schöpfwerken wurde das Wasser auf die höher gelegenen Felder gebracht. Vor allem im Alten Ägypten sollte mithilfe von Bewässerungssystemen verhindert werden, dass der Nil Dörfer und Siedlungen überschwemmt und die Ernte zerstört.

Brache, ein brachliegendes Feld ist ein Stück Ackerfläche, auf der nichts angebaut wird.

Brot und Spiele, Vorgehen des Kaisers Augustus und seiner Nachfolger, um die Unterstützung der kleinen Leute zu erringen. Es gab eine kostenlose Getreideausgabe für Bedürftige. Abgehaltene Feste und Spiele dienten dazu, die Gunst der Massen zu erhalten.

Bürger, in der Antike alle Personen, die am politischen Leben aktiv teilnahmen und das → Bürgerrecht besaßen.

Bürgerrecht, war in Griechenland erblich; es konnte aber auch an auswärtige Personen verliehen werden.

Außer diesen Vollbürgern (in Sparta z. B. den → Spartiaten) gab es in den griechischen Staaten minderberechtigte Personen, z. B. Frauen oder Metöken, die keine Ämter bekleiden durften. Pflichten der Bürger waren der Schutz des Staates gegen äußere und innere Feinde und die Teilnahme an Kult und Religion. Römischer Bürger konnte man durch Geburt werden, d. h. wenn beide Eltern römische Bürger waren, durch Verleihung des Bürgerrechts oder Freilassung. Zunächst waren nur die Bewohner Roms römische Bürger, später wurde das Bürgerrecht auch anderen Bewohnern des Reichs verliehen. Römische Bürger trugen die Toga, waren zu Wehrdienst und Steuern verpflichtet, hatten Stimmrecht in der Volksversammlung, konnten gewählt werden und gegen Strafen Berufung einlegen. Nur römische Bürger konnten nach römischem Recht anerkannte Geschäftsverträge und gültige Ehen schließen.

D

Demokratie, siehe S. 107

Diaspora (griech. diasporá = Zerstreuung), bezeichnet das Gebiet, in dem eine religiöse oder nationale Minderheit lebt, die ihre traditionelle Heimat verlassen hat und unter Andersdenkenden lebend über weite Teile der Welt verstreut ist.

Diktator, in der römischen Republik konnte für besondere Krisensituationen auf Vorschlag des Senats einer der beiden Konsuln einen Diktator als außerordentlichen Beamten ernennen. Dieser bekam große Vollmachten. Seine Amtszeit (die Diktatur) war auf höchstens sechs Monate beschränkt. Die übrigen Magistrate (Beamten) blieben während dieser Zeit im Amt, waren jedoch dem Diktator untergeordnet. Die Diktatoren der späten Republik, z. B. Sulla und Caesar, haben nichts mehr mit dem ursprünglichen Amt zu tun, denn Amtsdauer und Machtfülle waren nicht mehr beschränkt, sie waren Alleinherrscher.

Dynastie, eine Herrscherfamilie, die durch Politik und Erbfolge eine lange Zeit die Herrschaft über ein Land/ Gebiet besitzt.

E

Epoche, die großen Zeiträume der Geschichte werden in bestimmte Abschnitte, die sogenannten Epochen (Frühgeschichte, Antike, Mittelalter, Neuzeit), eingeteilt.

Etrusker, ein antikes Volk, das im nördlichen Mittelitalien lebte. Nach der Eroberung durch die Römer zwischen 300 und 90 v. Chr. gehörten die Etrusker zum Römischen Reich.

Evolution, Entwicklung von niederen zu höheren Lebewesen.

Exil, ein langfristiger Aufenthalt außerhalb des Heimatlandes, das aufgrund von Verbannung, Ausbürgerung, Verfolgung durch den Staat oder unerträgliche politische Verhältnisse verlassen wurde.

Expansion, zum Beispiel die Ausdehnung des Römischen Reichs. Durch Kriege und politische Entscheidungen dehnte sich das Römische Reich auf bis dahin nicht-römische Städte und Länder aus, die dann von Römern regiert wurden.

Export, die Lieferung von im Inland hergestellten Waren in andere Länder.

F

Flotte, größere Anzahl von Schiffen. Bezeichnung für alle Kriegsschiffe eines Landes.

Flusstalkultur, siehe S. 59

Forum Romanum, großer Marktplatz und Mittelpunkt der Stadt Rom. Dort befanden sich die prunkvollsten Bauwerke und Tempel der Stadt. Auch der Senat tagte in der „Curia" am Rande des Forums Romanum.

Freie, siehe S. 110

Frühgeschichte, Zeitraum vom Beginn der Menschheitsgeschichte bis ca. 3000 v. Chr. Für diesen Zeitraum gibt es keine schriftlichen Quellen.

G

Gastmahl, festliche Mahlzeit eines Adligen mit Gästen; eingeladen waren nur Männer, die auf Liegen viel Wein und Speisen zu sich nahmen und u. a. mit Spielen unterhalten wurden.

Generation, ungefähr die Lebenszeit eines Menschen umfassender Zeitraum.

Geometrie, Bezeichnung für die Feldvermessung im Alten Ägypten. Nach jeder Nilschwemme mussten die Felder neu vermessen werden. Aus dieser „Kunst der Feldvermessung" entwickelte sich eine Wissenschaft, die Geometrie.

Germanen/Germanien, Sammelname für viele einzelne Völker und Stämme in Nord- und Mitteleuropa, die der indogermanischen Sprachfamilie angehören. Besonders in den letzten beiden Jahrhunderten v. Chr. versuchten germanische Stämme sich nach Westen und Süden auszubreiten.

Gleichheitsgrundsatz, Merkmal einer Demokratie. Es bedeutet, dass alle Menschen vor dem Gesetz gleich zu behandeln sind.

Götterkulte, Verehrung von Gottheiten, z. B. in Form von Opfern, Tempelfesten oder den Olympischen Spielen.

Gründungsmythos, eine Erzählung über einen bestimmten Ursprung, die teilweise erfunden wurde,
aber als verbindlich wahrgenommen wird.

Gymnasion, im Altertum, besonders in Griechenland
Übungs- und Wettkampfanlage zur körperlichen
Ertüchtigung der Jugend.

H

Hausgemeinschaft, Gesamtheit aller Bewohner eines
Hauses.

Herrschaft, die Ausübung von Macht über Unterge-
bene und Abhängige durch Machtmittel. Im Alten
Ägypten wurde Herrschaft durch die Pharaonen ausgeübt. Sie sahen sich als Söhne des Sonnengottes Re
und verstanden ihre Herrschaft als von Gott gegeben.

Hierarchie, siehe S. 71

Hieroglyphen (griech. hieros = heilig, glyphein =
einritzen), Schriftzeichen (Bilder und Symbole), die
auf Papyrusblätter gezeichnet oder in andere Materialien eingeritzt wurden. Erst 1822 gelang es dem
Franzosen Jean-François Champollion, die Schriftzeichen zu entziffern.

Historiker, untersuchen und analysieren Quellen und
gewinnen dadurch Erkenntnisse aus der Vergangenheit.

Hochkultur, siehe S. 59

I

Ilias, Sage des griechischen Dichters Homer über den
Trojanischen Krieg. Die Sage bildete zusammen mit
der → Odyssee unter anderem die Grundlage für den
Götterglauben der Griechen.

Imperium Romanum, siehe S. 137

Import, Einfuhr von im Ausland hergestellten Waren.

Integration (lat. Wiederherstellung eines Ganzen),
in der deutschen Sprache kann sie auch als „Eingliederung" verstanden werden. Im Römischen Reich gab
es aufgrund der zahlreichen Eroberungen sehr viele
Menschen mit ganz unterschiedlichen Sprachen und
Gebräuchen, die in eine große Gemeinschaft römischer Bürger eingegliedert werden sollten.

Islam (arab. islam = Hingabe an Gott, Ergebung in
Gottes Willen), der Islam bekennt sich wie das Juden-
tum und Christentum zu einem Gott. Grundlage des
Islams ist der Koran, der in 114 Suren (= Abschnitte)
geteilt ist und Erzählungen, Lobpreisungen und
Gleichnisse enthält.

J

Judentum, Bezeichnung sowohl für die Religion, die
Tradition, die Philosophie als auch die Gesamtheit der
Juden; erste monotheistische Religion. Die Heilige
Schrift der Juden ist die Thora (hebr. = Lehre). Das
sind die fünf Bücher Mose, die dem Volk der Juden
von Gott übergeben wurden. Der Ort des jüdischen
Gottesdienstes ist die Synagoge.

Jungsteinzeit, siehe S. 42

K

Kalender, Zeitmessung nach Jahren, Monaten und Tagen. In Ägypten Berechnung nach den regelmäßigen
Naturerscheinungen wie der Nilflut. In vielen Kulturen Zeitrechnung ab einem bestimmten Ereignis, z. B.
Gründung Roms 753 v. Chr. oder nach Olympiaden
(= vier Jahre).

Keilschrift, aus einer Bilderschrift entwickelte, aus
keilförmigen Zeichen bestehende Schrift, bei der das
Schreibwerkzeug einen keilförmigen Eindruck in den
weichen Tontafeln hinterließ.

Klagemauer, Teil der Westmauer des Tempels in Jerusalem, der den Juden als Gebetsstätte dient. Sie ist
eine Grundmauer des von den Römern 70 n. Chr. zerstörten jüdischen Tempels.

Klientel, nichtadlige Römer und ihre Angehörigen waren häufig Abhängige (= Klienten) eines adligen Patrons. Der Patron half in Notlagen (Überfällen, Feuer). Solche Hilfsleistungen übernimmt bei uns heute
der Staat. Die Klienten unterstützten den Patron bei
Versammlungen und Wahlen. Sie gehörten zur „familia". Die Beziehungen zwischen Patron und Klient
wurden vererbt. Ihre Ursprünge sind unklar: Vielleicht waren es landlose Siedler.

Kolonisation, in der Antike Gründung von Siedlungen
außerhalb der Heimat durch Griechen und Römer. In
der Neuzeit Errichtung von Handelsstützpunkten. Sie
konnten auch größere Gebiete umfassen.

Komödie, eine Handlungsform des griechischen Theaters. Die Komödie ist ein Drama mit erheiterndem Ablauf und endet meist glücklich.

Konstantinische Wende, die Entscheidung Kaiser
Konstantins 313 n. Chr., die christliche Religion
gleichberechtigt neben allen anderen Religionen im
Römischen Reich zuzulassen.

Konsuln, die beiden höchsten zivilen und militärischen
Amtsträger der römischen Republik. Um zu verhindern, dass ein Konsul zu mächtig werden konnte,
standen immer zwei Konsuln an der Spitze des römischen Staates.

Kulturen, menschliche Gruppen (Völker) unterscheiden sich in ihren Lebensformen. Es gibt bei ihnen z. B. ganz unterschiedliche Geräte, Werkzeuge, Waffen, Häuser und Siedlungen, Kleidung, Schmuckstücke, Kunstwerke, Musik und Tänze, Ernährungsweisen, Religionen und Ordnungen des Zusammenlebens. Sie haben damit unterschiedliche Kulturen. Bei schriftlosen Kulturen erkennen wir nur die Eigenarten der Lebensbereiche, die Spuren im Boden hinterlassen konnten. Bei schriftlicher Überlieferung wissen wir auch etwas darüber, was die Menschen gedacht und geglaubt haben.

L

Landmacht, Bezeichnung für einen Staat, dessen Macht vor allem auf der Stärke seiner Landstreitkräfte beruht.

Lehnwort, Wort, das aus einer Fremdsprache (z. B. Latein) kommt, aber sich in Aussprache und Schreibweise der Zielsprache (z. B. Deutsch) angeglichen hat.

Limes, die Grenzbefestigung zwischen dem Römischen Reich und den von verschiedenen germanischen Völkern beherrschten Gebieten.

Losverfahren, viele politische und andere Ämter wurden im antiken Griechenland nicht dem besten Kandidaten anvertraut, sondern die Amtsinhaber wurden durch ein Los bestimmt. Dadurch konnten alle Bewerber, unabhängig von ihrer Herkunft und/oder ihrem Reichtum, gleichbehandelt werden.

M

Magazin, Lagerraum zur Vorratshaltung.

Märtyrer, Bezeichnung für eine Person, die aufgrund ihres Glaubens Verfolgungen, schweres körperliches Leid und sogar den Tod auf sich nimmt.

Mehrheitsprinzip, Merkmal einer Demokratie. Es bedeutet, dass politische Entscheidungen nur mit der Unterstützung einer Mehrheit von Abgeordneten oder des Volkes getroffen werden können.

Mesopotamien, historische Landschaft im heutigen Irak (zwischen Euphrat und Tigris)

Metallzeit, siehe S. 44

Metöken (griech. Mitbewohner), lebten als zugezogene Freie in Athen, ohne attische Bürger zu sein. Sie durften kein Land in Attika besitzen und waren vor allem in Handwerk und Handel tätig. Ähnliche Gruppen gab es in vielen antiken Städten.

Mittelalter, der Begriff bezeichnet den Zeitraum zwischen 500 n. Chr. und 1500 n. Chr., der Zeit zwischen Antike und Neuzeit in der Geschichte Europas. Die Völkerwanderungen, das Ende des Weströmischen Reichs 476 n. Chr., die Gründung des Frankenreichs um 500 n. Chr. und der Aufstieg des Islams (7. Jh.) werden als Beginn einer neuen Epoche gesehen. Sie endet um 1500 in einer Zeit wichtiger Erfindungen und Entdeckungen (1492 Amerika) und religiöser Umwälzungen (1517 Reformation).

Monarchie, siehe S. 71

Monotheismus, siehe S. 64

Mythos (Pl. Mythen), eine Erzählung, in der wahre und erfundene Ereignisse verknüpft sind.

N

Nektar, in der griechischen Mythologie war Nektar ein Trank der Götter, der ewige Jugend und Unsterblichkeit spendete.

Neolithische Revolution, die Epoche der Jungsteinzeit (= Neolithikum) begann um 11 000 v. Chr. In der Jungsteinzeit änderte sich das Leben der Menschen grundlegend. Sie lebten nicht nur vom Sammeln und Jagen, sondern ernährten sich von Feldbau und Tierhaltung. Sie wurden zunehmend sesshaft und wohnten in festen Siedlungen. Diese radikale Änderung der Lebensweise wird Neolithische Revolution genannt.

Neuzeit, der Begriff bezeichnet in der Geschichte Europas den Zeitraum von etwa 1500 bis zur Gegenwart. Die Abgrenzung zum Mittelalter wird mit dem grundlegenden Wandel durch Humanismus, Renaissance und Reformation begründet. Als Frühe Neuzeit wird die Periode von 1500 bis zur Französischen Revolution (1789) verstanden.

Nilschwemme, durch Regen verursachtes Hochwasser und Überschwemmung durch den Nil. Der Wasserstand des Nils stieg im Alten Ägypten zwischen Juni und Oktober um bis zu acht Meter an und das flache Land verschwand unter den Fluten.

Nomaden, Menschen und Menschengruppen, die innerhalb eines begrenzten Gebietes ohne festen Wohnsitz umherziehen.

O

Odyssee, Sage des griechischen Dichters Homer über die Irrfahrten des Odysseus. Die Sage bildete zusammen mit der Sage → Ilias unter anderem die Grundlage für den Götterglauben der Griechen.

Öffentliche Ordnung, die Regeln, die innerhalb einer Gesellschaft gelten und das friedliche Miteinander garantieren.

Oikos (griech. Haus), umfasste in Griechenland nicht nur das Haus als Gebäude, sondern die ganze Hausgemeinschaft: die Familie, Gäste und Sklaven, das dazugehörige Land und das Vieh. Alles dies stand

unter der Gewalt des Herrn des Oikos („Kyrios").
Von dem Wort Oikos ist auch der Begriff „Ökonomie" =
Hauswirtschaft abgeleitet. In Rom entsprach dem Oikos die familia, die ebenfalls alle Personen und Güter umfasste, die unter der Gewalt des pater familias standen.

Olympische Spiele, sportliche Wettkämpfe, die zu Ehren des Gottvaters Zeus in Olympia veranstaltet wurden. 293 Mal konnten die Spiele 776 v. Chr. bis 393 n. Chr. in ununterbrochener Reihenfolge stattfinden. Danach wurden sie durch den römischen Kaiser Theodosius (347–395 n. Chr.) als heidnischer Brauch verboten. Der Franzose Baron de Coubertin (1863 bis 1937) rief sie erst 1896 wieder ins Leben.

Oppidum, eine befestigte Siedlung der Römer.

Optimaten (lat.), in der ausgehenden römischen Republik (1. Jh. v. Chr.) Bezeichnung für die Anhänger der Partei des Adels und der herrschenden Familien (Senatspartei), die im Gegensatz zu den → Popularen stand.

P

Pädagoge, siehe S. 113

Patrizier, einflussreiche, römische Adlige. Im Mittelalter die Angehörigen der städtischen Oberschicht.

Perspektive, die Sichtweise einer Person. Bei der Auswertung von Quellen muss man einerseits die Sichtweise der Person oder Gruppe beachten, von der die Quelle stammt. Andererseits haben alle Historikerinnen und Historiker einen „eigenen Blick" auf das Thema.

Pharao, allgemeine Bezeichnung für die altägyptischen Könige. Der Begriff bedeutet „großes Haus" und bezog sich ursprünglich auf den Königspalast und dessen zahlreiche Bewohner. Seit Beginn des Neuen Reichs nannten sich die ägyptischen Könige Pharao.

Philosophie (griech.: philosophia = Liebe zur Weisheit), griechische Philosophen begannen ab dem 6. Jh. v. Chr. Erklärungen für Naturerscheinungen und die Entstehung der Welt zu suchen. Sie gingen nicht mehr davon aus, dass dies alles allein durch den Willen der Götter entstanden sei, sondern versuchten Erklärungen mithilfe der Vernunft in der Natur selbst zu finden. Auch stellten sie sich Fragen zum Sinn des Lebens, zu Gut und Böse und zu vielen anderen Bereichen. Berühmte griechische Philosophen sind Sokrates, Platon und Aristoteles.

Plebejer/Proletarier (lat. plebs = niederes Volk), die gesamte Bevölkerung, die nicht zu den Patriziern gehörte. Als Proletarier galten Bürger der untersten Klasse, die keinen Besitz hatten und keine Steuern zahlten

Polis (Pl. Poleis), durch die vielen Gebirge zerfiel Griechenland in relativ kleine, selbstständige Stadtstaaten. Jede Polis besaß einen städtischen Kern, der von landwirtschaftlichen Flächen umgeben war. Die bedeutendste Polis in Griechenland war die von Athen.

Polytheismus, siehe S. 64

Popularen, als Popularen wurde, in Abgrenzung von den Optimaten, die sogenannte Partei des Volkes in der römischen Republik bezeichnet.

Prinzipat, siehe S. 144

Provinz, römische Besitzungen, die außerhalb Italiens lagen. Sie wurden von einem römischen Statthalter mit einem kleinen Aufgebot von Soldaten verwaltet. Die ersten Provinzen waren Sizilien und Sardinien; am Ende der Republik unter Caesar waren es 18 Provinzen. Deren Bewohner mussten Abgaben zahlen.

Q

Quelle, siehe S. 19

R

Reform (lat. re = zurück, formatio = Gestaltung), im politischen Bereich eine Umgestaltung der bestehenden politischen Ordnung. Der athenische Politiker Solon etwa hat mit seiner Reform dem einfachen Volk mehr Mitspracherechte bei politischen Entscheidungen eingeräumt.

Republik (lat. res publica = öffentliche Sache), eine Staatsform, in der kein König herrscht. Die Macht wird vom Volk oder von Teilen des Volkes ausgeübt, z. B. von Patriziern.

Romanisierung, siehe S. 160

S

Sassaniden, war ein persisches Herrschergeschlecht. Das Reich der Sassaniden erstreckte sich in der Spätantike ungefähr über die Gebiete der heutigen Staaten Iran, Irak, Aserbaidschan, Turkmenistan, Pakistan und Afghanistan.

Scherbengericht, im alten Griechenland ritzten die Bürger den Namen eines Mannes auf eine Scherbe, den sie verdächtigten, dass er die Herrschaft alleine an sich reißen wollte. Es mussten über 6000 Stimmen abgegeben werden, sonst war das Scherbengericht ungültig. Derjenige, dessen Name am häufigsten auf eine Tonscherbe geschrieben wurde, musste für zehn Jahre die Polis verlassen. Sein Vermögen durfte er behalten.

Schuldknechtschaft, wenn ein Schuldner seinen Kredit nicht zurückzahlen konnte, verlor er nicht nur seinen Besitz, sondern auch einen Teil seiner persönlichen Freiheit und musste seine Schulden bei dem Gläubiger abarbeiten, was praktisch nie gelang.

Seemacht, Bezeichnung für einen Staat, der über bedeutende Seestreitkräfte verfügt.

Senat (lat. senex = Greis), Rat der Ältesten, eigentliches Regierungsorgan in der römischen Republik.

Sesshaftwerdung, der Übergang von der Alt- in die Jungsteinzeit war dadurch gekennzeichnet, dass die Menschen nicht mehr als nomadisierende Jäger und Sammler umherzogen, sondern sich an festen Plätzen niederließen, Häuser bauten sowie Feldbau und Tierhaltung betrieben.

Sklave, siehe S. 110

Staat, als Staat wird eine Form des Zusammenlebens bezeichnet, bei der eine Gruppe von Menschen – das Volk – in einem abgegrenzten Gebiet nach einer bestimmten Ordnung lebt. Der ägyptische Staat gilt als einer der ersten Staaten, die wir kennen, und wird heute als „Hochkultur" bezeichnet. Er wurde um 3200 v. Chr. gegründet, nachdem die Oberägypter die Macht über ganz Ägypten übernommen hatten.

Staatsreligion, bezeichnet das innerhalb eines Staates als Einziges anerkannte oder dominierende Glaubensbekenntnis.

Stadtstaat, ein Staat, der nur das Gebiet einer Stadt umfasst.

Statthalter, Bezeichnung für den Vertreter des Staatsoberhauptes oder der Regierung in einem Teil des Landes.

T

Tetrarchie, Regierungsform, bei der ein Herrschaftsgebiet in vier Teile aufgeteilt wird. Jeder Teil wird von einem der vier Tetrarchen regiert.

Theater, siehe S. 115

Therme, siehe S. 154

Totengericht, Begriff aus dem altägyptischen Glauben, bei dem sich jeder Mensch nach seinem Tod bei einem Totengericht vor den Göttern für sein Handeln im Leben verantworten musste.

Totenkult, ein Ritual, um auszudrücken, wie sehr man Verstorbene verehrt. Dazu gehörte das Mumifizieren, weil man glaubte, dass die Verstorbenen weiterhin ihre menschliche Hülle, ihren Körper, im Jenseits brauchten. Oft legten die Ägypter Figuren, Porzellan, Briefe und Ähnliches zu den Toten, um diesen den Aufenthalt im Jenseits zu verschönern.

Tragödie, eine Handlungsform des griechischen Theaters, in der der Protagonist in eine ausweglose Lage gerät, aus der er sich trotz großer Anstrengung nicht befreien kann. Eine Tragödie beinhaltet immer eine Katastrophe.

Tribute, als „tributum" kann fast jede Abgabe bezeichnet werden, die an den römischen Staat geleistet werden musste. Bis 167 v. Chr. bezahlten römische Bürger Tribute (= Steuern), später nicht mehr. Dafür leisteten dann die Provinzen Tribute, die entweder aus festen Abgaben oder aus einem Anteil am Ernteertrag bestanden.

Triumvirat (lat. Bündnis von drei Männern), Pompeius, Crassus und Caesar schlossen sich in einem Triumvirat zusammen, um gemeinsam die Herrschaft über den römischen Staat auszuüben.

Tyrannis/Tyrann, der Begriff bezeichnet ursprünglich eine Herrschaftsform der Griechen, bei der ein Adliger die alleinige Machtausübung gewaltsam an sich gerissen hatte. Viele Tyrannen, wie in Athen Peisistratos, sorgten für wirtschaftlichen Wohlstand und kulturelle Blüte ihrer Polis. Heute wird der Begriff Tyrann abwertend verwendet und bezeichnet einen einzelnen Machthaber, der gewaltsam und ohne gesetzliche Grundlage regiert.

V

Völkerwanderung, Bezeichnung für eine Völkerbewegung, die ihre Ursache in Landmangel, Klimaverschlechterung oder Vertreibung durch andere Völker hat. Mit dem Begriff wird üblicherweise die germanische Völkerwanderung bezeichnet, die 375 mit dem Einfall der Hunnen in Europa ihren Höhepunkt hatte und um 500 endete.

Volksversammlung, wenn alle stimmberechtigten Bürger eines Staates zusammentreffen, um ihre politischen Rechte wahrzunehmen, spricht man von einer Volksversammlung. Im demokratischen Athen war sie das Zentrum des politischen Lebens: Sie allein entschied in allen wichtigen politischen Fragen. In Rom unterschied man zur Zeit der → Republik verschiedene Formen der Volksversammlung. In ihnen wurden die Beamten gewählt, Gesetze beschlossen und über Krieg und Frieden entschieden. In der Kaiserzeit verlor die Volksversammlung ihren politischen Einfluss.

Vorratshaltung, bezeichnet das Halten von Vorräten (Nahrungsmittel) über einen längeren Zeitraum.

W

Weihegaben, Bezeichnung für eine Gabe, die Gott oder einer Gottheit aus Dankbarkeit oder mit der Bitte um Hilfe in bestimmten (Not-)Situationen dargebracht wird.

Wildbeuter, Mensch, der sich nur von wild lebenden Tieren und wild wachsenden Pflanzen ernährt (Jäger und Sammler).

Register

Die mit einem * versehenen Begriffe werden im Lexikon näher erklärt.

2 Mio			3000	1000	500	0	500	1000	1500	2000

Beginn der Menschheitsgeschichte– 3000 v. Chr.
Frühgeschichte

3000 v. Chr.–500 n. Chr.
Altertum/Antike

500–1500 n. Chr.
Mittelalter

1500 n. Chr.–heute
Neuzeit

2 Das Leben der Menschen in frühgeschichtlicher Zeit

3 Leben in der ägyptischen Hochkultur

4 Leben in der Polis Athen

5 Leben im Römischen Reich

Chronologische Übersicht

Um die Geschichte zu ordnen, haben Historiker die Vergangenheit in große Zeitabschnitte – Epochen genannt – eingeteilt. Aus der Sicht der Europäer hat sich die Einteilung in die drei großen Epochen Antike, Mittelalter und Neuzeit durchgesetzt; außereuropäische Kulturen, z. B. die Chinesen, teilen die Vergangenheit aus der Sicht ihrer Geschichte anders ein. In diesem Band deines Geschichtsbuchs wird die **Frühgeschichte** und die **Antike** behandelt. Die Frühgeschichte dauert über zwei Millionen Jahre an. Sie wird daher zur besseren zeitlichen Orientierung noch einmal in Unterabschnitte (Altsteinzeit, Jungsteinzeit, Bronzezeit und Eisenzeit) unterteilt.

2 Das Leben der Menschen in frühgeschichtlicher Zeit

2 Mio. v. Chr.	Altsteinzeit in Afrika
800 000 v. Chr.	Altsteinzeit in Mitteleuropa
5500 v. Chr.	Jungsteinzeit in Europa
2200 v. Chr.	Bronzezeit in Mitteleuropa
800 v. Chr.	Eisenzeit in Mitteleuropa

3 Leben in der ägyptischen Hochkultur

um 3000 v. Chr.	Entstehung von Hochkulturen in Ägypten (Hieroglyphen- schrift) und Mesopotamien
um 2500 v. Chr.	Altes Reich: Bau der großen Pyramiden als Königsgräber
um 2100 v. Chr.	Mittleres Reich
um 1600 v. Chr.	Neues Reich
332 v. Chr.	Machtübernahme des Griechen Alexander den Großen

4 Leben in der Polis Athen

1000 v. Chr.	Entstehung griechischer Stadt- staaten
776 v. Chr.	Erste Olympische Spiele
um 750 v. Chr.	Beginn der griechischen Koloni- sation
um 500 v. Chr.	Demokratie in Athen, Blütezeit der Kunst, Architektur, Philoso- phie und des Theaters

5 Leben im Römischen Reich

753 v. Chr.	Gründung Roms der Sage nach
um 500 v. Chr.	Rom wird Republik
3./2. Jh. v. Chr.	Rom wird durch Eroberungen zur Weltmacht
44 v. Chr.	Ermordung Caersars
27 v. Chr.–14 n. Chr.	Kaiser Augustus – Rom wird Kaiserreich
2. Jh. n. Chr.	größte Ausdehnung Roms unter Kaiser Trajan
391 n. Chr.	Christentum wird Staatsreligion
476 n. Chr.	Ende des Weströmischen Reichs

Europa heute

Alb. = Albanien
And. = Andorra
BH. = Bosnien und Herzegowina
K. = Kosovo
Li. = Liechtenstein
Lib. = Libanon
Lux. = Luxemburg
Mc. = Monaco
Mol. = Moldawien
Mt. = Montenegro
Mz. = Mazedonien
Slw. = Slowenien
SM. = San Marino

500 km

Exkursionsziele in Sachsen-Anhalt

Niedersachsen

A l t -

Havelberg

Johann-Friedrich-Danneil-Museum
Salzwedel

Langobarden-
werkstatt
Zethlingen

Winckelmann-
Museum
Stendal

Großsteingrab
Lüdelsen

m a r k

Gardelegen

Kreismuseum
Jerichower Land
Genthin

Wolfsburg

Branden-

Berlin

Potsdam

Branden-
burg

Haldens-
leben

Ohre

Burg

burg

Braun-
schweig

Wolfen-
büttel

Kulturhistorisches
Museum
Magdeburg

Sachsen-

F l ä m i n g

Oschers-
leben

Museum für Vor- und
Frühgeschichte
Egeln

Anhalt

Zerbst

Städtisches Museum
Halberstadt

Staßfurt

Wittenberg

Totenhütte
von Benzingerode

Lagerplatz
Königsaue

Wernigerode

Blankenburg   Quedlinburg

Bernburg

Museum für Naturkunde
und Vorgeschichte
Dessau-Roßlau

Baumannshöhle
in Rübeland

Aschers-
leben

Prähistorische
Sammlung
Köthen

Bitterfeld-
Wolfen

Mulde-
stausee

Dübener Heide

H a r z

Spengler-Museum
Sangerhausen

Eisleben

Landesmuseum für Vorgeschichte
Sachsen-Anhalt
Archäologisches Museum
Robertinum

Halle

Himmelscheibe
von Nebra

Geiseltal-
see

Merseburg

Leipzig

Sachsen

Arche Nebra
Wangen

Sonnenobservatorium
von Goseck

Thüringen

Naumburg

Weißenfels

Familiengräber
von Eulau

Erfurt

Zeitz

Jena

Legende:
- Ⓜ Museum
- ⊛ archäologischer Fund

20 km

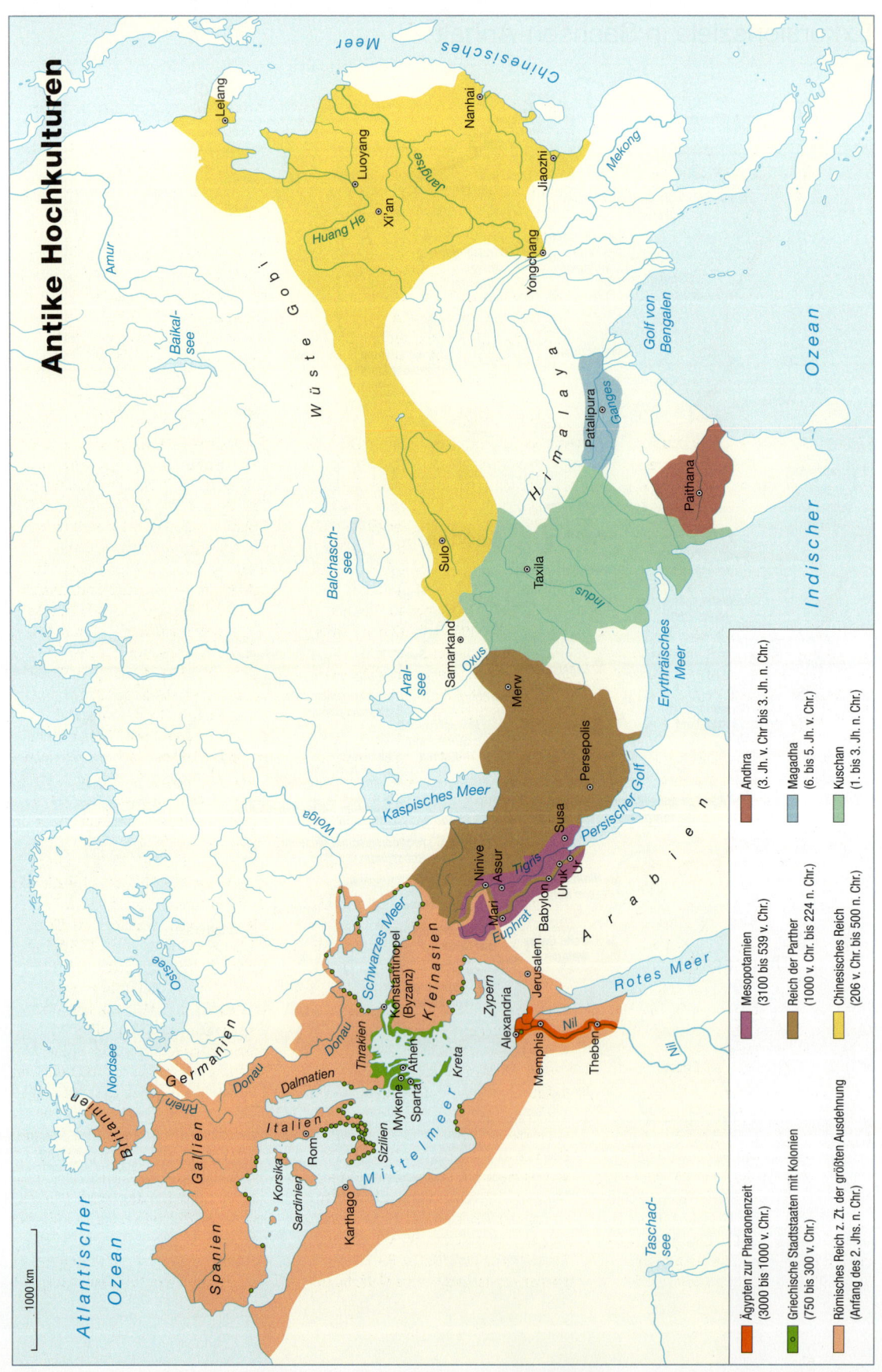

Antike Hochkulturen

Atlantischer Ozean

Britannien

Nordsee

Germanien

Rhein

Gallien

Spanien

Ostsee

Donau

Donau

Dalmatien

Thrakien

Schwarzes Meer

Konstantinopel (Byzanz)

Kleinasien

Italien

Rom

Korsika

Sardinien

Sizilien

Mykene

Athen

Sparta

Kreta

Mittelmeer

Karthago

Zypern

Alexandria

Memphis

Nil

Theben

Jerusalem

Rotes Meer

Nil

Arabien

Taschad-see

Persischer Golf

Erythräisches Meer

Susa

Uruk

Ur

Babylon

Euphrat

Tigris

Ninive

Assur

Mari

Persepolis

Merw

Kaspisches Meer

Wolga

Aral-see

Oxus

Samarkand

Balchasch-see

Baikal-see

Amur

Wüste Gobi

Sulo

Taxila

Indus

Himalaya

Ganges

Pataliputra

Golf von Bengalen

Paithana

Indischer Ozean

Huang He

Xi'an

Luoyang

Jangtse

Lelang

Nanhai

Jiaozhi

Mekong

Yongchang

Chinesisches Meer

1000 km

Ägypten zur Pharaonenzeit (3000 bis 1000 v. Chr.)

Griechische Stadtstaaten mit Kolonien (750 bis 300 v. Chr.)

Römisches Reich z. Zt. der größten Ausdehnung (Anfang des 2. Jhs. n. Chr.)

Mesopotamien (3100 bis 539 v. Chr.)

Reich der Parther (1000 v. Chr. bis 224 n. Chr.)

Chinesisches Reich (206 v. Chr. bis 500 n. Chr.)

Andhra (3. Jh. v. Chr bis 3. Jh. n. Chr.)

Magadha (6. bis 5. Jh. v. Chr.)

Kuschan (1. bis 3. Jh. n. Chr.)

Bildquellen